冶金工业出版社

普通高等教育“十四五”规划教材

财务管理实务

王兰　李珍　牟平　主编

北京
冶金工业出版社
2024

内 容 简 介

本书融合了我国最新出台的财务法规、会计法规和准则，系统地对企业财务管理知识进行了阐述。本书共分 8 章，内容主要包括：总论、财务管理的价值观念、财务预算、筹资管理、投资管理、营运资金管理、收益管理和财务分析。

本书可作为高等院校经济管理类专业教材，也可供管理、财会和金融等工作的从业人员参考。

图书在版编目(CIP)数据

财务管理实务/王兰，李珍，牟平主编．—北京：冶金工业出版社，2021.1（2024.7 重印）
普通高等教育“十四五”规划教材
ISBN 978-7-5024-8691-4

Ⅰ.①财… Ⅱ.①王… ②李… ③牟… Ⅲ.①财务管理—高等学校—教材 Ⅳ.①F275

中国版本图书馆 CIP 数据核字(2021)第 016101 号

财务管理实务

出版发行	冶金工业出版社	**电　　话**	(010)64027926
地　　址	北京市东城区嵩祝院北巷 39 号	**邮　　编**	100009
网　　址	www.mip1953.com	**电子信箱**	service@mip1953.com

责任编辑 俞跃春 刘林烨 美术编辑 彭子赫 版式设计 禹 蕊
责任校对 李 娜 责任印制 窦 唯
北京印刷集团有限责任公司印刷
2021 年 1 月第 1 版，2024 年 7 月第 2 次印刷
787mm×1092mm 1/16；14.75 印张；356 千字；228 页
定价 48.00 元

投稿电话 (010)64027932 投稿信箱 tougao@cnmip.com.cn
营销中心电话 (010)64044283
冶金工业出版社天猫旗舰店 yjgycbs.tmall.com
（本书如有印装质量问题，本社营销中心负责退换）

前　言

在全球经济一体化大背景下，随着经济的快速发展，企业管理者也面临着更多的机遇和挑战。财务管理作为企业管理过程中的一个重要内容，在企业筹资、投资、资金营运和股利分配等一系列活动中都发挥着重要作用。因此，为了满足社会发展对高素质、高端技能型人才培养的需求，针对财务管理工作的特点，编者编写了本书。

本书以全国会计专业技术资格标准为参照，以财务管理的内容为主线，依据企业财务管理岗位的实际要求和具体工作过程，旨在培养学生的财务管理职业能力，重点突出财务管理的岗位性、技能性、实践性。本书共分8章：第一章总论是对财务管理基础知识的认知；第二章帮助初学者树立财务管理的价值观念；第三章和第四章是财务管理的专题工作内容，即财务预算和筹资管理；第五章至第八章则是财务和管理的核心工作内容，即投资管理、营运资金管理、收益管理和财务分析。

本书内容简明扼要，结合例题由浅入深；体例设计新颖。每章包括学习目标、能力目标、引导案例、名人名言、小贴士、小思考、阅读案例、知识链接以及能力训练等栏目，注重课证融合，帮助学生在学到基础理论知识的同时，提高实践技能。

本书由天津财经大学珠江学院王兰、河北农业大学李珍、山东商业职业技术学院牟平担任主编。在编写过程中，编者借鉴和参考了相关书籍和资料，得到了许多同仁的关心和支持，在此由衷感谢。

由于编者水平所限，书中不妥之处，希望读者批评指正。

编　者

2020年7月

目　　录

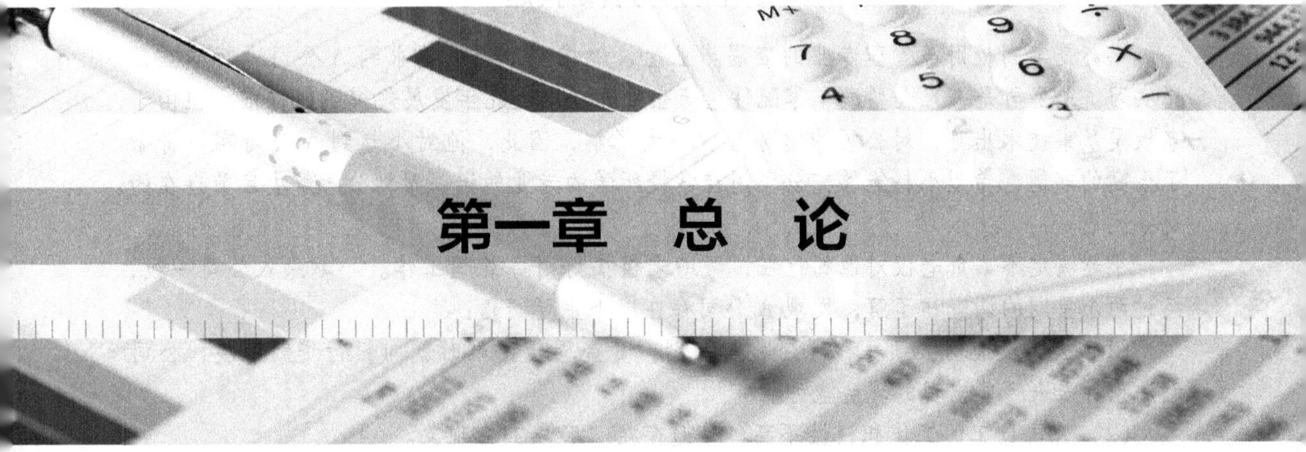

第一章　总　论

学习目标

（1）掌握财务管理的含义及内容；

（2）理解各种财务管理目标的优缺点；

（3）理解财务管理环境对财务管理的影响；

（4）了解财务管理机构的设置。

能力目标

（1）能够正确分析企业财务活动与财务的关系，熟悉企业财务管理的环节；

（2）能够准确分析企业财务管理环境；

（3）能够合理设置财务管理的组织机构；

（4）了解财务管理机构的设置。

引导案例

A 公司的财务管理问题

小赵是某高校财务管理专业的应届毕业生，他按照学校的要求到 A 公司进行毕业顶岗实习。A 公司是一家大型汽车零配件生产企业，在最近几年发展规模迅速扩张。但由于老板是从事技术出身，对公司的财务管理不太了解，因此，他对小赵到 A 公司实习寄予了很高的期望，希望小赵能够充分利用在学校所学的专业知识，帮助公司解决目前存在的财务问题。

小赵决定不辜负老板对他的信任，帮助老板搞好财务管理工作。小赵深入公司一线，经过两个星期的调查和了解，发现 A 公司存在以下主要问题：

(1) 公司没有财务预算和现金收支计划，资金周转困难时就向银行贷款解决，公司无法预计未来可能出现的现金盈亏。

(2) 公司员工的工作积极性不高，普遍存在“磨洋工”现象。

(3) 公司采购行为缺少计划和审批程序，导致某些存货积压时间过长，而某些产品则出现缺货现象，影响生产进度。

(4) 产品质量控制不严格，部分工序没有质量检验程序。

(5) 产品销售价格不统一，存在不同客户不同价格的现象。

(6) 公司所得税税款缴纳不及时，时常要支付滞纳金。

思考： 在上述问题中，哪些属于财务管理问题？如果你是小赵，应该从哪些方面解决 A 公司存在的问题？

第一节 财务管理概述

财务管理活动是商品经济条件下的一项最基本、最重要的管理活动。企业财务管理的基本活动是从资本市场上筹集资金，再投资于生产性经营资产，并进行生产经营活动，取得利润后用于补充权益资本或者分配给股东。随着信息技术的不断创新、金融工具的不断发展和完善，企业的融资和投资渠道日益多样化，企业面临着更大融资和投资的风险。企业经营成败与否，不仅取决于企业的生产技术和营销策略，还更依赖于企业的财务管理是否科学与有效。

所以，随着生产力的发展，财务管理经历了一个由简单到复杂，由低级到高级的发展过程。

一、企业的组织形式

典型的企业组织形式以下有三种：

(1) 个人独资。个人独资企业是由一个自然人投资，全部资产为投资人个人所有，全部债务由投资者个人承担的经营实体。个人独资企业具有创立容易、经营管理灵活自由、不需要缴纳企业所得税等优点。其缺点包括：

1）业主对企业债务承担无限责任，当企业的损失超过业主最初对企业的投资时，需要用业主个人的其他财产偿债。

2）难以从外部获得大量资金。

3）个人独资企业所有权的转移比较困难。

4）企业的生命有限，随着业主的死亡而自动消亡。

（2）合伙企业。合伙企业是由两个或两个以上的自然人合伙经营的企业，通常由各合伙人订立合伙协议，共同出资，合伙经营，共享收益，共担风险，并对合伙债务承担无限连带责任的营利性组织。如果一个合伙人没有能力偿还其应分担的债务，其他合伙人须承担连带责任。法律还规定合伙人转让其所有权时需要取得其他合伙人的同意，有时甚至还需要修改合伙协议。

（3）公司制企业。公司制企业是指由投资人依法出资组建，有独立法人财产，自主经营，自负盈亏的法人企业。出资者按出资额对公司承担有限责任。

公司是经政府注册的营利性法人组织，并且独立于所有者和经营者。其主要形式分为有限责任公司和股份有限公司两种。

公司制企业的优点包括：

1）容易转让所有权。公司的所有者权益被划分为若干股权份额，每个份额可以单独转让。

2）有限债务责任。公司债务是法人的债务，所有者对公司承担的责任以其出资额为限。

3）公司制企业可以无限存续。

4）公司制企业融资渠道较多，更容易筹集所需资金。

公司制企业的缺点包括：

1）组建公司的成本高。公司法对设立公司的要求比设立独资或合伙企业复杂，并且需要提交一系列法律文件，花费的时间较长。

2）存在代理问题。所有者和经营者分开以后，所有者成为委托人，经营者成为代理人，代理人可能为了自身利益而伤害委托人利益。

3）双重课税。公司作为独立的法人，其利润需缴纳企业所得税，企业利润分配给股东后，股东还需缴纳个人所得税。

知识链接

有限责任公司与股份有限公司的区别为：

（1）公司设立时对股东人数要求不同。设立有限责任公司的股东人数可以为 1 人或 50 人以下；设立股份有限公司，应当有 2 人以上 200 人以下为发起人。

（2）股东的股权表现形式不同。有限责任公司的权益总额不做等额划分，股东的股权是通过投资人所拥有的比例来表示的；股份有限公司的权益总额均划分为相等的股份，股东的股权是用持有多少股份来表示的。

(3) 股份转让限制不同。有限责任公司不发行股票，对股东只发放一张出资证明书，股东转让出资需要由股东会或董事会讨论通过；股份有限公司可以发行股票，股票可以自由转让和交易。

二、财务管理的对象

财务管理的对象是企业资金的循环和周转，资金的循环、周转体现着资金运动的形态变化。在企业价值创造过程中，存在着两种类型的资金运动，即实物商品资金运动和金融商品资金运动。实物商品资金运动过程是企业资金从货币资金形态开始，顺次通过购买、生产、销售三个阶段，分别表现为固定资金、生产储备资金、未完工产品资金、成品资金等各种不同形态，然后又回到货币资金形态的过程。企业资金总是处于不断的运动之中。金融商品资金运动过程是企业资金从货币资金形态开始，通过在金融市场上买卖有价证券，又回到货币资金形态的过程。

三、财务管理的内容和财务关系

财务管理是企业组织财务活动、处理财务关系的一项综合性管理工作，企业财务管理的内容主要有筹资管理、投资管理、营运资金管理和收益管理四个方面。企业在进行财务管理过程中与有关各方形成的经济利益关系称为财务关系。

（一）财务管理的内容

1. 筹资管理

筹资是指企业为了满足投资和资金运营的需要，筹集所需资金的行为。筹资管理是现代企业财务管理的首要环节。在企业发展过程中，筹资及筹资管理是贯穿始终的。在筹资活动中，企业根据企业战略发展和投资规划确定筹资规模，并通过不同筹资渠道和筹资方式的选择，合理确定筹资结构，以达到降低筹资成本和风险、保持和提升企业价值的目的。企业筹资可以形成两种不同性质的资金来源：一是企业权益资金，通过吸收直接投资、发行股票、企业内部留存收益等方式取得；二是企业债务资金，企业通过向银行借款、发行债券、应付款项等方式取得。

2. 投资管理

投资是指企业根据项目资金的需要，将所筹集的资金投放到所需要的项目中的行为。投资是实现投资者财产价值增值的手段。广义的投资包括企业对内投资和对外投资，对内投资就是将所筹集的资金购置固定资产、无形资产和投放到流动资产等项目中的行为，对外投资就是购买其他公司的股票、债券，或与其他企业联营，或投资于外部项目等行为。狭义的投资仅指对外投资。企业在投资决策过程中，必须考虑投资规模，正确地选择投资方向和投资方式，确定合适的投资结构，在提高投资效益的同时降低投资风险。

3. 营运资金管理

企业在正常的经营过程中会发生一系列的现金收付。企业因经营需要对材料物资进行采购、对工资和相关费用进行支付，这些支出构成了日常财务支出；企业因产品销售和其他业务等所获得的相关收入，构成了日常财务收入。企业为满足日常营业活动的需要而垫支的资金，称为营运资金。营运资金周转通常与经营周期具有一致性，在一定时期内，营运资金周转越快，资金的利用效率就越高，这说明企业可以利用相同数量的资金，生产出更多的产品，取得更多的收入，获得更多的报酬。因此，如何加速资金周转，提高资金利用效果，是日常财务管理的主要内容。

4. 收益管理

企业收益管理是对营业收入与利润分配的管理。收入与利润分配影响着筹资、投资、营运资金和成本管理的各个方面，是上述各方面共同作用的结果。

小贴士

除了上述四项决策以外，财务管理决策还包括企业的并购、重组、破产清算、跨国经营财务管理等内容，这些内容可以在一般的高级财务管理教科书中找到相应的论述，它们一起构成了企业财务管理的完整内容。

（二）企业财务关系

1. 企业与投资者和受资者之间的财务关系

企业从不同的投资者那里筹集资金，进行生产经营活动，并将实现的利润按各投资者的出资比例进行分配。企业还可将自身的法人财产向其他单位投资，这些被投资单位即为受资者，受资者应向企业分配投资收益。企业与投资者、受资者的关系（即投资同分享投资收益的关系），在性质上属于所有权关系。处理这种财务关系必须维护投资、受资各方的合法权益。

2. 企业与债权人、债务人和往来客户之间的财务关系

企业购买材料、销售产品，要与购销客户发生货款收支结算关系。由于存在延期收付款项的情况，就会与有关单位发生应收账款和应付账款。当企业资金不足或资金闲置时，就要向银行借款、发行债券或购买其他单位债券。一旦形成债权债务关系，债务人不仅要还本，而且要付息。企业与债权人、债务人、购销客户的关系，在性质上属于债权关系、合同义务关系。处理这种财务关系，也必须考虑有关各方的权利和义务，保障有关各方的权益。

3. 企业与税务机关之间的财务关系

企业应按照国家税法和规定缴纳各种税款，包括所得税、流转税和计入成本的税金。国家以社会管理者的身份向一切企业征收有关税金，这些税金是国家财政收入的主要来源。及时、足额纳税是生产经营者对国家应尽的义务，企业必须认真履行此项义务。

4. 企业内部各部门之间的财务关系

一般来说，企业内部各部门与企业财务部门之间都要发生领款、报销、代收、代付的收支结算关系。处理这种财务关系，要严格分清各有关部门的经济责任，以便有效发挥激励机制和约束机制的作用。

5. 企业与员工之间的财务关系

企业要用营业收入，按照员工提供的劳动数量和质量向员工支付工资、津贴、奖金等。企业与员工之间的结算关系，体现着员工个人和集体在劳动成果上的分配关系。处理这种财务关系时，要正确执行有关分配政策。

概括来说，企业财务关系如图 1-1 所示。

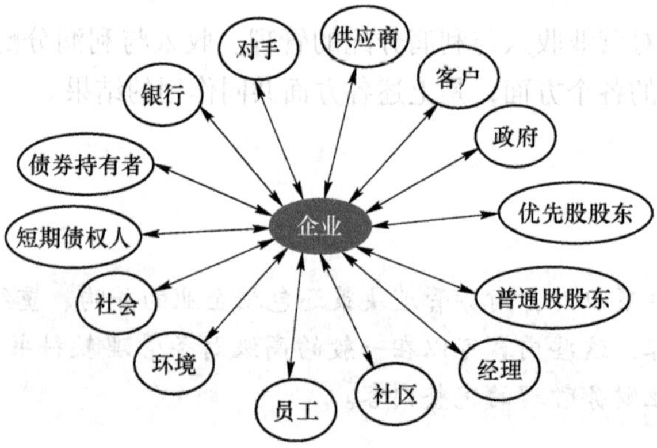

图 1-1 企业财务关系

四、企业财务管理的环节

财务管理的环节是指财务管理工作的步骤与一般程序。

（一）规划和预测

财务规划和预测需要有全局观念，根据企业整体战略目标和规划，结合对未来宏观、微观形势的预测，建立企业财务的战略和规划。企业战略目标的实现需要确定与之相匹配的企业财务战略目标，因此企业财务战略目标是企业战略目标的具体表现。企业财务战略规划也就是企业整体战略规划的具体化。

在企业财务战略的指导下，企业财务人员要根据企业财务活动的历史资料，考虑现实要求和条件，对企业未来的财务活动和财务成果做出科学预计和测算。本环节的主要任务在于：

（1）测算各项生产经营方案的经济效益，为决策提供可靠的依据。

（2）预计财务收支的发展变化情况，以确定经营目标。

（3）测定各项定额和标准，为编制计划、分解计划指标服务。

财务决策是指财务管理人员按照企业财务战略目标和规划，运用专门的方法对各种备选方案进行比较和分析，并从中选出最佳方案的过程。财务决策包括确定决策目标、提出备选方案、优选方案等步骤。财务决策是财务管理的核心，决策成功与否直接关系到企业的兴衰成败。

财务决策的方法主要有两类：一类是经验判断法，是根据决策者的经验来判断选择，常用的方法有淘汰法、排队法、归类法等；另一类是定量分析法，是应用决策论的定量方法进行方案的确定、评价和选择，常用的方法有数学分析法、数学规划法、概率决策法、效用决策法、优选对比法等。

（二）财务预算

财务预算是指企业运用科学的技术手段和数量方法，对未来财务活动的内容及指标所进行的具体计划，它是企业全面预算体系的重要组成部分。财务预算是以财务决策确立的方案和财务预测提供的信息为基础编制的，是企业财务战略规划的具体计划，是控制财务活动的依据。财务预算的编制一般包括以下几个步骤：

（1）分析财务环境，确定预算指标。

（2）协调财务能力，组织综合平衡。

（3）选择预算方法，编制财务预算。

（三）财务控制

财务控制是对预算和计划的执行进行追踪监督、对执行过程中出现的问题进行调整和修正，以保证预算的实现。

财务控制的重要内容是对财务活动的各个环节进行风险控制和管理，以保证目标和预算的执行。风险控制和管理就是要预测风险发生的可能性，尽可能地提出预警方案，确定和识别风险，并采取有效措施规避、化解风险或减少风险所带来的危害等。

财务控制一般要经过以下步骤：

（1）制定控制标准，分解落实责任。

（2）实施追踪控制，及时调整误差。

（3）分析执行情况，搞好考核奖惩。

（四）财务分析和业绩评价

财务分析是根据核算资料，运用特定方法，对企业财务活动过程及结果进行分析和评价的一项工作。通过财务分析，可以掌握各项财务计划的完成情况，评价财务状况，研究和掌握企业财务活动的规律，改善财务预测、决策、预算和控制，提高企业管理水平和经济效益。财务分析包括以下步骤：

（1）占有资料，掌握信息。

（2）指标对比，揭露矛盾。

（3）分析原因，明确责任。

（4）提出措施，改进工作。

在财务分析的基础上建立的经营业绩评价体系是企业建立奖励机制和发挥激励作用的依据和前提。一般来说，经营业绩评价体系应该是一个以财务指标为基础，包括非财务指标的完整的体系。非财务指标主要包括企业的战略驱动因素，如客户关系、学习和成长能力、内部经营过程等。一个完善的业绩评价体系应该力求达到内部与外部的平衡和长期与短期的平衡。

上述几个环节的财务管理工作相互联系、相互依存。

小思考

（1）企业的组织形式有哪些，它们之间主要有哪些不同点？
（2）什么是财务管理，其内容有哪些？
（3）什么是财务关系，企业在进行财务管理中需要处理哪些财务关系？

第二节 财务管理的目标和原则

一、财务管理的目标

财务管理目标是在特定的理财环境中，通过组织财务活动，处理财务关系所要达到的目的。财务管理目标是一切财务活动的出发点和归宿。关于企业财务管理的目标，主要有以下几种观点。

（一）利润最大化

利润最大化观点来源于西方经济学理论，许多西方经济学家都是以利润最大化来分析和评价企业行为和业绩的，如亚当·斯密、大卫·李嘉图等。20 世纪 50 年代以前，西方财务管理界也大都认为以利润最大化为财务管理目标是财务管理的最佳选择。这种观点认为：利润代表企业新创造的财富，利润越多企业财富增加越多。以利润最大化作为企业财务管理目标有一定的科学性，企业追求利润最大化，就必须不断加强管理、降低成本、提高劳动生产率、提高资源利用效率。追求利润最大化反映了企业的本质动机，也为企业的经营管理提供了动力。同时，利润这个指标在实际应用中简单直观，容易理解和计算（经营收入减去经营成本就是利润），在一定程度上也反映了企业经营效果的好坏。

利润最大化观点在实际运用中存在以下缺陷：

（1）利润最大化忽略了所获货币的时间差异，即没有考虑货币的时间价值。

（2）利润最大化忽略了不同方案之间的风险差异，没有考虑所获利润应承担的风险问题，可能导致财务管理者不顾风险大小而去追求更多利润。

（3）利润最大化中的利润是一个绝对数，它没有反映所获利润与投入资本额的关系。

（4）如果片面强调利润的增加，有可能诱使企业产生追求利润的短期行为，而忽视企业的长期发展。

（5）利润容易被操纵。

（二）股东财富最大化

以股东财富最大化作为财务管理的目标，主要根源于股东作为公司的所有者，承担着公司的全部风险这一理念。在确定公司财务管理目标时，应从股东的利益出发，选择股东财富最大化。在股份制经济条件下，股东财富是由股东持有的股票数量和股票市场价格两方面决定的，在股票数量一定的条件下，当股票价格达到最高时，股东财富也达到最多。因此，股东财富最大化也可表示为股票价格最大化。

与利润最大化相比，股东财富最大化作为理财目标具有以下积极意义：

（1）股票的内在价值是按照风险调整折现率折现后的现值计算的，因此，股东财富这一指标能够考虑取得收益的时间因素和风险因素。

（2）由于股票价值是一个预期值，股东财富最大化在一定程度上能够克服企业在追求利润上的短期行为，保证了企业的长期发展。

（3）股东财富最大化能够充分体现企业所有者对资本保值与增值的要求。

股东财富最大化也存在一些缺点：

（1）股东财富最大化只适用于上市公司，对非上市公司则很难适用。

（2）由于股票价格的变动不是公司业绩的唯一反映，而是受诸多因素影响的综合结果，因而股票价格的高低实际上不能完全反映股东财富或价值的多少。

（3）股东财富最大化目标在实际工作中可能导致公司所有者与其他利益主体之间的矛盾与冲突。

小贴士

首席执行官（CEO）会采用适当的政策最大化股东股份的价值。然而，与普通人一样，首席执行官也趋向于为增加自己的利益而行动。董事会最关键的职责之一就是创造一种激励方式，使得首席执行官为自己的利益而采取的行动能够同时增加股东的利益。从理论上看，这并不是一件困难的事情。用下面三种基本政策进行某种组合，就会产生正确的货币激励，从而激励首席执行官最大化公司价值和股份价值：

（1）董事会可以要求首席执行官成为公司的重要股东。

（2）对工资、奖金和股票期权进行组合，以便给业绩突出的管理者以高额回报，也给业绩不佳的管理者以重罚。

（3）对业绩不佳的首席执行官，坚决予以解雇。

（三）企业价值最大化

企业价值是指企业全部资产的市场价值，即企业资产未来预期现金流量的现值。企业价值最大化是指通过企业财务上的合理经营，采用最优的财务政策，充分考虑资金时间价值和风险与报酬的关系，在保证企业长期稳定发展的基础上，使企业总价值达到最大。企业价值最大化的基本思想是将企业的长期稳定发展摆在首位，强调在企业价值增长中满足各方利益关系。企业价值最大化有两种计量方法，分别为未来企业报酬贴现值和资产评估值。

以企业价值最大化作为财务管理目标，其优点主要表现在：

（1）这一目标考虑了货币的时间价值和投资的风险价值。

（2）这一目标反映了对企业资产保值、增值的要求。

（3）这一目标有利于克服管理上的片面性和短期行为。

（4）这一目标有利于社会资源合理配置（社会资本通常流向企业价值最大化的企业或行业），从而实现社会效益最大化。

以企业价值最大化作为财务管理目标也存在一些问题：

（1）对于这一目标值，非上市企业不能依靠股票市价做出评判，而须通过资产评估方式进行，出于评估标准和评估方式的影响，这种估价不易客观和准确。

（2）企业价值，特别是股票价值，并非为企业所控制，其价格波动也并非与企业财务状况的实际变动相一致，这对企业进行实际经营业绩的衡量也带来了一定的问题。

阅读案例

B 公司是一家从事生产开发电子阅读器的企业，由小钱、小孙、小李三位志同道合的朋友共同出资 100 万元，三人平分股权比例共同创立。企业发展初期，创始股东都以企业的长远发展为目标，关注企业的持续增长能力。所以，他们注重加大研发投入，不断开发新功能，这些措施有力地提高了产品竞争力，使企业实现了营业收入的高速增长。在开始的几年间，销售业绩以年 60% 的递增速度提升。然而，随着利润的不断快速增长，三位创始股东开始在收益分配上产生了分歧。股东小孙、小李倾向于分红，而股东小钱则认为应将企业取得的利益用于扩大再生产，以提高企业的持续发展能力，实现长远利益的最大化。由此产生的矛盾不断升级，最终导致坚持企业长期发展的小钱被迫出让持有的 1/3 股份而离开企业。但是，此结果引起了与企业有密切联系的广大供应商和分销商的不满，因为他们许多人的业务发展壮大都与 B 公司密切相关，他们深信 B 公司的持续增长将为他们带来更多的机会。于是，他们表示，如果小钱离开企业，他们将断绝与企业的业务往来。面对这一情况，其他两位股东提出他们可以离开，条件是小钱必须收购他们的股份。小钱的长期发展战略需要较多投资，这样做将导致企业陷入没有资金维持生产的境地。这时，众多供应商和分销商伸出了援助之手，他们或者主动延长应收账款的期限，或者预付货款，最终小钱又重新回到了企业，成为公司的掌门人。经历了股权变更的风波后，B 公司在小钱的领导下，不断加大投入，实现了企业规模化发展，在同行业中处于领先地位，企业的竞争力和价值得到不断提升。

小思考

（1）小钱坚持企业长远发展，而其他股东要求更多的分红，你认为小钱的目标是否与股东财富最大化的目标相矛盾？

（2）拥有控制权的大股东与供应商和客户等利益相关者之间的利益是否矛盾，如何协调？

（3）像 B 公司这样将所有权与经营权是合二为一的，这对企业的发展有什么利弊？

（4）重要利益相关者能否对企业的控制权产生影响？

二、财务管理的原则

财务管理的原则也称理财原则，是指人们对财务活动共同的、理性的认识。它是用来指导财务活动、处理财务关系的行为准则。理财原则符合大量观察和事实，被多数人所接受，为解决新的问题提供指引，是财务交易和财务决策的基础。但财务管理的原则不一定在任何情况下都绝对正确，其正确性与应用环境有关，在一般情况下是正确的，而在特殊情况下不一定正确。道格拉斯·R·爱默瑞和约翰·D·芬尼特将财务管理的原则概括为3类，共12条。

（一）有关竞争经济环境的原则

有关竞争经济环境的原则是对资本市场中人的行为规律的基本认识。

1. 自利行为原则

自利行为原则是指人们在进行决策时按照自己的财务利益行事。在其他条件相同的情况下，人们会选择对自己经济利益最大的行动。自利行为原则的依据是理性经济人假设。该假设认为，人对每一项交易都会衡量其代价和利益，并且会选择对自己最有利的方案来行动。自利行为原则假设企业决策人对企业目标具有合理的认识程度，并且对如何达到目标具有合理的理解。在这种假设情况下，企业会采取对自己最有利的行动。

2. 双方交易原则

双方交易原则是指每一项交易都至少存在两方，在一方根据自己的经济利益决策时，另一方也会按照自己的经济利益决策行动。因此，在决策时要正确预见对方的反应。

双方交易原则的建立依据是商业交易至少有两方，交易是"零和博弈"，以及各方都是自利的。"零和博弈"的含义是指在买卖双方交易中，一方收益多少而另一方就损失多少，从总体上看双方收益之和等于零。在决策时不仅要考虑自利行为原则，还要使对方有利，否则交易就无法实现。

双方交易原则还要求在理解财务交易时要注意税收的影响。政府是不请自来的交易第三方，凡是交易政府都要从中收取税金。进行合理避税，减少政府的税收，交易双方都可以受益。合理避税就是寻求减少政府税收的合法交易形式。

3. 信号传递原则

信号传递原则是指行动可以传递信息，并且比公司的声明更有说服力。信号传递原则是自利行为原则的延伸。由于人们或公司是遵循自利行为原则的，所以一项资产的买进能暗示出该资产"物有所值"，买进的行为提供了有关决策者对未来的预期或计划的信息。信号传递原则要求根据公司的行为判断它未来的收益状况。信号传递原则还要求公司在决策时不仅要考虑行动方案本身，还要考虑该项行动可能给人们传达的信息。在资本市场上，每个人都在利用他人交易的信息，同时，自己交易的信息也会被别人所利用。因此，在进行财务决策时，不仅要考虑决策本身的收益和成本，还要考虑信息效应的收益和成本。

4. 引导原则

引导原则是指当所有办法都失败时，寻找一个可以信赖的榜样作为自己的引导。它是指当人们的理解力存在局限性，认识能力有限，找不到最优的解决办法，或者寻找最准确答案的成本过高，以至于不值得把问题完全搞清楚时，可以直接模仿成功榜样或者大多数人的做法。引导原则不一定会帮决策者找到最好的方案，却常常可以使决策者避免采取最差的行动，它是一个次优化准则。引导原则是行动传递信号原则的一种运用。

（二）有关价值与经济效率原则

有关价值与经济效率原则是人们对增加企业财富基本规律的认识。

1. 有价值的创意原则

有价值的创意原则是指新创意能获得额外报酬。竞争理论认为，企业的竞争优势主要来源于产品（或服务）差异化和成本领先两方面。产品的差异化和成本领先源于新的创意，它们可以使企业获得超额的利润。

2. 比较优势原则

比较优势原则是指以特定专长创造价值。在市场上要想赚钱，必须发挥专长。没有比较优势的个体，很难取得超出平均水平的收入；没有比较优势的企业，很难增加股东的财富。比较优势原则的依据是分工理论。让每一个人去做最适合他做的工作，让每一个企业生产最适合它生产的产品，社会的经济效率才会提高。

3. 期权原则

期权是指不附带义务的权利，它是有经济价值的。期权原则是指在估价时要考虑期权的价值。在财务上，一个明确的期权合约经常是指按照预先约定的价格买卖一项资产的权利。广义的期权不限于财务合约，任何不附带义务的权利都属于期权。例如，一个企业可以决定某个资产在价格令人满意时就出售，如果价格不令人满意时不出售的选择权，就是一种期权。有时一项资产附带的期权比该资产本身更有价值。

4. 净增效益原则

净增效益原则是指财务决策建立在净增效益的基础上，一项决策的价值取决于它和替代方案相比所增加的净收益。在财务决策中净收益通常用现金流量计量，一个方案的净收益是指该方案现金流入减去现金流出的差额，也称为现金流量净额。

（三）有关财务交易的原则

有关财务交易的原则是人们对于财务交易基本规律的认识。

1. 风险—报酬权衡原则

风险—报酬权衡原则是指风险和报酬之间存在一个对等关系。每个企业都想进行高报酬同时低风险的投资，但现实的市场中只有高风险同时高报酬和低风险同时低报酬的投资机会，如果企业为了获得较多的收益，往往不得不冒较大的风险；相反，不想冒风险，则收益必然较小。每个经营主体对待风险和报酬的偏好是不同的，但都是要求风险与报酬对等，不会去冒没有价值的风险。

2. 投资分散化原则

投资分散化原则是指不要把全部财富投资于一个公司，而要分散投资。投资分散化原则的理论依据是投资组合理论。马克维茨的投资组合理论认为，若干种股票组成的投资组合，其收益是这些股票收益的加权平均数，但其风险要小于这些股票的加权平均风险，所以投资组合能降低风险。

3. 资本市场有效原则

资本市场是指证券买卖的市场。资本市场有效原则是指在资本市场上频繁交易的金融资产的市场价格反映了所有可获得的信息，而且面对新信息完全能迅速地做出调整。资本市场有效原则要求理财时重视市场对企业的估价。有效的资本市场其价格是合理的，且市场是灵敏的。股价可以综合反映公司的业绩，弄虚作假、人为地改变会计方法对于企业价值的提高毫无用处。

4. 货币时间价值原则

货币时间价值原则是指在进行财务计量时，要考虑货币时间价值因素，货币在经过一定时间的投资和再投资后所增加的价值。

小思考

（1）什么是财务管理原则，其作用是什么？

（2）阐述财务管理原则的主要观点。

第三节　财务管理的环境

企业的财务管理环境又称理财环境，是指对企业财务活动产生影响的企业外部条件。财务管理环境是企业财务决策难以改变的外部约束条件，企业财务决策更多的是适应环境的要求和变化。财务管理环境涉及的范围很广，其中最重要的是经济环境、法律环境和金融环境。

一、经济环境

影响财务管理的经济环境因素主要有经济周期、通货膨胀、经济政策和市场环境等。

（一）经济周期

经济周期对财务管理有着非常重要的影响。在经济的不同发展时期，企业的生产规模、销售能力、获利能力以及由此产生的资本需求都会出现重大差异。例如，在萧条阶段，由于整个宏观经济不景气，企业很可能处于紧缩状态，产量和销售量下降，投资锐减；在繁荣阶段，市场需求旺盛，销售量大幅提高，企业为扩大生产，就要增加投资，以增添机器设备、存货和劳动力，这就要求财务人员迅速筹集所需资金。西方财务学者曾探讨了经济周期中的经营理财策略，现择其要点加以归纳，经济周期中的经营理财策略见表 1-1。

表 1-1　经济周期中的经营理财策略

复苏阶段	繁荣阶段	衰退阶段	萧条阶段
（1）增加厂房设备；	（1）扩充厂房设备；	（1）停止扩张；	（1）建立投资标准；
（2）实行长期租赁；	（2）继续建立存货；	（2）出售多余设备；	（2）保持市场份额；
（3）建立存货；	（3）提高价格；	（3）停产不利产品；	（3）缩减管理费用；
（4）引入新产品；	（4）开展营销规划；	（4）停止长期采购；	（4）放弃次要利益；
（5）增加劳动力	（5）增加劳动力	（5）削减存货；	（5）削减存货；
		（6）停止雇佣员工	（6）裁减员工

总之，面对不同的经济周期，企业必须预测经济变化情况，适当调整财务政策。

（二）通货膨胀

通货膨胀犹如一个影子，始终伴随着现代经济的发展。一般认为，价格的持续提高就是通货膨胀。通货膨胀不仅对消费者不利，对企业财务活动的影响更为严重。大规模的通货膨胀会引起资本占用的迅速增加；通货膨胀会引起利率的上升，增加企业的筹资成本；通货膨胀时期有价证券价格不断下降，给筹资带来较大困难；通货膨胀会引起利润的虚增，造成企业的资本流失等。

为了减轻通货膨胀对企业造成的不利影响，企业应当采取措施予以防范。在通货膨胀初期，货币面临贬值的风险，这时企业进行投资可以避免风险，实现资本保值；与客户应签订长期购货合同，以减少物价上涨造成的损失；取得长期负债，保持资本成本的稳定。在通货膨胀持续期，企业可以采用比较严格的信用条件，减少企业债权；调整财务政策，防止和减少企业资本流失等。

（三）经济政策

经济政策包括产业政策、金融政策、价格政策和财税政策等，它们对企业财务管理工作有着重大的影响。例如：国家的产业鼓励与限制政策直接影响着企业的投资行为；金融政策中货币的发行量、信贷规模都能影响企业投资的资金来源和投资的预期收益；财税政策会影响企业的资金结构和投资项目的选择；价格政策能影响决定资金的投资方向和投资的回收期及预期收益等。

（四）市场环境

企业所处的市场环境通常包括完全垄断市场、完全竞争市场、不完全竞争市场和寡头垄断市场四种，不同的市场环境对财务管理有不同影响。不同竞争环境下的理财策略见表1-2。

表 1-2 不同竞争环境下的理财策略

特点及理财策略	市场类型			
	完全垄断市场	完全竞争市场	不完全竞争市场	寡头市场
特点	销售一般都不成问题，价格波动不大，利润稳中有升，经营风险较小	销售价格完全由市场决定，企业利润随价格波动而波动	企业的产品具有优势和特色，具有品牌效应	产品具有优势和特色，具有品德效应，搞好售后服务
理财策略	举债经营	不宜过多的采用负债经营	走品牌之路，同时搞好售后服务，给予优惠和信用条件	给予优惠的信用条件

二、法律环境

财务管理的法律环境是指企业和外部发生经济关系时应遵守的各种法律、法规和规章。企业的理财活动，无论是筹资、投资还是利润分配，都要和企业外部发生经济关系。在处理这些经济关系时，应当遵守有关的法律规范。

（一）企业组织法规

企业必须依法成立。组建不同组织形式的企业，必须要遵循相关的法律规范（包括《中华人民共和国公司法》《中华人民共和国外资企业法》《中华人民共和国中外合资经营企业法》《中华人民共和国合伙企业法》等）。这些法律既是企业的组织法，也是企业的行为法。企业组织法规规定了企业组织的主要特征、设立条件、设立程序、组织机构、组织变更和终止的条件和程序等，涉及企业的资本组织形式、企业筹集资本金的渠道、筹资方式、筹资期限、筹资条件、利润分配等诸多理财内容的规范，也涉及不同的企业组织形式的理财特征。

（二）企业税收法律规范

任何企业都必须依据相关的税收法律进行依法纳税。税收的立法分为三类，其分别是所得税的法规、流转税的法规、其他地方税的法规。例如，《中华人民共和国企业所得税法》要求企业有收益时必须缴纳所得税，《中华人民共和国消费税法》要求企业在发生其应税货物时，必须依法纳税。这些税负构成企业的费用，增加企业的现金流出，对企业理财有重要影响。企业只能在不违反税法的前提下减少税务负担，对企业的筹资、投资和利润分配进行筹划，做出财务决策。

知识链接

> 税收规划由于其依据的原理不同，采用的方法和手段也不同，主要可分为以下三类：
>
> （1）避税规划，即为客户制订的理财计划采用“非违法”的手段，获取税收利益的规划。避税规划的主要特征有：非违法性、有规则性；前期规划性和后期的低风险性；有利于促进税法质量的提高；反避税性。
>
> （2）节税规划，即理财采用合法手段，利用税收优惠和税收惩罚等倾斜调控政策，为客户获取税收利益的规划。节税规划的主要特点有：合法性；有规则性；经营的调整性与后期无风险性；有利于促进税收政策的统一和调控效率的提高；倡导性。
>
> （3）转嫁规划，即理财计划采用纯经济的手级，利用价格杠杆，将税负转给消费者或转给供应商或自我消转的规划。转嫁规划的主要特点有：纯经济行为，以价格为主要手段，不影响财政收入；促进企业改善管理，改进技术。

（三）企业财务法律规范

财务法律规范主要包括《企业财务通则》和行业财务制度。《企业财务通则》是各类企业进行财务活动、实施财务管理的基本规范，对企业的财务管理体制、资金筹集、资产运营、成本控制、收益分配和重组清算等方面问题做出了规定。《企业财务通则》在财务法规制度体系中起着主导作用，它是制定行业财务制度和企业内部财务制度的依据。各行业财务制度和企业内部财务制度都是在财务通则确定的共同原则与规范的基础上，结合行业与企业特点而制定的，从而保证了财务制度的科学性和系统性。

除上述法律规范外，与企业财务管理有关的其他经济法律规范还有许多，包括各种证券法律规范、结算法律规范、合同法律规范等。财务人员要熟悉这些法律规范，在守法的前提下完成财务管理的职能，实现企业的财务管理目标。

三、金融环境

金融市场是指资金供求双方交易的场所。广义的金融市场是指一切资本流动的场所，包括实物资本和货币资本的流动。广义金融市场的交易对象包括货币借贷、票据承兑和贴现、有价证券的买卖、黄金和外汇买卖、办理国内外保险、生产资料的产权交换等。狭义的金融市场一般是指有价证券市场，即股票和债券的发行和买卖市场。

企业总是需要资金从事投资和经营活动。除了自有资金外，资金主要从金融机构和金融市场中获得。金融政策的变化必然影响企业的筹资、投资和资金营运活动，所以，金融环境是影响企业财务活动的主要环境之一。影响财务管理的主要金融环境因素有金融机构、金融市场和利率等。

（一）金融机构

社会资金从资金供应者手中转移到资金需求者手中，大多要通过金融机构。金融机构主要包括银行和非银行金融机构。

1. 银行

银行是指从事存款、放款、汇兑、储蓄等金融业务，承担信用中介的金融机构。银行的主要职能是提供信用工具、充当信用中介、企业间的支付中介、投资手段和国民经济的宏观调控手段。我国银行主要包括：

（1）中央银行，即中国人民银行；

（2）国有商业银行，如中国工商银行、中国农业银行、中国银行和中国建设银行；

（3）国家政策性银行，如中国进出口银行、中国农业发展银行、国家开发银行；

（4）其他股份制银行，如交通银行、中信银行、广东发展银行、上海浦东发展银行、招商银行、光大银行等。

2. 非银行金融机构

非银行金融机构主要包括金融资产管理公司、信托投资公司、财务公司和租赁公司等。

（二）金融市场

金融市场是指资金供应者和资金需求者双方通过信用工具进行交易，融通资金的市场，即实现货币借贷和资金融通、办理各种票据和进行有价证券交易活动的市场。金融市场的种类很多，其主要类型如图 1-2 所示。

需要强调的是：

（1）金融市场是以资金为交易对象的市场，在金融市场上，资金被当作一种“特殊

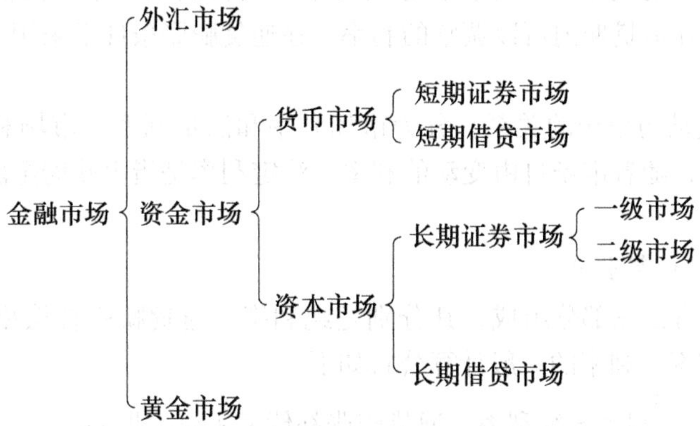

图 1-2　金融市场分类示意图

商品”来交易。

（2）金融市场可以是有形的市场，也可以是无形的市场。前者有固定的场所和工作设备，如银行、证券交易所；后者利用计算机、传真、电话等设施通过经纪人进行资金商品交易活动，而且可以跨越城市、地区和国家。

金融市场对企业理财具有重要的意义：

（1）金融市场是企业筹资和投资的场所。

（2）企业通过金融市场实现长期资金与短期资金的相互转化。

（3）为财务管理提供有用的信息。

（三）利率

利率也称利息率，是指资金的增值额同投入资金价值的比率。利率是衡量资金增值程度的量化指标。

1. 利率的类型

利率包括以下类型：

（1）按利率之间的变动关系，分为基准利率和套算利率。基准利率又称基本利率，是指在多种利率并存的条件下起决定作用的利率。所谓起决定作用是说这种利率变动，其他利率也相应变动。因此，了解基准利率的变化趋势，就可了解全部利率的变化趋势。基准利率在西方通常是中央银行的再贴现率，在我国是中国人民银行对商业银行贷款的利率。套算利率是指在基准利率确定后，各金融机构根据基准利率和借贷款项的特点而换算出的利率。例如，某金融机构规定，贷款 AAA 级、AA 级、A 级企业的利率，应分别在基准利率基础上加 0.5%、1% 和 1.5%，加总计算所得的利率便是套算利率。

（2）按债权人取得的报酬情况，分为实际利率和名义利率。实际利率是指在物价不变从而货币购买力不变的情况下的利率，或者是在物价有变化时，扣除通货膨胀补偿后的利率。名义利率是指包含对通货膨胀补偿后的利率。两者之间的关系是：

$$名义利率 = 实际利率 + 预计通货膨胀率 \tag{1-1}$$

（3）按利率与市场资金供求情况的关系，分为固定利率和浮动利率。固定利率是指在借贷期内固定不变的利率。受通货膨胀的影响，实行固定利率会使债权人利益受到损害。浮动利率是指在借贷期内可以调整的利率。在通货膨胀条件下采用浮动利率，可使债权人减少损失。

（4）按利率变动与市场的关系，分为市场利率和法定利率。市场利率是指根据资金市场上的供求关系，随着市场自由变动的利率。法定利率是指由政府金融管理部门或者中央银行确定的利率。

2. 利率的一般计算公式

资金的利率通常由三部分组成，其分别是纯利率、通货膨胀补偿率（或称通货膨胀贴水）和风险报酬率。利率的一般计算公式如下：

$$利率 = 纯利率 + 通货膨胀补偿率 + 风险报酬率 \quad (1\text{-}2)$$

纯利率是指没有风险和通货膨胀情况下的资金供求均衡点利率。通货膨胀补偿率是指由于持续的通货膨胀会不断降低货币的实际购买力，为补偿购买力损失而要求提高的利率。风险报酬率又分为违约风险报酬率、流动性风险报酬率和期限风险报酬率三种。其中，违约风险报酬率是指借款人无法按时支付利息或偿还本金会给投资人带来风险，债权人为了弥补这些风险而要求提高的利率；流动性风险报酬率是指由于债务人资产的流动性不好会给债权人带来风险，为补偿这种风险而提高的利率；期限风险报酬率是指对于一项负债，到期日越长，债权人承受的不确定因素就越多，承受的风险也越大，为弥补这种风险而要求提高的利率。

小贴士

企业财务管理环境一般可以分为宏观理财环境与微观理财环境。上述三种环境均属于宏观理财环境。微观理财环境是指对企业理财有直接和间接影响的企业内部各种条件和因素。主要有企业组织形式、企业管理体制、财务管理技术手段与技术条件、生产经营状况、内部管理水平、管理层与员工素质等。

第四节 财务管理的基本理论和机构设置

一、财务管理的基本理论

（一）现金流量理论

现金流量理论是关于现金、现金流量和自由现金流量的理论，是财务管理最为基础性的理论。现金是计量现金流量和自由现金流量的基本要素。现金流量包括现金流入量、现金流出量和现金净流量。

现金是公司流动性最强的资产，公司持有现金的多寡体现着公司的流动性、支付能力、偿债能力的强弱，进而在一定程度上影响到公司的风险和价值。在财务管理实践中，公司对其整体及其经营活动、投资活动和筹资活动都需计量现金流量，进行现金流量分析、现金预算和现金控制。

自由现金流量（Free Cash Flows）是指真正剩余的、可自由支配的现金流量。自由现金流量是由美国西北大学拉巴波特、哈佛大学詹森等学者于 1986 年提出的，在以美国安然、世通等为代表的之前在财务报告中利润指标完美无瑕的所谓绩优公司纷纷破产后，自由现金流量为基础的现金流量折现模型，已成为价值评估领域理论最健全、使用最广泛的评估模式。

（二）有效市场理论

有效市场理论说明的是金融市场上信息的有效性，即证券价格能否有效地反映全部的相关信息。有效市场理论给财务管理活动带来了很多启示，比如：既然价格过去的变动对价格将来的变动趋势没有影响，就不应该根据股票价格的历史变化决定投资或融资；既然市场价格能够反映企业的状况，市场上的证券价格一般也就是合理的，所以凡是对证券的高估或低估，都应当谨慎；既然资本市场上的证券都是等价的，每种证券的净现值都等于零，因此各种证券可以相互替代，也就可以通过购买各种证券进行投资组合。

（三）资本结构理论

资本结构理论（Capital Structure）是关于资本结构与财务风险、资本成本以及公司价值之间关系的理论。资本结构理论主要有 MM 理论、代理理论和等级筹资理论等。

1. MM 理论

MM 理论是莫迪利安尼和米勒提出的。他们认为，在没有企业和个人所得税的情况下，任何企业的价值，不论其有无负债，都等于经营利润除以适用于其风险等级的收益率。风险相同的企业，其价值不受有无负债及负债程度的影响；但在考虑所得税的情况下，由于存在税额庇护利益，企业价值会随负债程度的提高而增加，股东也可获得更多好处。于是，负债越多，企业价值也会越大。

2. 代理理论

代理理论认为，企业资本结构会影响经理人员的工作水平和其他行为选择，从而影响企业未来现金收入和企业市场价值。债权筹资有很强的激励作用，并将债务视为一种担保机制。这种机制能够促使经理努力工作，并且做出更好的投资决策，从而降低由于两权分离而产生的代理成本。但是，负债筹资可能导致另一种代理成本，即企业接受债权人监督而产生的成本。均衡的企业所有权结构是由股权代理成本和债权代理成本之间的平衡关系决定的。

3. 等级筹资理论

等级筹资理论认为：

（1）外部筹资的成本不仅包括管理和证券承销成本，还包括由不对称信息所产生的“投资不足效应”而引起的成本。

（2）债务筹资优于股权筹资。由于企业所得税的节税利益，负债筹资可以增加企业的价值，即负债越多，企业价值增加越多，这是负债的第一种效应；但是，财务危机成本期望值的现值和代理成本的现值会导致企业价值的下降，即负债越多，企业价值减少额越大，这是负债的第二种效应。由于上述两种效应可相互抵消，企业应适度负债。

(3) 由于非对称信息的存在，企业需要保留一定的负债容量以便有利可图的投资机会来临时可发行债券，避免以太高的成本发行新股。

（四）价值评估理论

价值评估理论是关于内在价值、净增加值和价值评估模型的理论，是财务管理的一个核心理论。从财务学的角度，价值主要是指内在价值和净增价值。内在价值和净增现值是以现金流量为基础的折现估计值，而非精确值。

资本资产定价模型就是用于估计折现率的一种模型。资本资产定价模型由财务学家威廉·夏普在20世纪60年代创建。按照该模型，金融资产投资的风险分为两类：一种是可以通过分散投资来化解的可分散风险（非系统风险）；另一种是不可以通过分散投资化解的不可分散风险（系统风险）。在有效市场中，可分散风险得不到市场的补偿，只有不可分散风险能够得到补偿。个别证券的不可分散风险可用β系数来表示，其中，β系数是计量该证券与市场组合回报率的敏感程度的参数。市场组合是指包含市场上全部证券的投资组合，据此，形成了资本资产定价模型。资本资产定价模型解决了股权资本成本的估计问题，为确定加权平均资本成本扫清了障碍，进而使得计算现值和净现值成为可能。

（五）风险评估理论

风险评估理论从财务学的角度讲风险导致财务收益的不确定性。在理论上，风险与收益成正比，因此，激进的投资者偏向于高风险是为了获得更高的利润，而稳健的投资者则着重于安全性的考虑。常用的风险评估理论有模糊理论、层次分析法和灰色理论。

（六）投资组合理论

投资组合是投资于若干种证券构成的组合投资，其收益等于这些证券收益的加权平均收益，但其风险并不等于这些证券风险的加权平均数。投资组合能降低非系统性风险。投资组合理论的奠基人是美国经济学家马科维茨（Markowitz），他在1952年首次提出投资组合理论（Portfolio Theory），并进行了系统、深入和卓有成效的研究。该理论包含两个重要内容，即方差分析方法和投资组合有效边界模型。

从资本市场的历史中认识到风险和报酬存在某种关系：一是承担风险会得到回报，这种回报称为风险溢价；二是风险性越高，风险溢价越大。但是，人们长期没有找到两者之间的函数关系。马科维茨把投资组合的价格变化视为随机变量，以它的均值来衡量收益，以它的方差来衡量风险，揭示了投资组合风险和报酬的函数关系。因此，马科维茨的理论又称为均值——方差分析。他是首位对“投资分散化”理念进行定量分析的经济学家，他认为通过投资的分散化可以在不改变投资组合预期收益的情况下降低风险，也可以在不改变投资组合风险的情况下增加收益。

二、企业财务管理机构设置

企业设置财务管理的专职机构应考虑企业规模、行业特点、业务类型等因素。财务管理机构内部的分工要明确，职权要到位，责任要清楚，要有利于提高财务管理效率。

（一）小型企业财务管理机构设置

一般在小型企业中，财务管理工作是作为会计工作的一部分来进行的，其工作重点是利用商业信用集资和收回企业的应收账款，很少关心筹资和投资问题。因此，在小型企业可以不单独设置财务管理组织，只需附属于会计部门。

（二）大中型企业财务管理机构设置

在大中型企业中，财务管理非常重要，财务管理的内容包括资本筹集、资本投资、股利分配等。所以，大中型企业一般应独立设置财务管理机构，负责企业的财务管理工作。

企业财务工作的主要负责人是财务总监或财务副总经理，他直接向总经理报告。在财务总监之下，有财务部经理和会计部经理两位主要管理者。财务部经理负责资本的筹集、使用和股利分配；会计部经理负责会计和税务方面的工作。

由于财务管理工作同会计工作都是综合性的经济管理工作，所以在实际中，大多数企业都把两者合并在一起，设置一个财务会计机构统一办理财务会计工作。

一个典型的企业财务管理组织如图 1-3 所示。

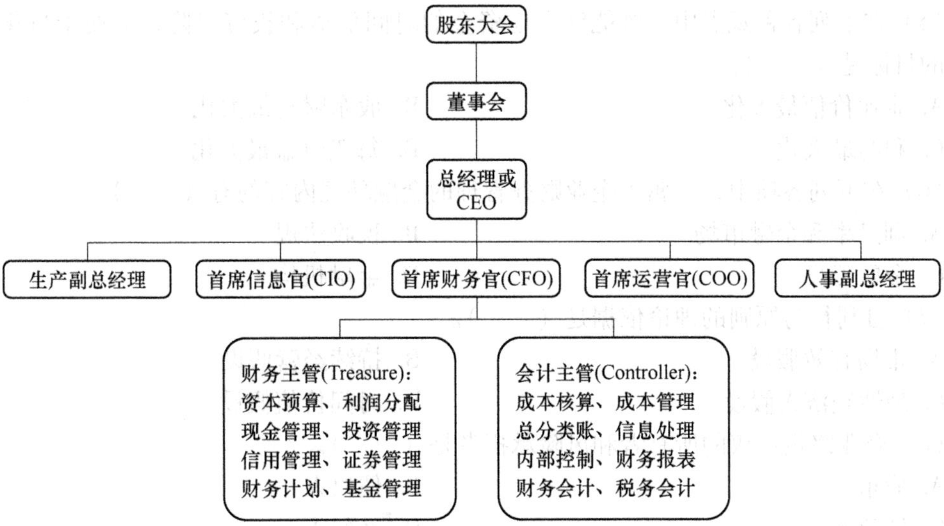

图 1-3　企业财务管理机构的设置

小思考

CFO 在做哪些事情？

如果你想进一步深入了解 CFO 在做哪些事情，可以访问“中国财务总监网”。

能力训练

一、单项选择题

（1）财务管理的对象是（　　）。

A. 财务关系　　B. 货币资金

C. 实物财产　　D. 资金运动

（2）下列（　　）属于企业购买商品或接受劳务形成的财务关系。

A. 企业与供应商之间的财务关系　　B. 企业与债务人之间的财务关系

C. 企业与客户之间的财务关系　　D. 企业与受资者之间的财务关系

（3）在下列各项中，不属于企业财务活动的内容是（　　）。

A. 筹资活动　　B. 投资活动

C. 收益分配活动　　D. 销售活动

（4）根据财务报表等有关资料，运用特定的方法，对企业财务活动过程及其结果进行分析和评价的工作是指（　　）。

A. 财务控制　　B. 财务决策

C. 财务规划　　D. 财务分析

（5）在下列各种观点中，既能够考虑资金的时间价值和投资风险，又便于量化财务管理的目标是（　　）。

A. 企业价值最大化　　B. 股东财富最大化

C. 利润最大化　　D. 每股收益最大化

（6）在下列各项中，不属于企业财务管理的金融环境内容的有（　　）。

A. 利息率和金融市场　　B. 税收法规

C. 金融工具　　D. 金融机构

（7）自利行为原则的理论依据是（　　）。

A. 市场有效假设　　B. 持续经营假设

C. 理性经济人假设　　D. 时间价值假设

（8）企业终极产权的所有者和风险承担者是（　　）。

A. 股东　　B. 债权人

C. 经理人　　D. 经纪人

二、多项选择题

（1）企业通过筹资活动通常可以形成（　　）资金来源。

A. 企业资本金　　B. 企业营业收入

C. 企业债务资金　　D. 企业投资收入

（2）债权人为了防止其利益受侵害，可以采取的保护措施为（　　）。

A. 在借款合同中加入限制性条款

B. 发现公司有侵蚀其债权价值意图时，采取通过市场接收或吞并的措施

C. 发现公司有侵蚀其债权价值意图时，采取解聘经营者的措施
D. 发现公司有侵蚀其债权价值意图时，采取收回借款或不再借款的措施
（3）企业价值最大化目标的优点为（ ）。
A. 考虑了资金时间价值和投资的风险价值 B. 反映了对企业资产保值增值的要求
C. 克服了短期行为 D. 有利于社会资源的合理配置
（4）以下关于利息率表述正确的有（ ）。
A. 利息率是利息占本金的百分比指标
B. 利息率是一定时期运用资金资源的交易价格
C. 利息率是中国人民银行对商业银行贷款的利率
D. 利息率是没有风险和通货膨胀情况下的社会平均利润率
（5）资金的利率通常由（ ）三部分组成。
A. 纯利率 B. 通货膨胀补偿率
C. 风险报酬率 D. 财务费用率

三、判断题

（1）企业与投资者之间的财务关系，主要指企业以购买股票或直接投资的形式向其他企业投资所形成的经济关系。（ ）
（2）市场利率是指根据资金市场上的供求关系，随着市场而自由变动的利率，即浮动利率。（ ）
（3）财务管理就是对企业财务活动的管理。（ ）
（4）利润最大化考虑了投入与产出的关系。（ ）

四、案例分析题

2020 年 6 月，A 公司发布公告称，公司的高级管理人员已于近日陆续从二级市场上购入该公司的社会公众股，平均每股购入价格为 10.40 元。公告还显示，购入股份最多的是该公司总经理周某，持股数量达 28600 股，而购入股份最少的高级管理人员也有 19000 股。按照有关规定，上述人员只有在离职 6 个月后，才可将所购入的股份抛出。资料显示，A 公司自 2015 年 3 月上市以来已经两度易主，股权几经变更，2019 年 11 月，该公司第二大股东甲公司通过受让原第一大股东的股权，从而成为 A 公司的现任第一大股东，甲公司承诺所持股份在三年之内不转让。甲公司入主 A 公司后，经过半年多的清产核资，A 公司的不良资产基本得到剥离，留下的都是比较扎实的优质资产。在此基础上，2020 年 6 月 3 日，公司董事会提出，公司的总经理、副总经理、财务负责人和董事会秘书等在 6 个月之内，必须持有一定数量的公司发行在外的社会公众股，并且如果在规定的期限内，高级管理人员没有完成上述持股要求，公司董事会将解除对其的聘任。据 A 公司总经理周某介绍，此次高级管理人员持股，可以说是公司董事会的一种强制行为，目的是增强高级管理人员对公司发展的使命感和责任感。让高级管理人员投资自己所管理的公司，如果公司取得好的发展，他们的资产就会增值，如果公司发展不好，也会直接影响他们的切身利益，这样把公司高级管理人员的个人利益与公司利益紧密结合起来，有利于企业快速、健康发展。

请回答下列问题：

（1）公司的财务管理目标是什么？

（2）公司高级管理人员持股对公司的财务管理目标会产生什么影响？

（3）请分析说明A公司面临什么样的财务管理环境？

（4）如何评价A公司高级管理人员持股的措施？

第二章　财务管理的价值观念

学习目标

（1）要求理解资金时间价值的含义；

（2）掌握资金时间价值的计算方法；

（3）掌握风险衡量的方法；

（4）了解财务风险的种类，了解投资风险与报酬的关系。

能力目标

（1）能够熟练地计算资金时间价值；

（2）能够比较不同投资项目的风险大小，做出相应决策；

（3）能够学会 Excel 财务函数在计算资金时间价值中的应用。

引导案例

诺贝尔基金如何"滚雪球"

2020 年是诺贝尔奖的第 120 个年头。有人好奇，诺贝尔奖每年都会颁发可观奖金，奖金不会被分光吗？事实上，成立于 1896 年的诺贝尔基金会的起始资金是诺贝尔捐献的 980 万美元，这在当时绝对是一笔巨款，至少相当于现在的数亿元美金。但是，如果没有良好的管理，再多的财富也经不起时间和通货膨胀的侵蚀。在长达逾 100 年的运作期中，诺贝尔基金会的一项重要任务就是让资金"滚雪球"，以保证奖金的丰厚度。

诺贝尔基金会的理财历程并非一帆风顺。成立初期，其章程中限制基金投资范围为"安全的证券"，当时人们理解其为"国债与存款"，股票市场则完全未被列入投资范围内。但事实却证明，所谓"安全的证券"并不能保证基金的安全，反而在一定程度上牺牲了报酬率。随着每年奖金发放、运作开销及税收等因素的消耗，50 多年后，也就是 1953 年，该基金资产只剩下 300 多万美元。

眼见基金资产快要消耗殆尽，诺贝尔基金会的理事们在 1953 年做出了突破性的决定，将基金管理章程更改为以投资股票、房地产为主。这一改变一举扭转了基金的命运，到 1993 年，基金总资产已滚动至 2 亿多美元。且诺贝尔基金会的董事会负责定期调整整个投资策略。2019 年诺贝尔奖纯奖金支出约 6300 万瑞典克朗，约合人民币 4530 万元。

思考：诺贝尔基金如何实现奖金能长期颁发下去？为什么每年的诺贝尔奖奖金不总是一样？

第一节　资金的时间价值

一、资金时间价值概述

资金的时间价值也称为货币的时间价值，是指货币经历一定时间的投资和再投资所增加的价值。资金的价值会受到使用时间的影响，比如今天的一元钱用来投资，并预期会获得收入，其价值就会增加；明天的一元钱由于推迟投资及预期产生收入的时间，其价值则低于今天的一元钱。

时间价值可以有两种表现形式：其相对数即时间价值率是指扣除风险报酬和通货膨胀贴水后的平均资金利润率或平均报酬率；其绝对数即时间价值额是资金在生产经营过程中带来的真实增值额，即一定数额的资金与时间价值率的乘积。

银行存款利率、贷款利率、各种债券利率、股票的股利率都可以看作是投资报酬率，它们与时间价值率都是有区别的，只有在没有通货膨胀和没有风险的情况下，时间价值率才与上述各报酬率相等。

二、资金时间价值的计算方法

在计算资金的时间价值之前，要先掌握两个基本概念——终值和现值。终值是指现在一定数量资金在未来某一时点上的价值，也称为本利和；现值是指未来某一时点上的一定量资金折合到现在的价值，也称为本金。在计算时间价值时主要涉及终值、现值、单位时间价值率和时间期限，对应符号表示如下：

（1）FV——终值；

（2）PV——现值；

（3）i——单位时间价值率，即利率；

（4）n——时间期限，即计算期数，一般以年为单位。

由于资金的时间价值计算涉及利息计算方式的选择，目前有两种利息计算方式：单利计息和复利计息。

（一）单利的计算

单利是一种不论时间长短，仅按本金计算利息，其所生利息不加入本金重复计算利息的方法。

1. 单利终值的计算

单利终值就是按单利计算的本利和。其计算公式为：

$$FV = PV + I = PV + PV \times i \times n = PV(1 + i \times n) \quad (2\text{-}1)$$

【例2-1】 赵某2020年6月1日存入银行一笔10000元现金，定期为3年，年利率为10%，单利计息。3年期满后他可以从银行取出的资金数额是多少元？

【解】 3年后赵某可以从银行取出的资金数额为：

$$FV = PV(1 + i \times n) = 10000 \times (1 + 10\% \times 3) = 13000(元)$$

2. 单利现值的计算

单利现值是指未来一定量资金按单利计算的现在的价值。单利现值的计算与单利终值的计算是互逆的，其计算公式为：

$$PV = FV/(1 + i \times n) \quad (2\text{-}2)$$

【例2-2】 钱某拟存入一笔资金以备3年后使用。假定银行3年期存款年利率为5%，李某3年后需用的资金总额为34500元，则在单利计算情况下，则目前需存入的资金数额为多少元？

【解】 目前钱某需存入的资金数额为：

$$PV = FV/(1 + i \times n) = 34500/(1 + 5\% \times 3) = 30000(元)$$

（二）复利的计算

资金时间价值通常是按复利计算的。复利是指在一定时间内按一定利率将本金所生利息加入本金再计算利息，也就是通常所说的“利滚利”。

1. 复利终值

复利终值是指按复利计息，若干期以后包括本金和利息在内的未来价值，又称本利和。现在将一笔资金 PV 存入银行，存款的年利率为 i，每年计息一次，n 年后的本利和参照如图 2-1 所示计息。

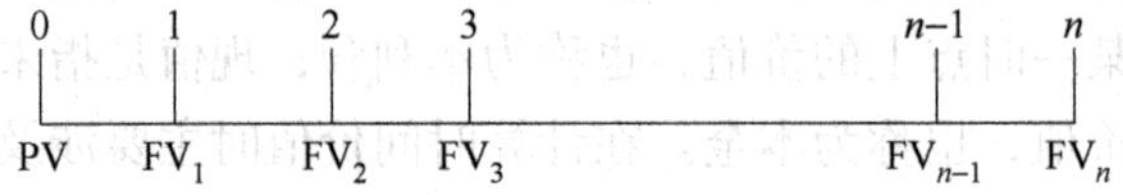

图 2-1 复利终值计息示意图

第一年末的终值：$FV_1 = PV + PV \times i = PV \cdot (1+i)$；

第二年末的终值：$FV_2 = FV_1 + FV_1 \times i = FV_1 \cdot (1+i) = PV \cdot (1+i)^2$；

第三年末的终值：$FV_3 = FV_2 + FV_2 \times i = FV_2 \cdot (1+i) = PV \cdot (1+i)^3$。

以此类推，第 n 年末的复利终值为：

$$FV_n = PV \cdot (1+i)^n \tag{2-3}$$

【例 2-3】 将 100 元现金存入银行，利率为 10%，5 年后的终值应为多少元？

【解】 5 年后的终值应为：

$$FV_5 = PV \cdot (1+i)^5 = 100 \times (1+10\%)^5 \approx 161(\text{元})$$

在公式（2-3）中，$(1+i)^n$ 称为复利终值系数，$(1+i)^n$ 可写成 $FVIF_{i,n}$ 或（F/P，i，n），复利终值的计算公式可写成：

$$FV_n = PV \cdot (1+i)^n = PV \cdot FVIF_{i,n} \tag{2-4}$$

为了简化和加速计算，可编制复利终值系数表，该表见书后附录 A。表中 i 和 n 的范围及详细程度可视情况而定，教学用表中的系数，一般只取 3 到 4 位小数，实际工作中，位数要多一些。

如例 2-3 可查表计算如下：

$$FV_5 = 100 \times FVIF_{10\%,5} = 100 \times 1.611 = 161.1(\text{元})$$

也可用 Excel 提供的终值函数 FV( )计算，如图 2-2 所示。

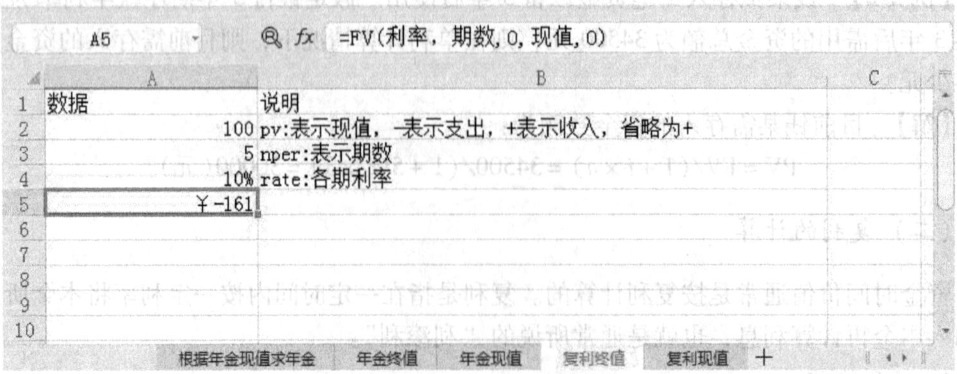

图 2-2 Excel 计算复利终值示意图

阅读案例

李嘉诚先生从16岁开始创业一直到73岁，白手起家57年，家产已达126亿美元，这是一个天文数字，对于普通人是不可想象的，李嘉诚也因此成为世界华人首富。但是，仔细来算，如果我们有一万美元，每一年复利可以达到28%，用同样时间，就可以做到同李嘉诚一样富有。猛然看，一年28%的利润并不高，我们也许会在一两个星期的时间里获得比这高得多的收益，但事实上，成功的艰难不是在于一次、两次的暴利，而是持续的保持。

如沃伦·巴菲特，他被称为美国股市的“股神”，一个白手起家，资产达300亿美元的投资人，每年的投资复合收益不到30%。乔治·索罗斯被称为金融领域投资大师中的大师，在过去的20多年中，每一年的复合平均的收益率只有大约35%，但这就是使所有投资人望尘莫及，并且索罗斯是在全世界的股票市场、黄金市场、货币市场，以及期货市场中不断投机，利用财务杠杆和买空卖空才做到的。因此我们可以得知，成功是日积月累的，不是一朝一夕的暴利所致。

小思考

（1）如何理解资金的时间价值？

（2）作为一名大学生，即将走向工作岗位，你将面临购房的决策，按揭贷款的方式你会选择等额本金还是等额本息？

（3）如果你现在有一笔投资10000元，每年增长10%，预计多少年后能翻倍？

2. 复利现值的计算

复利现值是指按复利计息，未来一定量的资金的现在价值，可用倒推求本金的方法计算。由终值求现值，叫作贴现。在贴现时使用的利率叫贴现率。

现值的计算可由终值的计算公式导出：

$$PV=\frac{FV_n}{(1+i)^n}=FV_n\times\frac{1}{(1+i)^n} \tag{2-5}$$

在公式（2-5）中，$\frac{1}{(1+i)^n}$称为复利现值系数或贴现系数，$\frac{1}{(1+i)^n}$可以写为$PVIF_{i,n}$或（P/F，i，n），复利现值的计算公式可改写为：

$$PV=FV_n\times PVIF_{i,n} \tag{2-6}$$

为了简化计算，也可编制复利现值系数表。该表见书后附录B。

【例2-4】 某人拟在3年以后得到4000元，利息率为7%，现在应存金额应为多少元？

【解】 现在应存金额应为：

$$PV=FV_n\frac{1}{(1+i)^n}=4000\times\frac{1}{(1+7\%)^3}\approx3265(\text{元})$$

或查复利现值系数表计算如下：

$$PV = FV_3 \times PVIF_{7\%,3} = 4000 \times 0.816 = 3264(元)$$

也可用 Excel 提供的现值函数 PV( )计算，如图 2-3 所示。

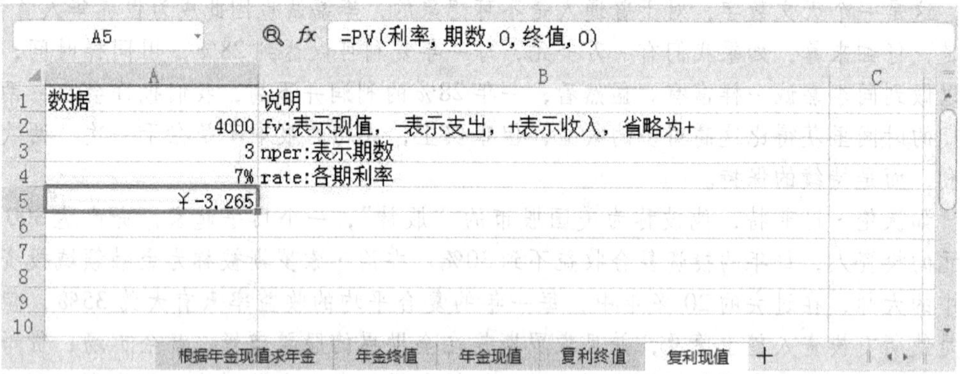

图 2-3 Excel 计算复利现值示意图

（三）年金终值和现值的计算

年金是指一定时期内每期相等金额的收付款项。凡属于分期支付的金额，只要支付时间间隔的顺次相同、金额相等都可以称为年金，通常记作 A，如每年定期支付一次、每半年定期支付一次、每季定期支付一次、每月定期支付一次相等的金额都可以称为年金。折旧、利息、租金、保险费等通常表现为年金的形式。年金按付款方式可分为普通年金、先付年金、递延年金和永续年金。

1. 普通年金的计算

普通年金是指每期期末发生的等额的收付款项，又称为后付年金。

(1) 普通年金终值的计算。普通年金终值犹如零存整取的本利和，它是一定时期内每期期末等额收付款项的复利终值之和，这里用 FVA_n 表示。

普通年金终值的计算可用图 2-4 来说明。

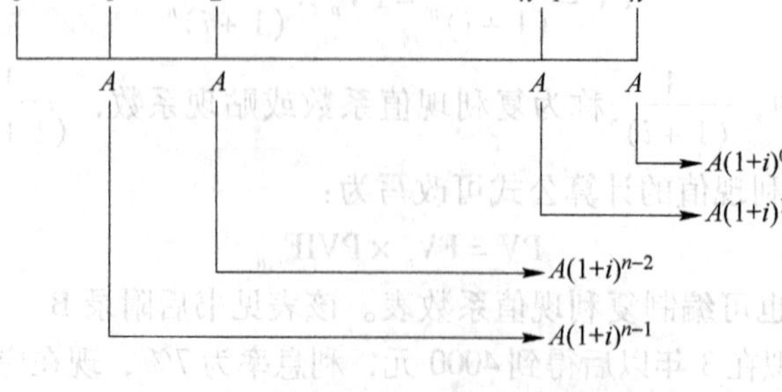

图 2-4 后付年金终值的计算示意图

由图 2-4 可知，普通年金终值的计算公式为：

$$\begin{aligned}FVA_n &= A(1+i)^0 + A(1+i)^1 + A(1+i)^2 + \cdots + A(1+i)^{n-2} + A(1+i)^{n-1} \\ &= A \cdot \sum_{t=1}^{n}(1+i)^{t-1}\end{aligned} \tag{2-7}$$

公式（2-7）中，$\sum_{t=1}^{n}(1+i)^{t-1}$ 称为年金终值系数，可写成 $FVIFA_{i,n}$或（F/A，i，n），则普通年金终值的计算公式可写成：

$$FVA_n = A \cdot FVIFA_{i,n} \tag{2-8}$$

为了简化工作，也可事先编制年金终值系数表，简称 FVIFA 系数表，表中各期年金终值系数可按下式计算：

$$FVIFA_{i,n} = \frac{(1+i)^n - 1}{i} \tag{2-9}$$

公式（2-9）推导过程如下：

$$FVIFA_{i,n} = (1+i)^0 + (1+i)^1 + (1+i)^2 + \cdots + (1+i)^{n-2} + (1+i)^{n-1} \quad ①$$

将式①两边同乘以（$1+i$），得：

$$FVIFA_{i,n}(1+i) = (1+i)^1 + (1+i)^2 + \cdots + (1+i)^{n-1} + (1+i)^n \quad ②$$

将式②－式①，得：

$$FVIFA_{i,n}(1+i) - FVIFA_{i,n} = (1+i)^n - 1$$

$$FVIFA_{i,n} \cdot i = (1+i)^n - 1$$

$$FVIFA_{i,n} = \frac{(1+i)^n - 1}{i}$$

年金终值系数表见书后附录 C。

【例 2-5】 3 年中每年年底存入银行 100000 元，存款利率为 8%。求第 3 年末年金终值。

【解】 第 3 年末年金终值为：

$$FVA_3 = A \cdot FVIFA_{8\%,3} = 100000 \times 3.246 = 324600(元)$$

也可用 Excel 提供的终值函数 FV( )计算，如图 2-5 所示。

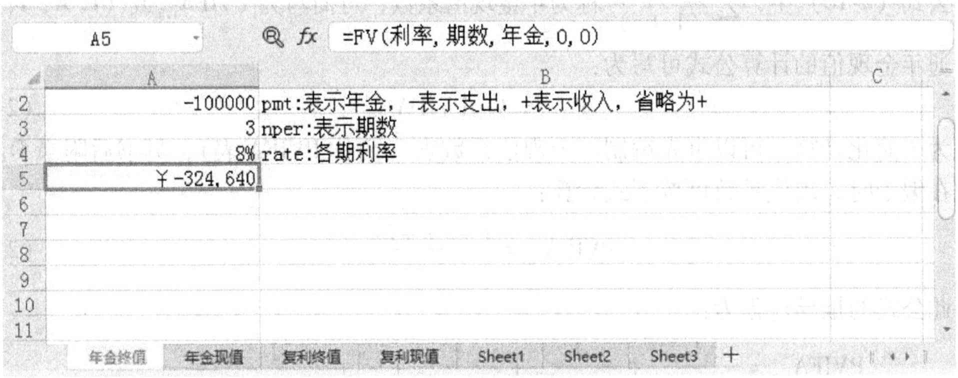

图 2-5　Excel 计算年金终值示意图

小贴士

$\frac{i}{(1+i)^n-1}$是年金终值系数的倒数，称为偿债基金系数，记作（A/F，i，n）。偿债基金是指为了在约定的未来某一时点清偿某笔债务而分次提取的存款准备金。计算偿债基金年金的方法实际上是将年金终值折算成年金，即是年金终值的逆运算，其中要清偿的债务相当于年金终值，每年提取的债务基金就相当于年金。

（2）普通年金现值的计算。一定期间内每期期末等额的系列收付款项的现值之和，叫普通年金现值。年金现值的符号为 PVA，普通年金现值的计算情况可用图 2-6 来说明。

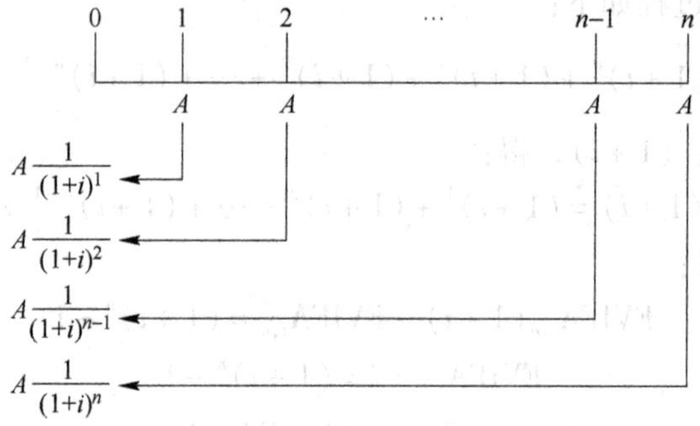

图 2-6　普通年金现值的计算示意图

由图 2-6 得，普通年金现值的计算公式为：

$$\text{PVA} = A\frac{1}{(1+i)^1} + A\frac{1}{(1+i)^2} + \cdots + A\frac{1}{(1+i)^{n-1}} + A\frac{1}{(1+i)^n}$$

$$= A\sum_{t=1}^{n} A\frac{1}{(1+i)^t} \tag{2-10}$$

公式（2-10）中，$\sum_{t=1}^{n}\frac{1}{(1+i)^t}$称为年金现值系数，可简写为 $\text{PVIFA}_{i,n}$或（P/A，i，n），则普通年金现值的计算公式可写为：

$$\text{PVA} = A \cdot \text{PVIFA}_{i,n} \tag{2-11}$$

为了简化计算，可以事先编制年金现值系数表（简称 PVIFA 表），见书后附录 D。在编表时，现值系数可按下式计算：

$$\text{PVIFA}_{i,n} = \frac{1-(1+i)^{-n}}{i} \tag{2-12}$$

此公式的推导过程为：

$$\text{PVIFA}_{i,n} = \frac{1}{(1+i)^1} + \frac{1}{(1+i)^2} + \frac{1}{(1+i)^3} + \cdots + \frac{1}{(1+i)^{n-1}} + \frac{1}{(1+i)^n} \quad ①$$

式①两边同乘以（1 + i）得：

$$PVIFA_{i,n} \cdot (1+i) = 1 + \frac{1}{(1+i)^1} + \frac{1}{(1+i)^2} + \cdots + \frac{1}{(1+i)^{n-2}} + \frac{1}{(1+i)^{n-1}} \quad ②$$

式② - 式①，得：

$$PVIFA_{i,n} \cdot (1+i) - PVIFA_{i,n} = 1 - \frac{1}{(1+i)^n}$$

$$PVIFA_{i,n} = \frac{1-(1+i)^{-n}}{i}$$

【例 2-6】 现在存入一笔钱，准备在以后 5 年中每年末得到 10000 元，如果利率为 10%，现在应存入多少资金？

【解】 现在应存入的资金为：

$$PVA = A \cdot PVIFA_{10\%,5} = 10000 \times 3.791 = 37910(元)$$

也可用 Excel 提供的现值函数 PV( )计算，如图 2-7 所示。

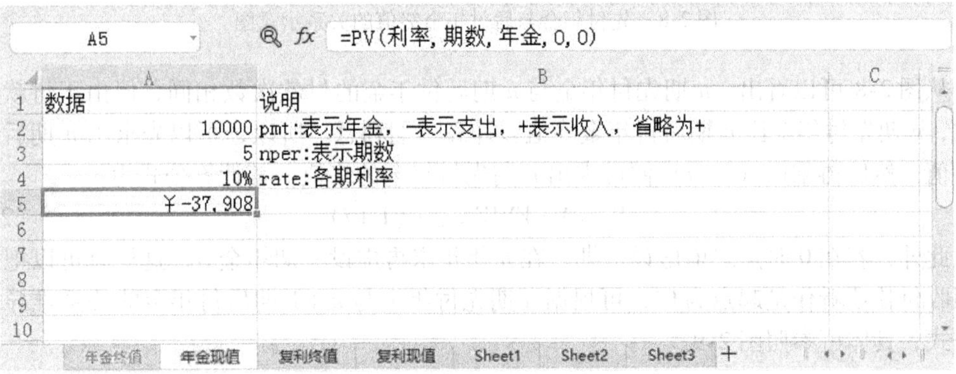

图 2-7　Excel 计算年金现值示意图

小贴士

资本回收系数

$\frac{1}{1-(1+i)^{-n}}$是普通年金现值系数的倒数，可称为资本回收系数，用符号$(A/P,i,n)$表示。在企业的财务管理工作中，可利用这种关系进行长期投资决策，可以将企业现在的项目投资额看作是企业在项目投产后的寿命期内至少要收回的投资成本总额，运用年金现值计算公式计算出年金 A，以年金 A 作为企业在该投资项目的营业期内每年至少应该收回的投资成本，将其作为企业投资管理的一个控制目标。

2. 先付年金的计算

先付年金是指在一定时期内，每期期初等额的系列收付款项。先付年金与后付年金的区别仅在于付款时点的不同。由于年金终值和现值系数表是按后付年金编制的，利用后付年金系数表计算先付年金的终值和现值时，可以在后付年金的基础上用终值和现值的计算公式进行调整。

（1）先付年金终值的计算。n 期先付年金终值和 n 期后付年金终值之间的关系可用图 2-8 加以说明。

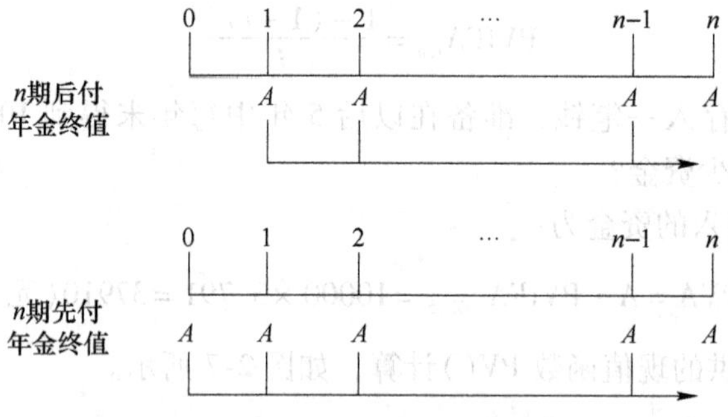

图 2-8 先付年金与后付年金终值的关系示意图

从图 2-8 可以看出，n 期先付年金与 n 期后付年金的付款次数相同，但由于付款时间不同，n 期先付年金比 n 期后付年金终值多计算一期利息。所以，可以先求出 n 期后付年金终值，然后再乘以（$1+i$）便可求出 n 期先付年金的终值。其计算公式为：

$$V_n = A \cdot \text{FVIFA}_{i,n} \cdot (1+i) \tag{2-13}$$

此外，若在 0 时点之前虚设一期，在 n 年年末再虚设一期年金 A，这样就可以把这一系列收付款项看作是起点为 0′，可根据 n 期先付年金与 $n+1$ 期后付年金的关系推导出另一公式，具体可参照图 2-9。

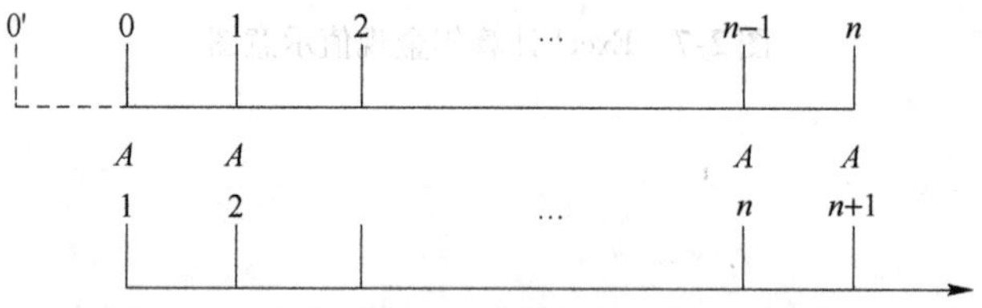

图 2-9 先付年金终值计算示意图

【例 2-7】 小王每年年初存入银行 1000 元，银行存款年利率为 4%，问第 10 年末的本利和为多少？

【解】 第 10 年末的本利和为：

方法 1：$V_{10} = 1000 \times \text{FVIFA}_{4\%,10} \times (1+4\%) = 1000 \times 12.006 \times 1.04 \approx 12486.2$（元）

方法 2：$V_{10} = 1000 \times (\text{FVIFA}_{4\%,11} - 1) = 1000 \times (13.486 - 1) = 12486$（元）

也可用 Excel 提供的终值函数 FV( ) 计算，如图 2-10 所示。

（2）先付年金现值的计算。n 期先付年金现值与 n 期后付年金现值之间的关系，可以用图 2-11 加以说明。

从图 2-11 可以看出，n 期后付年金现值与 n 期先付年金现值的付款次数相同，但由于 n 期后付年金是期末付款，n 期先付年金是期初付款，在计算现值时 n 期后付年金现值

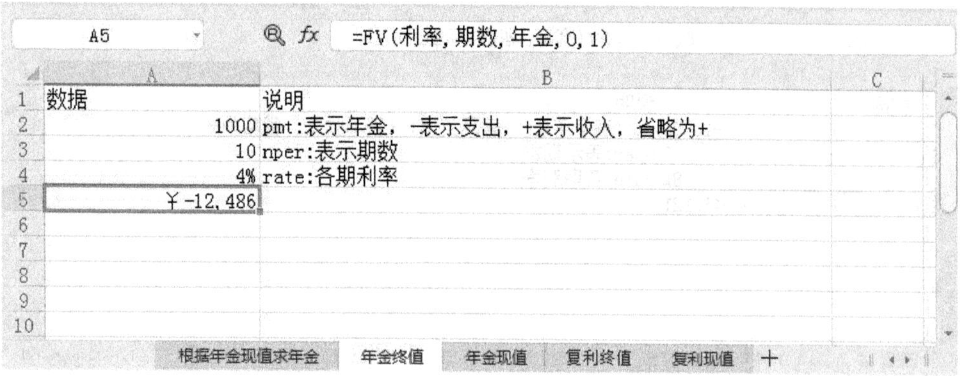

图 2-10 Excel 计算先付年金终值示意图

比 n 期先付年金现值多贴现一期。所以，可先求出 n 期后付年金现值，然后再乘以 $(1+i)$，便可求出 n 期先付年金的现值。其计算公式为：

$$V_0 = A \cdot \text{PVIFA}_{i,n} \cdot (1+i) \tag{2-14}$$

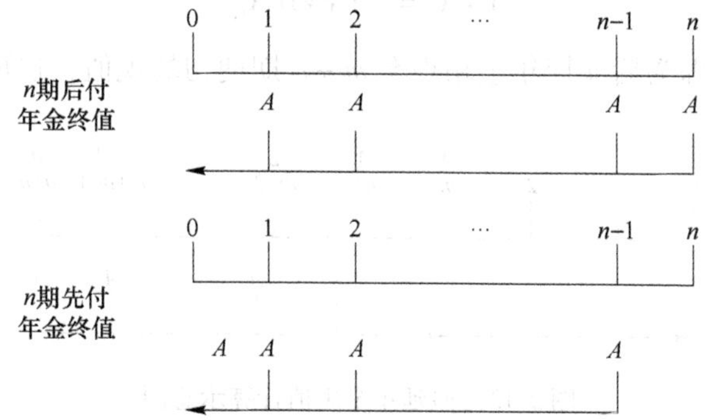

图 2-11 先付年金与后付年金现值的关系示意图

如果先把图 2-11 中的第一期年金扣除，就可以将其看成是 $n-1$ 期的普通年金，计算后再加上第一年的年金，就可以得到 n 期先付年金的现值，其计算公式为：

$$V_0 = A \cdot \text{PVIFA}_{i,n-1} + A = A \cdot (\text{PVIFA}_{i,n-1} + 1) \tag{2-15}$$

【例 2-8】 某企业租用一设备，在 5 年中每年年初要支付租金 10000 元，年利率为 8%，问这些租金的现值是多少？

【解】 这些租金的现值为：

方法 1：$V_0 = 10000 \cdot \text{PVIFA}_{8\%,5} \cdot (1+8\%) = 10000 \times 3.993 \times 1.08 = 43124.4$（元）

方法 2：$V_0 = 10000 \cdot (\text{PVIFA}_{8\%,4} + 1) = 10000 \times (3.312 + 1) = 43120$（元）

也可用 Excel 提供的现值函数 PV( )计算，如图 2-12 所示。

3. 递延年金的计算

递延年金是指在最初若干期没有收付款项的情况下，后面若干期等额的系列收付款项，是普通年金的特殊形式。假设最初有 m 期（递延期）没有收付款项，后面 n 期（收

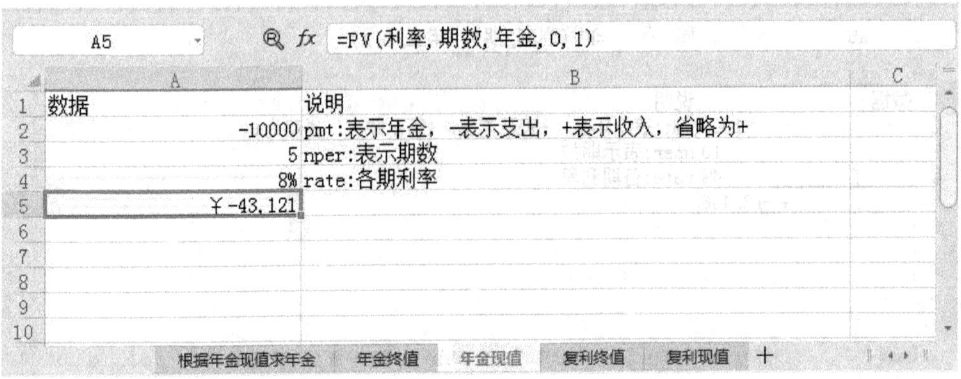

图 2-12 Excel 计算先付年金现值示意图

支期）有等额的收付款项，则递延年金终值大小与递延期 m 无关，在计算终值时只需将 m 时点当作 0 时点，实际发生的期数为 n 期，所以其计算公式与普通年金终值计算公式相同，即：

$$FVA_n = A \cdot FVIFA_{i,n}$$

递延年金的现值即为后 n 期年金贴现至 $m+n$ 期期初的现值，这可以用图 2-13 说明。

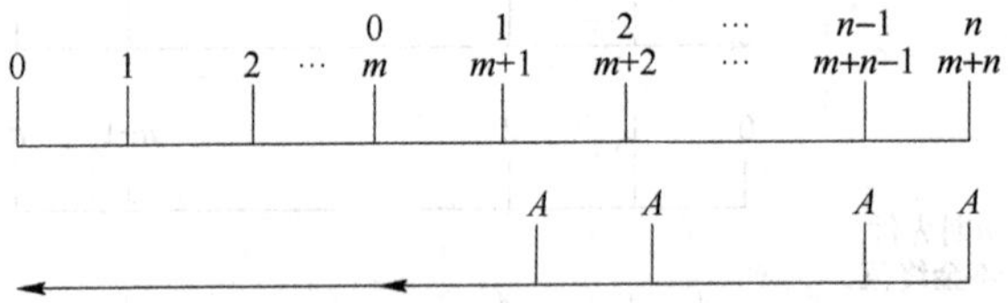

图 2-13 递延年金现值计算示意图

方法 1：先求出递延年金在 n 期后付年金期初（m 期期末）的现值，再将它作为终值贴现至 m 期的第一期期初，便可求出递延年金的现值。其计算公式为：

$$V_0 = A \cdot PVIFA_{i,n} \cdot PVIF_{i,m} \tag{2-16}$$

方法 2：先求出 $m+n$ 期后付年金现值，减去没有付款的前 m 期后付年金现值，二者之差便是递延 m 期、收支期 n 期的递延年金现值。其计算公式为：

$$V_0 = A \cdot PVIFA_{i,+n} - A \cdot PVIFA_{i,m} = A \cdot (PVIFA_{i,m+n} - PVIFA_{i,m}) \tag{2-17}$$

【例 2-9】 某企业向银行借入一笔款项，银行贷款的年利息率为 10%，银行规定前 3 年不用还本付息，但从第 4 年至第 7 年每年年末偿还本息 1000 元，问这笔款项的现值应为多少？

【解】 这笔款项的现值应为：

方法 1：$V_0 = 1000 \times PVIFA_{10\%,4} \times PVIF_{10\%,3} = 1000 \times 3.17 \times 0.751 \approx 2381$（元）

方法 2：$V_0 = 1000 \times (PVIFA_{10\%,7} - PVIFA_{10\%,3}) = 1000 \times (4.868 - 2.487) = 2381$（元）

4. 永续年金的计算

永续年金是指无限期收付的年金，所以永续年金没有终值。西方有些债券为无期限债券，这些债券的利息可视为永续年金。优先股因为有固定的股利而又无到期日，因而优先股股利有时可以看作永续年金。而永续年金的计算公式可以根据普通年金的计算公式推导出来。

普通年金现值系数的计算公式为：

$$\text{PVIFA}_{i,n}=\frac{1-(1+i)^{-n}}{i}$$

当 $n\to\infty$ 时，

$$\frac{1}{(1+i)^{n}}\to 0$$

故

$$\text{PVIFA}_{i,\infty}=\frac{1}{i}$$

因此，永续年金现值的计算公式为：

$$V_0=A\cdot\frac{1}{i} \tag{2-18}$$

【例 2-10】 某永续年金每年年底的收入为 1000 元，利率为 10%，求该项永续年金的现值。

【解】

$$V_0=1000\times\frac{1}{10\%}=10000(\text{元})$$

阅读案例

田纳西镇巨额账单案例

如果你突然收到一张事先不知道的 1260 亿美元的账单，你一定会大吃一惊。而这样的事件却发生在田纳西镇的居民身上。纽约布鲁克林法院判决田纳西镇应向美国投资者支付这笔钱。最初，田纳西镇的居民以为这是一件小事，但当他们收到账单时，他们被这张巨额账单惊呆了。他们的律师指出，若高级法院支持这一判决，为偿还债务，所有田纳西镇的居民在其余生中不得不靠吃麦当劳等廉价快餐度日。

田纳西镇的问题源于 1966 年的一笔存款。斯兰黑不动产公司在内部交换银行（田纳西镇的一个银行）存入一笔 6 亿美元的存款。存款协议要求银行按每周 1% 的利率（复利）付息（难怪该银行第二年破产！）。1994 年，纽约布鲁克林法院做出判决：从存款日到田纳西镇对该银行进行清算的 7 年中，这笔存款应按每周 1% 的复利计息，而在银行清算后的 21 年中，每年按 8.54% 的复利计息。

小思考

（1）上述案例中 1260 亿美元是如何计算出来的？

（2）如利率为每周 1%，按复利计算，6 亿美元增加到 12 亿美元需多长时间，增加到 1000 亿美元需多长时间？

第二节 风险价值分析

在市场经济条件下，财务风险是客观存在的，要完全消除风险及其影响是不现实的。企业财务活动一般是在有风险的情况下进行的。企业财务管理必须研究风险、计量风险，并设法控制风险，以求最大限度地扩大企业财富。

一、风险的概念

风险一般是指某一行动的结果具有多样性。从财务管理的角度看，风险就是企业在各项财务管理活动过程中，由于各种难以预料或无法控制的因素作用，使企业的实际收益与预期收益发生背离，从而有受经济损失的可能性。

与风险相联系的另一个概念是不确定性，即人们事先只知道采取某种行动可能产生的各种结果，但并不知道它们出现的概率，或者两者都不知道，而只能做些粗略的估计。经营决策一般都是在不确定的情况下做出的，在实务工作中，通常对风险和不确定性这两个概念不加区分，把不确定性视同风险加以计量，以便进行定量分析。

企业决策者一般都讨厌风险，并尽可能地回避风险。在进行任何一项投资时，投资者宁愿要确定的某一收益率，而不要不确定的同一收益率，这种现象叫风险反感。在风险反感普遍存在的情况下，诱使投资者进行风险投资的原因是能获得投资风险价值。投资风险价值（Risk Value of Investment）是指投资者由于冒着风险进行投资而获得的超过资金时间价值的额外收益，又称投资风险收益或投资风险报酬。

投资风险价值有两种表现形式：风险报酬额和风险报酬率。在实际工作中，通常以相对数—风险报酬率进行计量。如果不考虑通货膨胀的话，投资者进行风险投资所要求或期望的投资报酬率（即投资报酬额对于投资额的比率）便是资金时间价值（无风险报酬率）与风险报酬率之和，即：

$$\text{投资期望率} = \text{资金时间价值(或无风险报酬率)} + \text{风险报酬率} \tag{2-19}$$

二、风险的种类

从企业自身的角度，分为经营风险和财务风险。经营风险是指由于生产经营上的原因给企业的利润额或利润率带来的不确定性。经营风险源于两个方面：企业外部条件的变动，如经济形势、市场供求、价格、税收等的变动；企业内部条件的变动，如技术装备、产品结构、设备利用率、工人劳动生产率、原材料利用率等的变动。财务风险是指企业由于负债融资导致的净资产收益率或每股收益的不确定性，也指企业到期不能还本付息的可能性。财务风险也称筹资风险。

从个别投资主体的角度，分为市场风险和企业特有风险。市场风险是指对所有企业产生影响的因素引起的风险，又称不可分散风险或系统风险。如战争、经济衰退、通货膨胀、高利率等。企业特有风险是指发生在个别企业的特有事件，如罢工、新产品开发失败、订单被取消、诉讼失败等，造成投资者发生损失的风险，又称可分散风险或非系统风险。

阅读案例

雷曼兄弟公司破产事件

雷曼兄弟公司于1850年创办，是一家国际性金融机构及投资银行，全球总部设在纽约，地区总部位于伦敦及东京，在世界各地设有若干办事处，雷曼兄弟公司曾被美国《财富》杂志选为财富500强公司之一，为美国第四大投资银行。2008年，该公司受到次级房贷风暴波及，因在财务方面发生重大亏损而申请破产保护。彼时，该公司负债已高达6130亿美元。

三、风险衡量

风险与概率直接相关，并由此与期望报酬率、离散程度等相联系。对风险进行衡量时，应着重考虑以下几个因素。

（一）概率

一个事件的概率是指这一事件可能发生的机会。例如，一个企业的利润有30%的机会增加，40%的机会与去年持平，30%的机会减少。如果把所有可能的事件或结果都列示出来，且每一事件都给予一个概率，把它们列示在一起，便构成了概率的分布。概率分布可用表2-1来表示。

表2-1　概率分布表

可能出现的结果（i）	概率（P_i）
利润增加	0.30＝30%
利润持平	0.40＝40%
利润减少	0.30＝30%
合　计	1.00＝100%

概率分布必须符合以下两个要求：

（1）所有的概率即P，都在0和1之间，即$0 \leqslant P_i \leqslant 1$。

（2）所有结果的概率之和应等于1，即$\sum_{i=1}^{n} P_i = 1$，这里，n为可能出现的结果的个数。

小贴士

概率分布的类型

将随机事件的各种可能按一定规则进行排列，同时列出各结果出现的相应概率，这一完整的描述为概率分布。概率分布有两种类型：一种是离散型分布，其特点是概率分布在各个特定的点（指随机事件）上；另一种是连续型分布，其特点是概率分布在连续图像的两点之间的区间上。两者的区别在于，离散型分布中的概率是可数的，而连续型分布中的概率是不可数的。对于连续型分布来说，概率分布越集中，实际可能的结果越接近期望报酬率，而实际报酬率低于预期报酬率的可能性越小。

（二）期望报酬率

期望报酬率是各种可能发生的事件按其各自的概率进行加权平均得到的报酬率，它是反映集中趋势的一种量度。期望报酬率的计算公式为：

$$\overline{K} = \sum_{i=1}^{n} K_i P_i \tag{2-20}$$

式中 $\overline{K}$——期望报酬率；

K_i——第 i 种可能结果的报酬率；

P_i——第 i 种可能结果的概率；

n——可能结果的个数。

【例 2-11】 A 公司和 B 公司股票的报酬率及其概率分布见表 2-2，试计算两个公司的期望报酬率。

表 2-2 A 公司和 B 公司股票的报酬率及其概率

经济情况	该种经济情况发生的概率（P_i）	报酬率（K_i）	
		A 公司	B 公司
繁荣	0.30	25%	85%
一般	0.40	15%	15%
衰退	0.30	5%	-55%

【解】

A 公司：

$$\overline{K} = \sum_{i=1}^{n} K_i P_i$$
$$= 0.3 \times 25\% + 0.4 \times 15\% + 0.3 \times 5\%$$
$$= 15\%$$

B 公司：

$$\overline{K} = \sum_{i=1}^{n} K_i P_i$$
$$= 0.3 \times 85\% + 0.4 \times 15\% + 0.3 \times (-55\%)$$
$$= 15\%$$

从计算结果可以看出，两个公司股票的期望报酬率都是 15%，是否可以就此认为两个公司是等同的呢？显然不能，我们还需要了解概率分布的离散情况，即计算标准离差和标准离差率。

（三）标准离差

标准离差也称为均方差，是各种可能的报酬率偏离期望报酬率的综合差异，是反映离散程度的一种量度。标准离差可按下列公式计算：

$$\sigma = \sqrt{\sum_{i=1}^{n}(K_i - \bar{K})^2 \cdot P_i} \quad (2\text{-}21)$$

式中 σ——期望报酬率的标准离差。

将例2-11中A公司和B公司的资料代入公式（2-21），即得到两个公司的标准离差：

$$\text{A公司}: \sigma = \sqrt{\sum_{i=1}^{n}(K_i - \bar{K})^2 \times P_i}$$

$$= \sqrt{(25\% - 15\%)^2 \times 0.3 + (15\% - 15\%)^2 \times 0.4 + (5\% - 15\%)^2 \times 0.3}$$

$$= 7.75\%$$

$$\text{B公司}: \sigma = \sqrt{\sum_{i=1}^{n}(K_i - \bar{K})^2 \times P_i}$$

$$= \sqrt{(85\% - 15\%)^2 \times 0.3 + (15\% - 15\%)^2 \times 0.4 + (-55\% - 15\%)^2 \times 0.3}$$

$$= 54.22\%$$

标准离差越小，说明离散程度越小，风险也就越小。根据这种测量方法，B公司的风险要大于A公司。

（四）标准离差率

标准离差同期望报酬率的比值，即标准离差率，通常用符号 V 表示。标准离差率的计算公式为：

$$V = \frac{\sigma}{\bar{K}} \times 100\% \quad (2\text{-}22)$$

标准离差率是一个相对指标，它以相对数反映决策方案的风险程度。方差和标准离差作为绝对数，只适用于期望值相同的决策方案风险程度的比较。对于期望值不同的决策方案，评价和比较其各自的风险程度只能借助标准离差率这个相对数值。在期望值不同的情况下，标准离差率越大，风险越大；反之，标准离差率越小，风险越小。

当然，在例2-11中，A、B两个公司的期望报酬率相等，可直接根据标准离差来比较风险程度。但如果期望报酬率不等，则必须计算标准离差率才能对比风险程度。

（五）风险报酬率

要计算风险报酬率，还必须借助一个系数——风险报酬系数。风险报酬率、风险报酬系数和标准离差率之间的关系可用以下公式表示：

$$R_r = bV \quad (2\text{-}23)$$

式中 R_r——风险报酬率；

b——风险报酬系数；

V——标准离差率。

那么，投资的总报酬率可表示为：

$$K = R_f + R_r = R_f + bV \quad (2\text{-}24)$$

式中 K——投资报酬率；

R_f——无风险报酬率。

无风险报酬率就是加上通货膨胀贴水以后的货币时间价值，西方一般把投资于国库券的报酬率视为无风险报酬率。

至于风险报酬系数的确定，有如下几种方法：

（1）根据以往的同类项目加以确定。风险报酬系数 b，可以参照以往同类投资项目的历史资料，运用前述有关公式来确定。例如，某企业准备进行一项投资，此类项目含风险报酬率的投资报酬率一般为20%左右，其报酬率的标准离差率为100%，无风险报酬率为10%，则由公式（2-24）可得：

$$b = \frac{K - R_f}{V} = \frac{20\% - 10\%}{100\%} = 10\%$$

（2）由企业领导或企业组织有关专家确定。第一种方法必须在历史资料比较充分的情况下才能采用，如果缺乏历史资料，则可由企业领导，如总经理、财务副总经理、总会计师、财务主任等根据经验加以确定，也可由企业组织有关专家确定。实际上，风险报酬系数的确定，在很大程度上取决于各公司对风险的态度。比较敢于承担风险的公司，往往把 b 值定得低些，反之，比较稳健的公司，则常常把 b 值定得高些。

（3）由国家有关部门组织专家确定。国家有关部门如财政部、国家银行等组织专家，根据各行业的条件和有关因素，确定各行业的风险报酬系数，由国家定期公布，作为国家参数供投资者参考。

四、证券组合的风险衡量

投资者在进行投资时，一般并不把所有资金都投资于一种证券，而是同时持有多种证券。这种同时投资多种证券的形式叫证券的投资组合，简称为证券组合或投资组合。

（一）证券组合的风险

证券组合的风险可以分为两种性质完全不同的风险，即可分散风险和不可分散风险，现分述如下。

1. 可分散风险

可分散风险又称为非系统性风险或公司特别风险，是指某些因素对单个证券造成经济损失的可能性。如个别公司工人的罢工、公司新产品开发的失败等。这种风险可通过证券持有的多样化来抵销。即多买几家公司的股票，其中某些公司的股票报酬上升，另一些公司的股票的报酬下降，从而将风险抵销。至于风险能被抵销掉多少，则取决于投资组合中不同资产报酬之间的相关程度。

2. 不可分散风险

不可分散风险是指影响所有资产的、不能通过风险分散而消除的风险。这部分风险是由影响整个市场的风险因素所引起的。这些因素包括战争、国家经济政策的变化、税制改革、企业会计准则改革、世界能源状况等。

尽管绝大部分企业和资产都不可避免地受到不可分散风险的影响，但并不意味着不可分散风险对所有资产或所有企业有相同的影响。有些资产受不可分散风险的影响较大，而有些资产受其影响则较小。不可分散风险的程度，通常用 β 来衡量。

（二）β系数

β系数反映的是个别证券相对于市场上全部证券的平均收益的变动程度。市场收益是指所有证券组成的市场投资组合的收益，从理论上讲，市场投资组合是由所有风险性证券组成的，它的收益率无法确定。但在证券实务上，通常是以一些具有代表性的证券指数作为市场投资组合，然后根据证券指数中个别证券的收益率来估计市场投资组合的收益率，再采用一定的方法来估算β系数。

β系数的计算过程需要大量的数据支持，在实际工作中，一般不由投资者自己计算，而由一些机构定期计算并公布。

作为整体的股票市场的β系数为1。如果某种股票的风险情况与整个股票市场的情况一致，则这种股票的β系数也等于1，如果这种股票的β系数大于1，说明其风险大于整个市场的风险，如果某种股票的β系数小于1，说明其风险程度小于整个市场的风险。

市场上绝大多数资产的β系数是大于零的（大多数介于0.5和2之间），即收益率的变化方向与市场平均收益率的变化方向是一致的，只是会因变化幅度不同而导致β系数的不同。

证券组合的β系数就是单个证券β系数的加权平均，权数为各种股票在证券组合中所占的比重。其计算公式是：

$$\beta_p = \sum_{i=1}^{n} x_i \beta_i \tag{2-25}$$

式中　β_p——证券组合的β系数；
x_i——证券组合的第i种股票所占的比重；
β_i——第i种股票的β系数；
n——证券组合中股票的数量。

如果一个高β值（$\beta>1$）的资产被加入一个平均风险组合中，则组合风险将会提高；如果一个低β值（$\beta<1$）的资产被加入一个平均风险组合中，则组合风险将会降低。因此，通过替换资产组合中的资产或改变不同资产在组合中的价值比例，可以改变资产组合的风险特性。

（三）资本资产定价模型（CAPM）

在西方金融学和财务管理学中，有许多模型论述风险和报酬率的关系，其中一个最重要的模型为资本资产定价模型（Capital-Asset Pricing Model，CAPM），这一模型为：

$$K_i = R_f + \beta_i (K_m - R_f) \tag{2-26}$$

式中　K_i——第i种股票或第i种证券组合的必要报酬率；
R_f——无风险报酬率；
β_i——第i种股票或第i种证券组合的β系数；
K_m——所有股票的平均报酬率。

【例2-12】　A公司股票的β系数为0.5，无风险利率为8%，市场上所有股票的平均报酬率为12%。试计算A公司股票的报酬率。

【解】　A公司股票的报酬率为：

$$\begin{aligned}K_i &= R_f + \beta_i (K_m - R_f) \\ &= 8\% + 0.5 \times (12\% - 8\%) \\ &= 10\%\end{aligned}$$

也就是说，如果A公司股票的报酬率达到或超过10%时，投资者方肯进行投资，如果低于10%，则投资者不会购买A公司的股票。

小思考

(1) 如果你是企业的决策者，你在进行风险衡量时应该如何运用标准离差和标准离差率？

(2) 一个国家的消费者价格指数（CPI）是国民普遍关心的问题，请问CPI上涨是系统风险吗？

能力训练

一、单项选择题

(1) 下列年金中，只有现值没有终值的年金是（　　）。

A. 普通年金　　B. 先付年金　　C. 永续年金　　D. 递延年金

(2) 期望报酬率不同的项目，投资风险的程度要用（　　）度量。

A. 标准离差　　B. 标准离差率　　C. 风险报酬率　　D. 风险系数

(3) 有一项年金，前3年年初无流入，后5年每年年初流入500万元，假设年利率为10%，其现值为（　　）。

A. 1994.59　　B. 1565.68　　C. 1813.48　　D. 1423.21

(4) 在下列公式中，（　　）是计算年金终值系数的正确公式。

A. $\dfrac{(1+i)^n}{i(1+i)^n}$　　B. $\dfrac{(1+i)^n-1}{i}$　　C. $\dfrac{(1+i)^n+1}{(1+i)^n}$　　D. $\dfrac{(1+i)^{-n}}{i}$

(5) 企业采用融资租赁方式租入一台设备，价值100万元，租期5年，折现率为12%，则每年年初支付的等额租金是（　　）万元。

A. 20.47　　B. 21.56　　C. 26.38　　D. 24.77

(6) 一项500元的借款，借款期5年，年利率为8%，若每半年复利一次，年实际利率会高出名义利率（　　）。

A. 4%　　B. 0.24%　　C. 0.16%　　D. 0.8%

(7) 资金时间价值的实质是（　　）。

A. 资金存入银行的利息　　B. 资金推迟使用的报酬

C. 资金周转使用产生的增值额　　D. 资金使用的报酬

(8) 某公司向银行借款100万元，借款期限2年，借款利率为6%，每半年计息一次，则该笔借款的实际利率为（　　）。

A. 6.09%　　B. 6%　　C. 6.21%　　D. 7%

（9）某人年初存入银行 1000 元，假设银行按每年 10% 的复利计息，每年年末提出 200 元，则最后一次能足额 200 元提款的时间是（　　）。

A. 5 年年末　　B. 8 年年末　　C. 7 年年末　　D. 9 年年末

（10）某企业投资一个新项目，经测算其标准离差率为 48%，如果该企业以前投资相似项目的投资报酬率为 15%，标准离差率为 50%，无风险报酬率为 5% 并一直保持不变，则该企业投资这一新项目的必要报酬率为（　　）。

A. 15.6%　　B. 14.6%　　C. 16.5%　　D. 22.0%

二、多项选择题

（1）年金按其每次收付款发生时间的不同，可分为（　　）。

A. 普通年金　　B. 先付年金　　C. 递延年金　　D. 永续年金

（2）年金是指一定时期内每期等额收付的系列款项，下列各项中属于年金形式的是（　　）。

A. 按照直线法计提的折旧　　C. 融资租赁的租金

B. 等额分期付款　　D. 养老金

（3）某人决定在未来 5 年内每年年初存入银行 1000 元（共存 5 次），年利率为 2%，则在第 5 年年末能一次性取出的款项金额计算正确的是（　　）。

A. $1000\times(F/A,2\%,5)$　　B. $1000\times(F/A,2\%,5)\times(1+2\%)$

C. $1000\times(F/A,2\%,5)\times(F/P,2\%,1)$　　D. $1000\times[(F/A,2\%,6)-1]$

（4）某项年金前三年没有流入，从第四年开始每年年末流入 1000 元，共计 4 次，假设年利率为 8%，则该递延年金现值的计算公式正确的是（　　）。

A. $1000\times(P/A,8\%,4)\times(P/F,8\%,3)$

B. $1000\times[(P/A,8\%,8)-(P/A,8\%,4)]$

C. $1000\times[(P/A,8\%,7)-(P/A,8\%,3)]$

D. $1000\times(F/A,8\%,4)\times(F/P,8\%,7)$

（5）年金终值系数表的用途有（　　）。

A. 已知年金求终值　　B. 已知终值求年金

C. 已知现值求终值　　D. 已知终值和年金求利率

（6）在利率一定的条件下，随着期限的增加，则下述表达不正确的是（　　）。

A. 复利现值系数变大　　B. 复利终值系数变大

C. 普通年金现值系数变小　　D. 普通年金终值系数变大

三、判断题

（1）普通年金是指从第一期起，在一定时期内每期等额发生的系列收付款项。（　　）

（2）递延年金有终值，终值的大小与递延期是有关的，在其他条件相同的情况下，递延期越长，则递延年金的终值越大。（　　）

（3）某人拟进行一项投资，希望进行该项投资后每半年就可以获得 1000 元的收入，年收益率为 10%，则目前的投资额应是 20000 元。（　　）

(4) 每半年付息一次的债券利息是一种年金的形式。 ( )

(5) 已知(F/P,3%,6)=1.1941,则可以计算出(P/A,3%,6)=3.47。 ( )

(6) 方差和标准离差两个指标适用于任何决策方案的风险程度的比较。 ( )

(7) 当$\beta=1$时,说明该资产的收益率与市场平均收益率呈同方向、同比例的变化,即如果市场平均收益率增加(或减少)1%,那么该资产的收益率也相应地增加(或减少)1%,也就是说,该资产所含的风险与市场组合的风险一致。 ( )

(8) 一般来讲,随着资产组合中资产个数的增加,资产组合的风险会逐渐降低,当资产的个数增加到一定程度时,资产组合的风险可以降低到零。 ( )

四、计算题

(1) 某人决定分别在2016年、2017年、2018年和2019年各年的12月31日分别存入5000元,按10%的利率,每年复利一次,要求计算2019年12月31日的余额。

(2) 某公司准备购买一套设备,有两种付款方案可供选择:

1) A方案,从现在起每年年初付款200万元,连续支付5年共计1000万元。

2) B方案,从第6年起,每年年初付款300万元,连续支付5年,共计1500万元。

假定利率为10%,该公司应选择哪种付款方式?

(3) 某企业有甲、乙两个投资项目,计划投资额均为1000万元,其市场收益概率分布见表2-3。

表2-3 某企业市场收益概率

市场状况	概率	甲项目	乙项目
好	0.2	20%	30%
一般	0.6	10%	10%
差	0.2	5%	-10%

要求:

1) 分别计算甲、乙两个项目收益率的期望值。

2) 分别计算甲、乙两个项目收益率的标准离差。

3) 比较甲、乙两个项目风险的大小。

4) 如果无风险收益率为5%,甲项目的风险价值系数为10%,计算甲项目投资的风险收益率。

(4) 国库券的利息率为4%,市场证券组合的报酬率为12%。要求:

1) 计算市场风险报酬率。

2) 当β值为1.5时,必要报酬率应为多少?

3) 如果一投资计划的β值为0.8,期望报酬率为9.8%,是否应当进行投资?

4) 如果某股票的必要报酬率为11.2%,其β值应为多少?

(5) 某企业投资一个项目,该项目的风险报酬系数为0.5,标准差为1.2%,期望报酬率为15%,无风险报酬率为8%。要求:

1) 该项目的风险报酬率是多少?

2) 若投资额为200万元,则风险报酬额是多少万元?

第三章　财务预算

学习目标

（1）了解财务预算的作用和全面预算体系的构成；

（2）习熟悉弹性预算，零基预算和滚动预算的概念、优缺点及用适用范围；

（3）掌握财务预算及经营和特种决策预算的编制程序。

能力目标

（1）能够编制弹性预算、零基预算和滚动预算；

（2）能够编制企业经营预算。

引导案例

斯坦福大学与硅谷

斯坦福大学的腾飞，是20世纪70年代之后的事。彼时，学校拥有30多平方千米土地，学校怎么用也用不完，于是1959年，工程学院院长特曼提出了一个构想，这便是斯坦福大学的转折点：将4平方千米土地以极低廉的地租，长期租给工商业界或毕业校友设立公司，再由他们与学校合作，提供各种研究项目和学生实习的机会。斯坦福大学成为美国首家在校园内成立工业园区的大学，这是拿土地换来的巨大收获，工业园区内的企业一家接一家地开张，不久就超出了斯坦福大学能够提供的土地范围，新企业向外发展扩张，形成了美国加利福尼亚州科技领先、精英聚集的硅谷。

思考：当院长特曼提出构想后，需要做何种财务管理工作才能预计到该种构想实施后的财务状况，财务预算对财务目标的实现有哪些作用？

第一节 财务预算概述

财务预算是一系列专门反映企业在未来一定预算期内预计财务状况和经营成果，以及现金收支等价值指标的各种预算的总称，包括现金预算、预计利润表、预计资产负债表等内容。

一、财务预算的作用

（一）明确目标

企业的总目标可以通过财务目标得到体现，而财务预算则是具体化的财务目标。通过财务预算的编制，企业总目标被分解落实成各部门的具体目标，分门别类、有层次地表达为企业在销售、生产、成本和费用、收入和利润等方面量化的具体目标。

（二）协调各部门的工作

各级各部门因职责不同，往往会出现冲突。企业通过财务预算的编制，围绕企业的财务目标，可以综合平衡解决各部门的冲突，统筹兼顾，全面安排，确定对企业整体最优的方案，把企业经营过程中的各个环节、各个方面的工作严密组织起来，使各部门的工作协调一致。

（三）有利于控制与考核

企业制订的预算是控制经济活动的依据和衡量其合理性的标准，实际偏离预算的差异不仅是控制的依据，也是评定各预算执行单位工作业绩的重要标准。将实际数与预算数对比进行考核，比本期实际数与以往实际数的对比考核更具有现实意义。超过上年或历史先进水平，只能说明有进步，而不说明这种进步已经达到了应有的程度。

（四）合理配置资源

每家企业的资源都是有限的，应该被合理、有效地运用。通过编制财务预算，可以将资源优先分配给获利能力强的部门、项目及产品，从而使企业的资源配置更加合理、有效。

二、预算的分类与预算体系

（一）预算的分类

企业预算可以按不同标准被分类。

1. 根据预算内容不同可以分为业务预算（即经营预算）、专门决策预算、财务预算

业务预算是指与企业日常经营活动直接相关的经营业务的各种预算。它主要包括销售预算、生产预算、直接材料采购预算、直接人工预算、制造费用预算、产品生产成本预算、销售及管理费用预算等。

专门决策预算又称特种决策预算，是指企业不经常发生的、一次性的重要决策预算。例如，资本支出预算（又称长期决策预算），其编制依据可以追溯到决策前收集到的有关资料，只不过预算比决策估算更细致、更精确一些。

财务预算是指在计划期内反映企业有关预计现金收支、财务状况和经营成果的预算。财务预算作为全面预算体系的最后环节，是从价值方面总括地反映企业业务预算与专门决策预算的结果，故亦被称为总预算，其他预算则相应被称为辅助预算或分预算。

2. 根据预算期的长短不同可分为长期预算和短期预算

通常预算期在1年以内（含1年）的预算为短期预算，预算期在1年以上的则为长期预算。

（二）预算体系

企业应该对一定期间的生产经营活动有一个总体规划，全面预算是对企业总体规划的数量说明。企业全面预算体系的简化版如图3-1所示。从图中可以看出，各预算之间的主

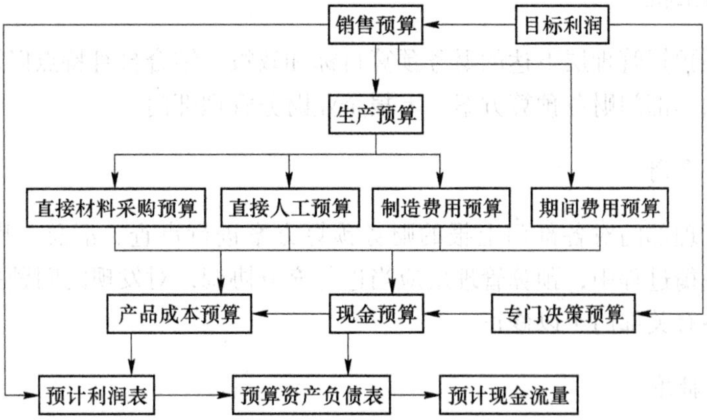

图3-1 全面预算体系

要联系为：企业以经营目标为基础，确定本年度的销售预算，并结合企业财力确定资本支出预算等专门决策预算，根据“以销定产”的原则，以销售预算为年度预算的编制起点，进一步确定生产预算，然后延伸到材料采购、直接人工和制造费用等预算，各个业务预算和专门决策预算为企业的现金预算提供了依据。预计利润表和预计资产负债表在最后编制，是前面各种业务预算和专门决策预算以及现金预算的综合。

由此可见，财务预算是企业全面预算体系中的最后环节，其可以从价值方面总括地反映经营期决策预算与业务预算的结果。因此，财务预算在企业的全面预算体系中具有重要的地位。

财务预算以财务预测的结果为根据，受到财务预测质量的制约。同时，财务预算必须服从决策目标的要求，是决策目标的具体化、系统化和定量化，能够明确规定企业有关生产经营人员各自的职责及相应的奋斗目标。同时，财务预算是财务控制的先导，其量化指标可作为日常控制与业绩考核的依据，成为奖勤罚懒、评估优劣的准绳。

小思考

从本质上说，预算属于计划范畴，与财务计划有相似之处，但又不等于财务计划。请指出预算与财务计划在内容上的主要区别。

三、财务预算的编制程序

企业编制预算，一般应按照“上下结合、分级编制、逐级汇总”的程序进行。具体分为以下步骤。

（一）下达目标

企业董事会或经理办公会根据对企业发展战略和预算期经济形势的初步预测，在决策的基础上提出下一年度企业财务预算目标，包括销售目标、成本费用目标、利润目标和现金流量目标，并确定财务预算编制的政策，由预算管理层下达至各部门。

（二）编制上报

各部门按照预算管理层下达的财务预算目标和政策，结合自身特点以及预测的执行条件，提出详细的本部门财务预算方案，上报企业财务管理部门。

（三）审查平衡

企业财务管理部门对各部门上报的财务预算方案进行审查、汇总，提出综合平衡建议。在审查、平衡过程中，预算管理层应当进行充分协调，对发现的问题提出初步调整意见，并反馈给各有关部门予以修正。

（四）审议批准

企业财务管理部门在各部门修正调整的基础上，编制企业财务预算方案，报预算管理层讨论。对于不符合企业发展战略或者财务预算目标的事项，企业预算管理层应当责成有关部门进一步修订、调整。在讨论、调整的基础上，企业财务管理部门正式编制企业年度财务预算草案，提交董事会或总经办审议批准。

（五）下达执行

企业财务管理部门将董事会或总经办审议批准的年度总预算，分解成一系列的指标体系，由财务预算管理层逐级下达至各部门执行。

第二节　编制预算

业务预算和特种决策预算是财务预算的基础，财务预算依赖于业务预算和特种决策预算的编制，是整个预算体系的主体。

一、编制业务预算

业务预算（Operating Budget）是反映企业在计划期内日常发生的各种具有实质性的基本活动的预算。业务预算是在经营预测和短期经营决策的基础上，对企业在预算期内投入资金的取得、成本费用的发生和利润的实现等进行的合理调节与全面安排，是控制企业未来一定期间生产经营活动的有效手段，是强化企业内部管理的必要环节。业务预算主要包括销售预算、生产预算、直接材料采购预算、直接人工预算、制造费用预算、产品生产成本预算、销售及管理费用预算等。

（一）编制销售预算

销售预算是指在销售预测的基础上，根据企业年度目标利润确定的预计销售量、销售单价和销售收入等参数编制的，用于规划预算期销售活动的一种业务预算。在以销定产的经营思想指导下，销售预算是日常业务预算的起点，其他预算均以销售预算为基础。

在编制过程中，应根据有关年度内各季度市场预测的销售量和售价，确定预算期的销售收入（有时要同时预计销售税金），其中包括前期应收销货款的收回，以及本期销售货款的收入，它主要为编制“现金预算”提供必要资料。产品的预计销售收入和预算期现金收入的计算公式分别为：

某种产品的预计销售收入 = 该种产品的预计单价 × 该产品的预计销售量　（3-1）

某种产品的预算期现金收入 = 预算期现销收入 + 前期应收账款收回　（3-2）

小贴士

现销率是指现在销含税收入占含税销售收入的百分比，应收账款回收率是指以前各期应收账款在本期回收的现金额占应收账款的百分比。在全面预算中，这两个指标通常为已知的经验数据。

【例 3-1】 假如 A 公司预计 2020 年度各季销售量分别为 3000 件、3500 件、4000 件和3500件，销售单价为80元。每季度销售收入的45%于当季收到现金，其余的55%于下一季度收到现金，此外，年初应收账款为12000元。现根据以上资料编制销售预算（见表3-1）。

表3-1 2020年度销售预算

摘要		第一季度	第二季度	第三季度	第四季度	全年
预计销售量/件		3000	3500	4000	3500	14000
单位销售价格/元		80	80	80	80	80
预计销售收入/元		240000	280000	320000	280000	1120000
预计现金收入	应收账款（年初）/元	120000				120000
	第一季度销售收入/元	108000	132000			240000
	第二季度销售收入/元		126000	154000		280000
	第三季度销售收入/元			144000	176000	320000
	第四季度销售收入/元				126000	126000
现金收入合计/元		228000	258000	298000	302000	1086000

（二）编制生产预算

生产预算是指为规划一定预算期内预计生产量水平而编制的一种日常业务预算。该预算是所有日常业务预算中唯一使用实物量作为计量单位的预算，它虽然不直接涉及现金预算，但与其他预算密切相关，特别是成本和费用预算需要以此为依据。

预算期产品的预计生产量可按下列公式计算：

预计生产量＝预计销售量＋预算期期末存货量－预算期期初存货量 (3-3)

【例3-2】 假如A公司各季度的期末存货量按下季度销售量的20%计算，预算期（年）末存货量为650件，预算期内甲产品各季季初存货与其上季度的季末存货数量相同，预算期（年）初存货数量为600件。根据有关资料编制的A公司2020年度的生产预算见表3-2。

表3-2 2020年度生产预算 （单位：件）

摘要	第一季度	第二季度	第三季度	第四季度	全年
预计销售量	3000	3500	4000	3500	14000
加：预算期期末存货量	700	800	700	650	650
预计需要量合计	3700	4300	4700	4150	14650
减：期初存货量	600	700	800	700	600
预计生产量	3100	3600	3900	3450	14050

从表3-2数据可见，由于甲产品在预算期内各季销售量不同，所以各季度内生产量也不尽一致。由于在预算期内受期初、期末存货量的影响，甲产品的销售总量与生产总量也不相同，存货在销售量与生产量之间起着调节作用。必须指出的是，在编制年度、季度生产预算以后，企业还应根据具体情况按月安排生产进度。

小贴士

在生产预算期中要注意两种相互关系：一是某个时期产品的预算期期末存货量和下期的期初产品存货量相等；二是产成品的预算期期末存货量与下一期预计销售量之间的相互关系。一般来说，如果某期的预计销售量大，那么，企业必须在上期保留相应的期末存货量，或者说，必须有相应的期初存货量，否则企业不能在某期的期初适应销售量增加的变化。等到当期生产出来产品再供应市场，往往就会错失良机。反之，如果某期预计销售量要减少，那么，在上期只须保留较少的期末存货就够了。

（三）编制直接材料采购预算

编制生产预算以后，就可按具体生产安排编制直接材料采购预算。直接材料预算是指为规划一定预算期内因组织生产活动和材料采购活动预计发生的直接材料需用量、采购数量和采购成本而编制的一种经营预算。材料预计采购量可按下列公式计算：

材料预计采购量 = 预算期预计生产需要量 + 预算期期末预计材料库存量 − 预算期期初预计材料库存量 (3-4)

为了方便现金预算的编制，材料采购预算中通常还包括预算期间与材料采购相关联的预期现金支出计算，即上期采购材料将由本期支付的现金（期初应付账款）和本期采购材料应由本期支付的现金，借以确定各个期间应支付的材料采购款项。

【例3-3】 假如A公司生产的甲产品每件耗用 a 材料4公斤，a 材料的价格为3元/公斤，材料贷款于当季支付55%，于下季度支付45%，各季季末材料库存量按下一季度材料需要量的20%计算，预算期期初、期末材料库存量分别为2480千克和2600千克。预算期内各季季初材料库存量与上季季末存量相同，设应付材料账款年初余额为18360元，根据上述资料编制的材料采购预算见表3-3。

表3-3 2020年度A公司直接材料采购预算

摘要	第一季度	第二季度	第三季度	第四季度	全年
预计生产量/件	3100	3600	3900	3450	14050
单位产品用料量/千克	4	4	4	4	4
材料需要量/千克	12400	14400	15600	13800	56200
加：期末预计材料库存量/千克	2880	3120	2760	2600	2600
预计需要合计/千克	15280	17520	18360	16400	58800
减：期初预计库存量/千克	2480	2880	3120	2760	2480
预计材料采购量/千克	12800	14640	15240	13640	56320
单位材料价格/元	3	3	3	3	3
预计采购材料金额/元	38400	48920	45720	40920	168960

续表 3-3

摘要		第一季度	第二季度	第三季度	第四季度	全年
预计现金支出	应付账款（年初余额）/元	18360				18360
	第一季度采购金额/元	21120	17280			38400
	第二季度采购金额/元		24156	19764		43920
	第三季度采购金额/元			25146	20574	45720
	第四季度采购金额/元				22506	22506
现金支出合计/元		39480	41436	44910	43080	168906

（四）编制直接人工预算

直接人工预算也是以生产预算为基础进行编制的。直接人工预算是指为规划一定预算期内人工工时的消耗水平和人工成本水平而编制的一种经营预算。直接人工预算包括直接工资和按直接工资的一定比例计算的其他直接费用。生产单位产品所需的直接人工工时，可根据历史资料或规定的劳动定额资料进行预算。如生产中直接人工工种有多种，应先按工种类别分别计算，然后进行汇总。

【例 3-4】 假如 A 公司生产产品需用直接人工 5 小时，每小时直接人工成本 4 元。假定其他直接支出已被归入直接人工成本统一核算，不分别反映直接工资与其他直接支出。另外，直接人工成本均须用现金开支，故不必单独列示，根据有关资料编制的直接人工预算见表 3-4。

表 3-4 2020 年度 A 公司直接人工预算

摘要	第一季度	第二季度	第三季度	第四季度	全年
预计生产量/件	3100	3600	3900	3450	14050
生产单位产品所需直接人工工时	5	5	5	5	5
所需直接人工工时	15500	18000	19500	17250	70250
每小时平均工资率	4	4	4	4	4
直接人工总额	62000	72000	78000	69000	281000

（五）编制制造费用预算

制造费用预算指除直接材料和直接人工以外的其他一切生产费用的预算。在编制制造费用预算时，可按变动成本法将预算期内除直接材料、直接人工成本以外的预计生产成本（即制造费用）分为变动部分和固定部分，并确定变动性制造费用分配率标准，以便将其在各产品间分配；固定部分的预算总额作为期间成本，可以不必分配。预算分配率的计算公式如下：

$$预算分配率 = 变动性制造费用 \div 相关分配标准预算 \quad (3-5)$$

公式（3-5）中，分母可在生产预算或直接人工预算中选择，在多品种条件下，一般按后者进行分配。

【例 3-5】 根据前述例题中生产预算、直接人工预算等资料，编制 A 公司制造费用预算（见表 3-5）。

表 3-5　2020 年度 A 公司制造费用预算　　　　（单位：元）

项　目	金　额	项　目	金　额
变动性制造费用		固定性制造费用	
间接人工	24000	折旧费	28100
间接材料	26000	维修费	22000
维修费	10000	管理人员工资	35000
水电费	12000	保险费	6800
润滑材料	7000	办公费	6400
其他	5300	合计	98300
合计	84300	其中：付现成本	70250
预算分配率	1.2	各季数	17562.5

项　目	第一季度	第二季度	第三季度	第四季度	全　年
直接人工工时	15500	18000	19500	17250	70250
分配率	1.2	1.2	1.2	1.2	1.2
变动性制造费用	18600	21600	23400	20700	84300
固定性制造费用	17562.5	17562.5	17562.5	17562.5	70250
现金支出合计	36162.5	39162.5	40962.5	38262.5	154550

【解】

$$预算分配率 = 84300 \div 70250 = 1.2[元/(人工 \cdot 时)]$$

$$各季数 = 70250 \div 4 = 17562.5(元/季)$$

小贴士

制造费用中，绝大部分须在当期用现金支付，但也有一部分是以前年度已经支付的。要在预算期内分摊的，如固定资产折旧，以前发生或已经支付尚未摊销的待摊费用等，也可能还有一部分是由当期负担，但要以后支付的预提费用，在编制制造费用现金支出预算时，该部分费用应被扣除。

（六）产品生产成本预算

该预算又称为产品成本预算，它是反映在预算期内各种产品生产成本的一种业务预算。这种预算是在生产预算、直接材料采购预算、直接人工预算和制造费用预算的基础上编制的，通常反映各产品单位生产成本与总成本，有时还要反映年初、年末产品存货预算。亦有人主张分季反映各期生产总成本和期初、期末存货成本的预算水平。在这种情况下，各季期末存货计价的方法应保持不变。

【例 3-6】　假如 A 公司按变动成本法计算损益，产成品和年末产成品存货只负担变动成本。甲产品的在产品及自制半成品期初、期末数均为零，产成品期初变动成本为 40 元/件，现根据前述有关资料编制产品生产成本预算（见表 3-6）。

表 3-6 2020 年度 A 公司产品生产成本预算

成本项目	甲产品全年产量 14050 件			总成本合计/元
	单耗/千克	单价/元	单位成本/元	
直接材料	4	3	12	168600
直接工资及其他直接支出	5	4	20	281000
变动性制造费用	5	1.2	6	84300
变动生产成本合计			38	533900
产成品存货	数量/件		单位成本/元	总成本合计/元
年初存货	600		40	24000
年末存货	650		38	24700

（七）销售及管理费用预算

销售及管理费用预算是指在预算期内凡属制造业务范围以外，在销售业务和日常管理活动中发生的各项费用的预算，也称营业费用预算。它类似于制造费用预算，因此编制方法与制造费用预算的编制方法相似，区分变动费用和固定费用两部分。对于该预算中某些重大费用开支项目，企业还应编制单项明细预算，详细列出各有关的明细项目及费用数额。例如，广告费可再具体被列示电视、广播、报纸、杂志等各种广告费。

【例 3-7】 假如 A 公司负责销售及管理的部门根据预算期间的具体情况及前述有关资料，编制销售及管理费用预算（在实务中，该项预算分别校销售费用、管理费用和财务费用三个部分编制，本例为简化合并编制），则销售及管理费用预算见表 3-7。

表 3-7 2020 年度 A 公司销售及管理费用预算

项目	金额	说明
变动性销售及管理费用/元		每销售一件甲产品应分摊 =56000÷14000=4（元）
运输费/元	25000	
销售人员工资/元	20000	
办公费/元	6000	
其他/元	5000	
合计/元	56000	
固定性销售及管理费用/元		各季应分摊 =70000÷4=17500（元）
行政管理人员工资/元	25000	
广告费/元	20000	
保险费/元	15000	
其他/元	10000	
合计/元	70000	
销售及管理费用总计	126000	

季度	1	2	3	4	全年合计
预计销售量/件	3000	3500	4000	3500	14000

续表 3-7

季　　度	1	2	3	4	全年合计
单位销售及管理费/元	4	4	4	4	4
小计/元	12000	14000	16000	14000	56000
固定性销售及管理费用/元	17500	17500	17500	17500	7000
合计/元	29500	31500	33500	31500	126000

二、编制特种决策预算

特种决策预算是指企业为不经常发生的长期投资决策项目或一次性专门业务编制的预算。一般可分为长期决策预算和一次性专门业务预算两类。

长期决策预算又称为资本支出预算，它是根据经过审核批准的各个长期投资决策项目编制的预算，其中，须详细列明投资项目在寿命周期内各年的现金流出与流入量。对于资本支出预算的格式和内容，各企业不尽相同。

财务部门为了满足正常业务经营和资本支出的需要，同时也为了提高资金使用效率，往往对库存现金制定最低和最高限额。因为库存现金过少，容易使企业发生债务到期不能清偿，影响企业信誉的情况，甚至面临破产倒闭的危险；而库存现金过多，则会出现资金得不到充分利用，失去许多创利机会的情况。因此，财务部门在日常理财活动中就会发生筹措、投放资金等一次性业务。

【例 3-8】 假如 A 公司在预算期间第一季度购置车床一台，计 30000 元，估计可使用 8 年，期满残值 1000 元，购置铣床一台，购价 50000 元，估计可使用 10 年，期满残值 5000 元。第四季度购置磨床一台，购价 50000 元，估计可使用 10 年，期满残值 5000 元。根据上述资料编制的长期决策预算见表 3-8。

表 3-8　2020 年度 A 公司资本支出预算　（单位：元）

项　目	第一季度	第二季度	第三季度	第四季度	全年合计
固定资产投资					
车床	30000				30000
铣床	50000				50000
磨床				50000	50000
合计	80000			50000	130000

【例 3-9】 假如 A 公司财务部门根据在预算期间的现金收支情况，预计第一季季初须向银行借款 60000 元，借款年利为 10%，还款同时支付所还款项的利息，第二、第三季季末可分别归还贷款 30000 元及利息，自第二、第三季度归还借款利息共计 3750 元［第二季度借款利息：$30000\times10\%\times6\div12=1500$（元），第三季度借款利息：$30000\times10\%\times9\div12=2250$（元）］另外根据税法规定，预算期间每季季末预付所得税 25000 元，全年 100000 元，又根据董事会决定，预算期间每季季末支付股利 20000 元，全年共 80000 元。现根据以上有关资料，编制一次性专门业务预算（见表 3-9 和表 3-10）。

表 3-9 2020 年度 A 公司一次性专门业务预算（1） （单位：元）

专门业务名称	资金		日期			本金	利率	利息
	来源	去向	1 月月初	6 月月末	9 月月末			
筹措资金	银行		60000			60000	10%	1500
归还借款		银行		30000	30000	60000	10%	2250

表 3-10 2020 年度 A 公司一次性专门业务预算（2） （单位：元）

专门业务名称	支付对象	支付日期				合 计
		第一季季末	第二季季末	第三季季末	第四季季末	
预付所得税	税务局	25000	25000	25000	25000	100000
预付股利	股东	20000	20000	20000	20000	80000

三、编制现金预算

现金预算是用来反映在预算期内现金流转状况的预算。现金预算由以下四部分组成：

（1）现金收入，包括期初现金余额和在预算期内可能发生的现金收入，如销售收入、收回应收账款、票据贴现等。

（2）现金支出，包括在预算期内可能发生的各项现金支出，如支付购买材料款、支付工资、制造费用和销售及管理费用，上交所得税、购置设备费和支付股利等。

（3）现金盈余或不足，将现金收入合计与现金支出合计进行轧抵，差额为正数，说明收大于支，现金有盈余，可用于归还银行借款或购置短期证券；差额为负数，说明收小于支，现金不足，须向银行借款或采用其他方法筹资。

（4）资金的筹集与运用，包括在预算期内预计向银行借款的数额（或需要向外界投放的数额）和偿还借款和支付利息（或收回放款及利息）等事项。

综上所述，现金预算的构成内容是：

$$期初现金余额+本期现金收入=本期可动用现金数 \tag{3-6}$$

$$本期可动用现金数-本期现金支出数=本期现金收支差额 \tag{3-7}$$

$$预计期末现金余额=本期现金收支差额+借入款项-偿还款项-利息 \tag{3-8}$$

编制现金预算的主要目的在于加强对预算期间现金流量的预算控制，合理调度资金，保证企业各个时期的资金需要。

现金预算的编制期间越短越好，西方国家中有不少企业按周或旬编制现金预算，甚至还有的按天编制。一般还是按年度分季或季度分月编制。

【例 3-10】 假如 A 公司是按年度分季度编制现金预算的，该公司规定在预算期间季度最低库存现金余额为 10000 元，最高现金余额为 70000 元，现根据以上各种预算中的有关资料，编制 A 公司 2020 年度现金预算见表 3-11。

表 3-11 A 公司 2020 年度现金预算 （单位：元）

项目	第一季度	第二季度	第三季度	第四季度	全年合计	资料来源
期初现金金额						
加：现金收入	24000	19857.5	17259	40636.5	101753	
收回应收账款	228000	258000	298000	302000	1086000	
及销售收入						表 3-1
现金收入合计	252000	277857.5	315259	242636.5	1187753	
减：现金支出						
直接材料	39480	41436	44910	43080	168906	表 3-3
直接人工	62000	72000	78000	69000	281000	表 3-4
制造费用	36162.5	39162.5	40962.5	38262.5	154550	表 3-5
销售及管理费用	29500	31500	33500	31500	126000	表 3-7
所得税	25000	25000	25000	25000	100000	表 3-10
购置固定资产	80000			50000	130000	表 3-8
支付股利	20000	20000	20000	20000	80000	表 3-10
现金支出合计	292142.5	229098.5	242372.5	276842.5	1040456	
收支余缺	（40142.5）	48759	72886.5	65794	69544	
资金筹措及运用：						
向银行借款	60000				60000	表 3-9
偿还银行借款		（30000）	（30000）		（60000）	表 3-9
支付利息		（1500）	（2250）		（3750）	表 3-9
期末现金金额	19857.5	17259	40636.5	65794	65794	

四、编制预计财务报表

（一）编制预计利润表

预计利润表是以货币为单位，全面综合地表现预算期内经营成果的利润计划。预计利润表的编制是在企业全部产、销活动预算及现金预算编制后进行的。该表既可以按季编制，亦可按年编制。

【例 3-11】 根据前述预算有关资料，按变动成本法编制汇全公司 2020 年度预计利润表（见表 3-12）。

表 3-12 2020 年度预计利润表 （单位：元）

项 目	金 额	资料来源
销售收入	1120000	表 3-1
减：产品销售成本（变动成本）	533900	表 3-6
变动性销售及管理费用	56000	表 3-7
边际贡献	532000	
减：固定性制造费用	98300	表 3-5

续表 3-12

项　目	金　额	资料来源
固定性销售及管理费用	70000	表 3-7
财务费用	3750	表 3-9
利润总额	359900	
减：所得税费用	100000	表 3-11
净利润	259900	

（二）编制预计资产负债表

预计资产负债表主要是以货币单位反映企业预算期期末财务状况的总括性预算。编制时，以期初的资产负债表为基础，结合现金预算、预计利润表等有关资料，根据各项资产、负债和权益在预算期期末的余额分析计算填列。

【例 3-12】 假如 A 公司在预算期期初（2019 年度）的资产负债表见表 3-13。

表 3-13　2019 年度资产负债表　（单位：元）

项　目	期　初	项　目	期　末
流动资产：		流动负债：	
货币资金	24000	应付账款	18360
应收账款	120000	负债合计	18360
存货	30240		
流动资产合计	174240	股东权益：	
非流动资产：		股本	200000
固定资产	260000	未分配利润	415880
无形资产	200000	股东权益合计	615880
非流动资产合计	460000		
资产总计	634240	负债和股东权益总计	634240

现根据期初资产负债表及在预算期间各项预算中的有关资料，编制预计资产负债表（见表 3-14）。

表 3-14　预计资产负债表（2020 年 12 月 31 日）　（单位：元）

项　目	期初数	期末数	项　目	期初数	期末数
流动资产：			流动负债：		
货币资金	24000	65794	应付账款	18360	18414
应收账款	120000	154000	流动负债合计	18360	18414
存货	30240	32500			
流动资产合计	174240	252294			
非流动资产：			股东权益：		
固定资产	260000	361960	股本	200000	200000
无形资产	200000	200000	未分配利润	415880	595780
非流动资产合计	460000	561960	股东权益合计	615880	795780
资产总计	63440	814254	负债和股东权益总计	634240	814194

表3-14中各项数字来源说明如下：

（1）货币资金为表3-9中第四季度期末现金余额。

（2）应收账款为表3-1中第四季度预计销售收入的55%，即 $280000 \times 55\% = 154000$（元）。

（3）存货：第四季季末预计材料库存量为2600千克（见表3-3），即存货余额 $= 2600 \times 3 = 7800$（元），第四季季末产成品为650件（见表3-6），即存货余额 $= 650 \times 38 = 24700$（元）。预计资产负债表上存货余额 $= 7800 + 24700 = 32500$（元）。

（4）固定资产：预算期内购置固定设备花费130000元（见表3-8），期初资产负债表上原余额300000元。固定资产 $= 130000 + 300000 = 430000$（元）。

（5）累计折旧：预算期内计提折旧28100元（见表3-5），期初资产负债表上的原累计折旧40000元。累计折旧 $= 28100 + 40000 = 68100$（元）。

（6）应付账款：如表3-3所示，第四季度预计采购材料金额的45%，即 $40920 \times 45\% = 18414$（元）。

（7）未分配利润：期初资产负债表的未分配制润为415880元，预算期间所获利润总额（见表3-12）为259900元，预算期间预付股利（见表3-10）为80000元，预计资产负债表上未分配利润余额 = 未分配利润 $= 415880 + 259900 - 80000 = 595780$（元）。

编制资产负债表的目的，在于判断预算反映的财务状况的稳定性和流动性。如果通过对预计资产负债表的分析，发现某些财务比率不佳，必要时可修改有关预算，以改善财务状况。因为已经编制了现金预算，通常没有必要再编制现金流量表预算。

小思考

（1）依据销售预算编制生产预算，生产预算属于过渡性预算，即为其他相关预算提供数据。那么生产预算为哪些预算提供数据？

（2）直接材料预算的最终目的是取得什么？

（3）制造费用预算是一项重要而又复杂的预算，其准确性非常重要。那么制造费用预算与现金预算、预计利润表和预计资产负债表的编制有什么联系？

（4）产品成本预算主要编制预计产品生产成本和预计产品销售成本，该预算与现金预算和预计资产负债表预算无关，与预计利润表有关。此表述是否准确？

（5）特种决策预算，除个别项目外一般不纳入日常业务预算，这是因为这些项目投资决策有详细的可行性论证报告可代替预算。这一观点正确吗？

（6）现金预算、预计利润表和预计资产负债表的编制依据就是日常业务预算，因此，日常业务预算编制得准确与否非常关键。同时，现金预算、预计利润表和预计资产负债表这三表之间存在一定的勾稽关系。那么你通过阅读举例中的三张表后，发现了什么勾稽关系？

第三节 编制弹性预算、零基预算和滚动预算

一、编制弹性预算

（一）弹性预算的概念

编制预算的方法按其业务量基础的数量特征不同，可分为固定预算和弹性预算两类。

弹性预算又称变动预算或滑动预算，是以成本习性分析为基础的。它是指企业在不能准确预测业务量的情况下，根据成本、数量和利润之间有规律的数量关系，按照一系列业务量水平编制的、有伸缩性的预算。

编制弹性预算依据的业务量可以是产量、销售量、销售额、机器工时、直接人工工时、材料消耗量和直接人工成本等，只要这些数量关系不变，弹性预算可以持续被使用较长时期，不必每月重复编制。

（二）弹性预算的编制步骤

编制弹性预算的基本步骤如下：

（1）选择业务量。选择业务量包括选择业务量计量单位和业务量范围两部分内容。业务量计量单位应根据企业的具体情况进行选择。一般情况下，以手工操作为主的车间，可选用直接人工工时为计量单位，而不是选用机器工时；制造单一产品（或零部件）的企业（或部门）可选用产品（或零部件）的产量为计量单位；制造多种产品（或零部件）的企业（或部门），可以选用直接人工工时和机器工时为计量单位；修理部门可选用直接修理工时为计量单位。应该注意的是，应选择通俗易懂而且比较容易收集的业务量计量单位。例如，直接人工工时比直接人工成本容易使人了解，直接人工工时的数据比机器工时的数据容易收集。

（2）确定适用的业务量范围。业务量范围是指弹性预算适用的业务量区间。业务量范围的选择应根据企业的具体情况而定，一般来说，可定在正常生产能力的70% ~120%，或以历史上最高业务量和最低业务量为其上下限。

（3）逐项研究并确定各项费用（或利润）与业务量之间的数量关系。

（4）计算各项预算费用（或利润），并用一定方式表达出来。制造费用与销售及管理费用的弹性预算，均可按下列弹性预算公式进行计算：

$$\text{成本的弹性预算} = \text{固定成本预算数} + \sum(\text{单位变动成本预算数} \times \text{预计业务量}) \quad (3\text{-}9)$$

其中，制造费用的弹性预算是按照生产业务量（生产量、机器工作小时等）编制的，销售及管理费用的弹性预算是按照销售业务量（销售量、销售收入）编制的。

小贴士

弹性预算主要适用于编制各种间接费用（如制造费用、销售费用和管理费用等）的预算，有些企业也将其用于利润预算。

【例 3-13】 B 公司第一车间的月正常生产能力为 20000 机器工作小时，2020 年 1 月制造费用资料见表 3-15。

表 3-15 1 月制造费用一览表

项 目	变动费用率/元·小时$^{-1}$	预算固定成本/元
间接材料	0.5	
间接人工	1.5	4000
维修费用	2	5000
电费	0.45	
水费	0.3	
电话费	0.25	1000
折旧费		10000

当生产能力达到 90% 时，固定成本中的间接人工增加 12.5%，维修费用增加 10%，折旧费增加 40%。

要求：根据上述资料，按正常生产能力的 80%、90%、100% 和 110% 分别编制该月的制造费用弹性预算。

B 公司制造费用预算见表 3-16。

表 3-16 制造费用弹性预算

部门：第一车间

预算期：2020 年 1 月　　　　　　20000 机器工作小时

费 用 项 目	变动费用率/元·小时$^{-1}$	生产能力（机器工作小时）			
		80%	90%	100%	110%
		16000	18000	20000	22000
变动性制造费用					
间接材料	0.5	8000	9000	10000	11000
间接人工	1.5	24000	27000	30000	33000
维修费用	2	32000	36000	40000	44000
电 费	0.45	7200	8100	9000	9900
水 费	0.3	4800	5400	6000	6600
电话费	0.25	4000	4500	5000	5500
小 计		80000	90000	100000	111000
固定性制造费用					
间接人工		4000	4000	4000	4500
维修费用		5000	5000	5000	5500
电话费		1000	1000	1000	1000
折旧费		10000	10000	10000	14000
小 计		20000	20000	20000	25000
合 计		100000	90000	120000	135000
小时费用率		6.25	6.9	6	6.14

从表3-16可知，当生产能力超过100%达到110%时，固定费用中的有些费用项目将发生变化，间接人工、维修费用各增加500元，折旧费增加4000元。这说明固定成本超过一定的业务量范围，成本总额也会发生变化，并不是一成不变的。

从弹性预算中也可以看出，当生产能力达到100%时，小时费用率是6元，为最低，说明企业充分利用生产能力。当产品销路没有问题时，应向这个目标努力，从而使成本降低，利润增加。

假定该企业1月实际生产能力达到90%，有了弹性预算，就可以据此与实际成本进行比较，衡量业绩，并分析差异。

知识链接

固定预算

固定预算又称为静态预算，是根据预算期内正常的、可实现的某一业务量水平来编制预算的一种方法，一般适用于固定费用或者数额比较稳定的预算项目。它是把企业预算期的业务量固定在某一预计水平上，并将其作为唯一的基础来编制预算。很显然，当预计业务量与实际业务量相差过大时，必然导致有关成本费用及利润的实际水平与预算水平因基础不同而失去可比性，不便于预算的控制与考核。固定预算只适用于那些业务量水平较为稳定的企业或非营利组织编制预算时采用。

二、编制零基预算

（一）零基预算的概念

编制成本费用预算的方法按其编制基础的不同，可分为增量预算和零基预算两类。

零基预算的全称为“以零为基数编制计划与预算”。早在1924年，美国农业部曾经使用这一预算，但未广泛推行。目前零基预算已被西方国家公认为管理间接费用的一种有效方法。

零基预算是指在编制预算时，以零为基点，对预算期内各项支出的必要性、合理性或者各项收入的可行性以及预算数额的大小，逐项审议决策予以决策确定而编制预算的一种方法。零基预算一般适用于不经常发生的或者预算编制基础变化较大的预算项目。

（二）零基预算的编制步骤

零基预算的编制步骤包括：

（1）确定基层预算单位：是指厂部以下的工作单位，可以是传统的基层预算单位，也可以是成本中心等。

（2）制订项目计划：做出基层单位的项目计划，说明每个活动项目的任务、目标以及所需费用情况。

（3）制订预算方案：由基层预算单位对本身的业务活动做具体分析，并提出一整套业务方案。

（4）进行“费用—效益分析”：对每个业务活动项目进行“费用—效益分析”，权衡得失，列出优先顺序，分成等级。

（5）分配资金、落实预算：按照上一步骤确定的层次顺序，结合预算期可动用的资金分配资金。这样既能保证各基层单位主要生产经营活动的进行，又能使那些经济效益较高的项目优先得到保证，还可以避免资金分配的盲目性和平均主义，使预算得到落实。

小贴士

零基预算除了具有不受现有费用项目限制、能够调动各方面降低费用的积极性、有助于企业未来发展的优点外，往往还存在着编制工作量大、难度高、费用较昂贵的缺点。为克服零基预算的缺点，一般是每隔几年才按此法编制一次预算。零基预算特别适用于产出较难辨认的服务性部门。

【例3-14】 B公司销售和管理人员结合2020年度的企业目标和部门的具体任务反复讨论，一致认为预算期间须发生下列费用项目及预计开支：

（1）房屋租金　2000元

（2）旅差费　800元

（3）办公用品　1200元

（4）运费　1500元

（5）广告费　5000元

（6）保险费　2500元

（7）工资　4000元

（8）培训费　3000元

合计　20000元

要求：根据上述资料，编制2020年度的零基预算。

【解】 先将B公司2020年度的广告费和培训费根据历史资料进行“成本—效益分析”，其结果见表3-17。

表3-17　费用成本—效益分析表　（单位：元）

明细项目	成本金额	收益金额
广告费	1	24
培训费	1	36

然后经反复讨论研究，将案例中的八个费用项目按性质、特点及重要程度，排出如下层次与顺序：

（1）房屋租金、差旅费、办公用品、保险费、工资等是完成目标必不可少的费用支出，按预算的全额拨付，应列第一层次。

（2）培训费属于智力方面的投资，可根据预算期间企业财力的负担情况，酌情增减，与广告费比较，其成本效益率较大，应列第二层次。

（3）广告费同样根据预算期间企业财力的负担情况，酌情增减，又因为它的成本收益率小于培训费，应列第三层次。

假定该企业预算期间对销售及管理费用可动用的财力资源为18000元，那么就应根据以上排列层次和顺序，分配资金，落实预算。

房屋租金（2000元）、差旅费（1500元）、办公用品（1200元）、保险费（2500元）、工资（4000元）、运费（1500元），合计为12700元，必须全额保障，则可动用的资金为：18000－12700＝5300（元）

再按成本收益率的比例将可动用资金分配给培训费及广告费：

$$\text{培训费可分配的资金}=5300\times36\div(24+36)=3180(\text{元})$$

$$\text{广告费可分配的资金}=5300\times24\div(24+36)=2120(\text{元})$$

知识链接

> **增量预算**
>
> 增量预算，是指在基期成本费用水平基础上，结合预算期业务量水平及有关降低成本费用的措施，通过调整原有成本费用项目而编制成本费用预算的一种方法。增量预算往往不加分析地保留或接受原有成本费用项目，造成成本费用水平逐年不断上升，不利于企业未来的发展。

三、编制滚动预算

（一）滚动预算的概念

编制预算的方法按其预算期的时间特征不同，可分为定期预算和滚动预算两类。

弹性预算和零基预算的编制时间一般以一年为限，为定期预算，其优点是能够使预算期间与会计年度相一致，便于将实际数与预算数进行对比，有利于分析评价和考核预算的执行结果，但也存在盲目性、滞后性和间断性的缺点。为克服定期预算的缺点，就产生了滚动预算。

滚动预算又称连续预算或永续预算，是指在编制预算时，将预算期与会计年度脱离开，随着预算的执行不断延伸补充预算，逐期向后滚动，使预算期永远保持为12个月的新预算。

（二）滚动预算的编制

长计划短安排是编制滚动预算的主要方式。在编制滚动预算时，可采用逐月滚动、逐季滚动和混合滚动三种方法。

逐月滚动是指在预算编制过程中，以月份为预算的编制和滚动单位，每个月调整一次预算的方法。利用该法编制的预算比较精确，但编制的工作量太大。

逐季滚动是指在预算编制过程中，以季度为预算的编制和滚动单位，每个季度调整一次预算的方法。与逐月滚动相反，采用该方法编制预算的工作量少，但预算的精度较差。

混合滚动是前两种方式的结合，是指在预算编制过程中，同时使用月份和季度作为预算的编制和滚动单位的方法。在具体操作过程中，先按季度滚动编制预算，在执行预算的当季，再按月份具体编制各月份的预算。该方法做到了长计划短安排、远略近详，适当减少了编制预算的工作量。

总之，编制预算究竟要采取哪种方法，应根据实际需要而定。

小贴士

采用滚动预算唯一的缺点就是预算编制工作比较繁重。

【例3-15】 B公司生产甲产品，2020年预计销售量见表3-18。

表3-18　2020年甲产品预计销量表　（单位：只）

月份	销售量	月份	销售量
1	1000	7	1300
2	1200	8	1200
3	1000	9	1200
4	1200	10	900
5	1200	11	1000
6	1300	12	1000

产品单位售价100元，单位产品变动成本40元，变动性销售和管理费5元，每月固定性制造费用5000元，固定性销售和管理费用3000元，所得税税率为25%。

要求：根据上述资料，编制B公司（2020）年度的滚动预算。

【解】 根据B公司2020年度的相关资料，编制的该年度滚动预算利润表见表3-19。

表3-19　B公司2020年度滚动预算利润表　（单位：元）

项　目	第一季度			第二季度	第三季度	第四季度	合计
	1月	2月	3月				
销售收入	100000	120000	100000	370000	370000	290000	1370000
减：变动成本							
变动制造成本	40000	48000	40000	148000	148000	116000	548000
变动性销售和管理费用	5000	6000	5000	18500	18500	15500	68500
边际贡献	55000	66000	55000	203000	203000	158500	740500
减：固定成本							
固定性制造费用	5000	5000	5000	15000	15000	15000	6000
固定性销售和管理费用	3000	3000	3000	9000	9000	9000	36000
税前利润	47000	58000	47000	179500	179500	134500	645500
减：所得税	11750	14500	11750	44875	44875	33625	161375
税后利润	35250	43500	35250	134625	134625	100875	484125

能力训练

一、单项选择题

(1) 相对于固定预算而言，弹性预算（　　）。

A. 预算成本低　　B. 预算工作量小　　C. 预算可比性差　　D. 预算范围宽

(2) 定期预算编制方法的缺点是（　　）。

A. 缺乏长远打算，导致短期行为出现　　C. 使不必要的开支合理化

B. 工作量大　　D. 可比性差

(3) 在下列各项中，能够同时以实物量指标和价值量指标分别反映企业经营活动的预算是（　　）。

A. 现金预算　　B. 销售预算　　C. 生产预算　　D. 产品成本预算

(4) 下列预算中不是在生产预算的基础上编制的是（　　）。

A. 材料采购预算　　B. 直接人工预算　　C. 产品成本预算　　D. 管理费用预算

(5) 已知 A 公司在预算期间，销售当季度收回货款 60%，下季度收回货款 30%，下下季度收回货款 10%，预算年度期初应收账款金额为 28 万元，其中包括上年第三季度销售的应收账款 4 万元、第四季度销售的应收账款 24 万元，则下列说法中不正确的是（　　）。

A. 上年第四季度的销售额为 60 万元

B. 上年第三季度的销售额为 40 万元

C. 上年第三季度销售的应收账款 4 万元在预计年度第一季度可以全部收回

D. 第一季度收回的期初应收账款为 24 万元

(6) 下列各项中，没有直接在现金预算中得到反映的是（　　）。

A. 期初期末现金余额　　B. 现金筹措及运用

C. 预算期产量和销量　　D. 预算期现金余缺

(7) 下列计算等式中，不正确的是（　　）。

A. 某种材料采购量 = 某种材料耗用量 + 该种材料期末结存量 − 该种材料期初结存量

B. 预计生产量 = 预计销售量 + 预计期末结存量 − 预计期初结存量

C. 本期销售商品所收到的现金 = 本期的销售收入 + 期末应收账款 − 期初应收账款

D. 本期购货付现 = 本期购货付现部分 + 以前期赊购本期付现的部分

(8) 下列关于财务预算的说法中，错误的是（　　）。

A. 财务预算是财务预测的依据

B. 财务预算能使决策目标具体化、系统化、定量化

C. 财务预算可以从价值方面总括反映经营决策预算和业务预算的结果

D. 财务预算是企业全面预算体系中的最后环节，也称总预算

(9) 既是编制全面预算的起点，又是编制其他业务预算的基础的是（　　）。

A. 生产预算　　B. 销售预算

C. 材料采购预算　　D. 现金预算

二、多项选择题

（1）财务预算是一系列专门反映企业在未来一定预算期内预计财务状况和经营成果，以及现金收支等价值指标的各种预算的总称，下列属于财务预算的有（　　）。

A. 现金预算　　B. 销售预算　　C. 预计利润表　　D. 预计资产负债表

（2）预算期在1年或1年以内的预算有（　　）。

A. 销售预算　　B. 现金预算　　C. 生产预算　　D. 资本支出预算

（3）已知A公司在预算期间，销售当季度收回货款60%，下季度收回货款30%，下下季度收回货款10%，预算年度期初应收账款金额为28万元，其中包括上年第三季度销售的应收账款4万元，第四季度销售的应收账款24万元，则下列说法正确的有（　　）。

A. 上年第四季度的销售额为60万元

B. 上年第三季度的销售额为40万元

C. 上年第三季度销售的应收账款4万元在预计年度第一季度可以被全部收回

D. 第一季度收回的期初应收账款为24万元

（4）下列关于本期经营现金收入的计算公式中，正确的有（　　）。

A. 本期经营现金收入＝本期销售收入（含销项税）＋期初应收账款－期末应收账款

B. 本期经营现金收入＝本期销售收入（含销项税）＋期初应付账款－期末应付账款

C. 本期经营现金收入＝本期销售本期收现部分（含销项税）＋以前期赊销本期收现的部分

D. 本期经营现金收入＝本期销售收入（含销项税）－期初应收账款＋期末应收账款

（5）下列（　　）是在生产预算的基础上编制的。

A. 直接材料采购预算　　B. 直接人工预算

C. 产品成本预算　　D. 管理费用预算

三、判断题

（1）定期预算编制方法一般只适用于数额比较稳定的预算项目。（　　）

（2）预算是企业在预测、决策的基础上，以数据的形式反映的企业一定时期内经营、投资、财务等活动的具体计划。（　　）

（3）在财务预算的编制过程中，编制预计财务报表的正确程序是：先编制预计资产负债表，然后编制预计利润表。（　　）

（4）编制生产预算时，关键是正确地确定预计销售量。（　　）

（5）在编制现金预算时，直接人工产生的现金流出就是发生的直接人工费用数额。（　　）

（6）直接人工预算是指为规划一定预算期内人工工时的消耗水平和人工成本水平而编制的一种经营预算。（　　）

四、计算题

（1）某企业生产和销售A产品，计划期2019年四个季度预计销售数量分别为1000件、1500件、2000件和1800件；A产品预计单位售价为100元。假设每季度销售收入中，本季度收到现金60%，另外40%要到下季度才能收回，上年末应收账款余额为62000元。要求：

1）编制2019年销售预算；

2）确定2019年年末应收账款余额。

（2）某公司2019年12月销售额和2020年1月和2月的预计销售额分别为150万元、100万元、200万元。其他有关资料如下：

1）当月销售收入中当月收现60%，其余部分下月收回。

2）材料采购成本为下月销售额的80%。当月采购金额中当月付现70%，下月支付其余的30%。

3）假设每月末现金余额越低越好，但不得低于3万元，现金余缺通过银行借款来调整。

4）借款年利率为12%，借款或还款的本金必须是5000元的整倍数，利随本清，借款在期初，还款在期末。

要求：

1）计算确定2020年1月销售现金流入量和购买材料的现金流出量。

2）计算确定2020年1月31日资产负债表中“应收账款”和“应付账款”项目金额。

3）假设2020年1月预计的现金收支差额为-12.32万元，计算确定1月末的现金余额。

4）假设2020年2月预计的现金收支差额为7.598万元，计算确定2月末的现金余额。

（3）某企业2020年度现金预算部分数据见表3-20，假定该企业规定各季季末必须保证的最低现金余额为5000元。该企业2020年度现金预算中未列金额的部分逐一填写完整。

表3-20 某企业2020年度现金预算部分数据表 （单位：元）

摘要	一季度	二季度	三季度	四季度	全年
期初现金余额	8000				
加：现金收入		70000	96000		321000
可动用现金合计	68000			10000	
减：现金支出					
直接材料	35000	45000		35000	
制造费用		30000	30000		113000
购置设备	8000	8000	10000		36000
支付股利	2000	2000	2000	2000	
现金支出合计		85000			
现金结余（不足）	（2000）		11000		
现金筹集与运用					
银行借款（期初）		15000	—	—	
归还本息（期末）	—	—		（17000）	
现金筹集与运用合计					
期末现金余额					

第四章　筹资管理

学习目标

（1）了解筹资与筹资管理的意义，熟悉筹贷的类型；
（2）掌握各种权益资金筹集的方式、条件、优缺点；
（3）掌握各种债务资金筹集的方式、条件、优缺点；
（4）掌握资本成本、资本结构的含义；
（5）掌握经营杠杆、财务杠杆和总杠杆的含义。

能力目标

（1）能够比较不同筹资方式的优劣势；
（2）能够结合具体企业的特点选择最佳的筹资方案；
（3）能够计算个别资本成本和加权平均资本成本；
（4）能够通过计算经营杠杆、财务杠杆和总杠杆分析、判断企业面临风险的大小；
（5）能够运用不同方法确定企业最佳资本结构。

引导案例

20世纪80年代，苏志刚还是一个卖猪肉的个体户，经过多年的飞跃发展，到2018年身家已达55亿元。

1988年，苏志刚向当地农村信用社贷款5万元，开了一家大排档式的“香江酒家”，生意出奇红火。

1990年，他又向农村信用社贷款30万元，把“香江酒家”办成高档次的酒楼，以特色形成品牌，获利丰厚并因此获得了原始的资本积累。

1997年，苏志刚向农村信用社和银行贷款数千万元，用于筹建番禺香江野生动物园，吸引了众多的游客。这时苏志刚的财富迅速膨胀。

2000年，苏志刚再次向农村信用社和银行贷款上亿元，用于扩大野生动物园的规模，并建立了我国唯一、世界最大的夜间动物园——长隆夜间动物园。

2001年，苏志刚按照国际五星级酒店标准定位，筹资数亿元，在长隆夜间动物园内建造了一座独特的主题式酒店。

2015年，清远长隆国际森林度假区项目正式动工。

苏志刚的每一次飞跃发展，都离不开一次次成功的融资活动，其创业史是融资魔力推动企业超常规发展的一个经典案例。

思考：通过苏志刚的案例，你对筹资管理有了哪些认识?

第一节 筹资管理概述

资金是企业的血液，是企业设立、生存和发展的物质基础，是企业开展生产经营业务活动的基本前提。筹资是指企业为了满足其经营活动、投资活动、资本结构调整等需要，运用一定的筹资方式，通过筹资渠道和资金市场，筹措和获取所需资金的一种财务行为。筹集资金是企业资金周转运动的起点，决定着企业资金运动的规模和生产经营发展的程度。

一、企业筹资的原则

企业筹资是一项重要而复杂的工作，为了有效地筹集企业所需资金，必须遵循以下几个原则：

（1）合法筹措。企业无论选择何种方式筹资，都应遵守国家的相关法律法规，依照法律法规和投资合同约定的责任，合法合规筹资，依法披露信息，维护各方的合法权益。

（2）规模适当。不同时期企业的资金需要量并不是一个常数，企业财务人员要认真分析生产、经营状况，采用一定的方法，预测资金的需要数量，合理确定筹资规模，使筹资规模与资金需求量一致。这样，既能避免因资金筹集不足，影响生产经营的正常进行，又可防止资金筹集过多，造成资金闲置。

（3）筹措及时。企业在筹集资金时要按照资金投放使用的时间来合理安排，使筹资与用资在时间上相衔接，既要避免资金滞后而贻误投资的有利时机，也要防止取得资金过早而造成投放前的闲置。

（4）方式经济。企业筹资可以采用的渠道和方式有多种多样，不同渠道和方式的筹资难易程度、资本成本和财务风险各不一样。因此，需要对各种筹资方式进行分析、对比，选择经济可靠的筹资方式。

（5）结构合理。企业的资本结构一般是由权益资金和债务资金构成的。企业负债所占比重应与权益资金多少和偿债能力高低相适应。要合理安排资本结构，既要防止负债过多，导致财务风险过高，偿债能力不足，又要有效地利用负债经营，提高权益资金的盈利水平。

二、筹资渠道和筹资方式

筹资渠道指企业筹集资本来源的方向与通道，体现资本的源泉和流量。筹资方式是指可供企业在筹措资金时选用的具体筹资形式。企业筹资活动需要通过一定的筹资渠道，并运用一定的筹资方式来进行。筹资渠道与筹资方式既有联系，又有区别。同一渠道的资金往往可以采用不同的方式取得，而同一筹资方式又往往可适用于不同的资金渠道。

（一）筹资渠道

我国企业目前的筹资渠道主要有以下几种：

（1）国家财政资金。国家财政资金是国家对国有企业直接投资的资金。它是国有企业最主要的资金来源，是企业权益资本筹资的重要渠道。国家财政资金属于国家投入的资金，产权归国家所有。

（2）银行信贷资金。银行信贷资金是各类企业筹资的重要来源。银行一般分为商业性银行和政策性银行。商业性银行主要以盈利为目的，我国的商业性银行主要有中国工商银行、中国农业银行、中国建设银行、中国银行及交通银行等；政策性银行是为特定企业提供政策性贷款的银行，我国的政策性银行有国家开发银行、农业发展银行和中国进出口银行。银行拥有居民储蓄、单位存款等经常性的资金来源，贷款方式灵活多样，可以适应各类企业债务资金的需要。

（3）非银行金融机构资金。非银行金融机构是指除了银行以外的各种金融机构及金融中介机构。在我国非银行金融机构主要有信托投资公司、保险公司、租赁公司、证券公司和财务公司等。它们所提供的各种金融服务，既包括信贷资金投放，也包括物资的融通，还包括为企业承销证券等金融服务。

（4）其他法人资金。其他法人是指企业单位、事业单位和团体法人。这些单位和团体法人在日常的资金运营周转中，有时也可能形成部分暂时闲置的资金，为了让其发挥一定的效益，将资金有偿地提供给筹资企业，从而形成筹资企业的一个重要的资金来源。

（5）民间资金。居民个人持有的结余货币，作为“游离”于银行及非银行金融机构等之外的个人资金，可以对企业进行直接投资，为企业筹资提供资金来源，形成民间资金来源渠道。

（6）企业自留资金。企业自留资金主要是指企业通过提留盈余公积和保留未分配利润而形成的资金。它是企业内部形成的资金来源。这种资金企业无需通过一定的方式去筹集，而是直接由企业内部自动生成或转移。

（7）外商资金。外商资金是指由外国投资者以及我国香港、澳门特别行政区和我国台湾地区投资者投入企业的资金。

（二）筹资方式

筹资方式是指企业筹集资本所采取的具体形式和工具，体现着资本的属性和期限。我国企业目前的筹资方式主要有：

（1）吸收直接投资；

（2）发行股票；

（3）发行公司债券；

（4）向银行借款；

（5）利用商业信用；

（6）利用留存收益；

（7）融资租赁。

小贴士

权益资金和长期债务资金

以上所列各种筹资方式中，吸收直接投资、发行股票筹资可为企业取得永久性的权益资金；发行债券、融资租赁筹资可为企业获得长期债务资金；商业信用筹资通常是为企业筹集短期资金；银行借款筹资方式既可为企业筹得长期资金，也可为企业筹得短期资金。企业取得的权益资金和长期债务资金通常又被称为资本。

三、筹资的分类

企业筹集的资金可按多种标准进行分类，现介绍两种最主要的分类方式。

（一）按资金使用期限的长短分类

按照资金使用期限的长短，可把企业筹集的资金分为短期资金与长期资金两种。

1. 短期资金

短期资金一般是指供 1 年以内使用的资金。企业常采用商业信用和取得银行流动借款等方式筹集短期资金。

2. 长期资金

长期资金一般是指供 1 年以上使用的资金。企业通常采用吸收直接投资、发行股票、发行公司债券、取得长期借款、融资租赁和内部积累等方式筹集长期资金。

（二）按资金的来源渠道分类

按照资金的来源渠道不同，可将企业资金分为权益资金和债务资金两大类。

1. 权益资金

企业通过发行股票、吸收直接投资、内部积累等方式筹集的资金都属于企业所有者权益。所有者权益一般不用还本，因而被称为企业的自有资金、主权资金或权益资金。企业采用吸收自有资金的方式筹集资金，财务风险小，但付出的资金成本相对较高。

2. 债务资金

企业通过发行债券、向银行借款、融资租赁等方式筹集的资金属于企业的负债，到期要归还本金和利息，因而又被称为企业借入资金或负债资金。企业采用借入资金的方式筹集资金，一般承担较大风险，但相对而言，付出的资金成本较低。

知识链接

筹 资 动 机

筹集资金的动机一般有以下几个：

（1）新建筹资动机。新建筹资动机是企业在新建时，为满足正常生产经营活动所需的铺底资金而产生的筹资动机。

（2）扩张筹资动机。扩张筹资动机是企业因扩大生产经营规模或追加对外投资而产生的筹资动机。

具有良好发展前景、处于成长期的企业，通常会产生扩张筹资动机。扩张筹资动机导致的直接结果是企业的资产总额和权益总额增加。

（3）偿债筹资动机。偿债筹资动机是企业为了偿还某项债务而形成的借款动机，即借新债还旧债，通常有以下两种情况：

1）调整性偿债筹资，即企业具有足够的能力支付到期旧债，但为了调整原有的资本结构，需要举借一种新债务，从而使资本结构更加合理。

2）恶化性偿债筹资，即企业现有的支付能力已不足以偿付到期旧债，被迫举新债还旧债，这表明企业财务状况已经恶化。

（4）混合筹资动机。企业因既需要扩大经营的长期资金又需要偿还债务的现金而形成的筹资动机，即混合筹资动机。

第二节　权益资金筹集

权益资金是指企业依法筹集的、长期拥有并自主支配的资金。这类资金通常没有规定偿还本金的时间，也没有偿付利息的约束。企业权益资金的筹集方式主要有吸收直接投资、发行普通股和留存收益等。

一、吸收直接投资

吸收直接投资是指企业按照“共同投资、共同经营、共担风险、共享收益”的原则，直接吸收国家、法人、社会公众投入资金的一种筹资方式。吸收直接投资是非股份制企业筹集权益资金的基本筹资方式。

（一）出资方式

企业吸收的投资可以是现金资产或非现金资产。非现金资产包括实物资产和无形资产，其中，实物资产包括厂房、机器设备、材料物资等，无形资产包括专利权、商标权、土地使用权、专有技术等。所有的出资方式中，企业最乐于接受的是现金方式。因为现金在使用时最为灵活，而其他资产只能按特定的功能加以使用，使用范围受到较大限制。

（二）吸收直接投资的程序

吸收直接投资的程序包括：

（1）确定筹资数量。根据新建或扩建项目的资金需求及企业生产经营规模等，来核定企业资金需求，确保筹资数量与资金需要相匹配。

（2）寻找投资单位。企业既要广泛地了解投资者的资信、财力和投资意向，又要通过信息交流和宣传，使投资者了解企业的经营能力、财务状况以及未来预期，以便从中寻找最合适的合作伙伴。

（3）协商和签订投资协议。与合作伙伴进行具体协商确定出资数额、出资方式和出资时间等事宜，必须签订投资协议或合同，以明确双方的权利和义务。

（4）取得筹集的资金。签订投资协议后，企业按协议规定有计划地取得资金。如果为实物资产、工业产权、非技术专利、土地使用权投资，企业则必须核实有关资产。企业在必要时可聘请专业资产评估机构来评定，然后办理产权转移手续。

（三）吸收直接投资的优缺点

吸收直接投资的优点包括：

（1）吸收直接投资形成自有资金有利于增强企业信誉。与债务融资方式相比，吸收直接投资能够提高企业的资信程度和借款能力，有利于扩大企业经营规模，壮大企业实力。

（2）吸收的非货币资金有利于尽快形成生产能力。吸收直接投资不仅可以取得一部分货币资金，而且通常能够直接获得企业所需要的先进设备和技术，有利于尽快形成生产能力。

（3）吸收直接投资形成的自有资金可供企业永久使用，财务风险较低。若企业经营状况好，可向投资者多支付一些报酬；若企业经营状况不好，可不向投资者支付报酬或少支付报酬，财务风险较小。

吸收直接投资的缺点包括：

（1）资本成本较高。吸收直接投资方式融资所需负担的资本成本较高，其原因是：该方式下向投资者支付的报酬需从税后净利润中直接支付，资本成本相对于债务资金利息而言较高；企业向投资者支付报酬的数额很大程度上取决于企业的经营状况，当经营状况较好和盈利能力较强时，需支付较高的报酬，此时负担较重。

（2）容易分散企业的控制权。采用吸收直接投资方式融资，投资者作为企业所有者一般都要求获得与投资份额相当的经营管理权。如果吸收直接投资较多，则会稀释原有股东对企业的控制权。

二、发行普通股

股票是公司签发的、证明股东所持股份的凭证，是股份公司为筹集股权资本而发行的、表示股东按其持有的股份享有权益并承担义务的、可转让的书面凭证。股票上应当载明公司名称、公司成立日期、股票种类、票面金额及代表股份数、股票的编号等。它代表持股人对公司净资产的所有权。股票持有人即为公司股东。公司股东作为出资人，按投入公司的资本额享有资产受益、公司重大决策和选择管理者的权利，并以其所持股份为限对公司承担责任。发行股票筹资是股份公司筹集资本的基本方式。

（一）股票的种类

按股东的权利和义务不同，分为普通股和优先股。普通股是指股份公司发行的代表股东享有平等的权利和义务、不加特别限制、股利不固定的股票。普通股具备股票的一般特征，是股份公司股权资金的最基本部分。优先股是股份公司发行的、在分配股利和剩余财产时比普通股具有优先权的股票。从法律上讲，企业对优先股不承担法定的还本义务，优先股是企业自有资金的一部分。

按股票是否记入股东名册，分为记名股票和无记名股票。记名股票是指在股票票面上记载股东的姓名或者名称，并将股东的姓名或名称记入公司股东名册的股票；无记名股票是指在股票票面上不记载股东的姓名或者名称，股东的姓名或名称也不记入公司股东名册的股票，公司只记载股票的数量、编号和发行日期。我国《公司法》规定，股份公司向发起人、国家授权投资的机构和法人发行的股票，应当为记名股票；对社会公众发行的股票，可以为记名股票，也可以为无记名股票。

按发行对象和发行地点，分为 A 股、B 股、H 股、N 股、S 股等。A 股即人民币普通股票，由我国境内公司发行，在境内上市交易，以人民币标明面值，以人民币认购和交易；B 股即人民币特种股票，由我国境内公司发行，在境内上市交易，以人民币标明面值，以外币认购和交易；H 股是在香港上市的股票；N 股是在纽约上市的股票；S 股是在新加坡上市的股票。

（二）普通股股东的权利

1. 经营管理权

普通股股东出席或委托代理人出席股东大会，并依公司章程规定行使表决权。普通股股东还有对公司账目和股东大会决议的审查权和对公司事务质询权。

2. 股权转让权

普通股股东可以根据投资计划的需要向其他投资者转让股份。

3. 收益分配请求权

普通股股东可参与公司税后利润的分配，取得股息或现金股利。

4. 优先认股权

为不影响原有股东对公司的控制权，公司发行新股时，普通股股东有优先认购的权利。

5. 分配公司剩余财产的权利

公司清算时，在偿还债务和优先股股本后，剩余财产归普通股股东所有。

（三）股票发行

根据股票发行的相关管理规定，股票发行主要涉及股票发行的规定与条件，发行的程序，发行方式、销售方式和发行价格等内容。

1. 股票发行的规定与条件

股份公司的股票发行分为设立发行和增资发行。我国的《公司法》和《证券法》对股票发行做出了有关规定和要求。股份有限公司发行股票时，应符合以下规定与条件：

（1）同次发行的股票，每股的发行条件和价格应当相同。

（2）股票的发行实行公开、公平、公正的原则，同股同权，同股同利。

（3）股票发行价格可以按票面金额，也可以超过票面金额，但不得低于票面金额。

（4）股票应当载明公司名称、公司登记日期、股票种类、票面金额及代表的股份数、股票编号等主要事项。

增发新股，公司必须具备健全且运行良好的组织结构；具有持续盈利能力，财务状态良好；最近三年财务会计文件无虚假记载，无其他重大违法行为和证券监督管理机构规定的其他条件。

2. 股票发行的程序

股份有限公司在设立时发行股票与增资发行新股，程序上有所不同。股份有限公司在设立时发行股票的程序如下：

（1）提出募集股份申请。

（2）公告招股说明书，制作认股书，签订承销协议和代收股款协议。

（3）招认股份，缴纳股款。

（4）召开创立大会，选举董事会、监事会。

（5）办理设立登记，交割股票。

3. 股票发行方式、销售方式和发行价格

股票发行方式是指公司通过何种途径发行股票。股票发行方式可以分为：

（1）公开间接发行，通过中介机构，由证券机构承销。此方式发行范围广、发行对象多，易于足额募集资本；股票变现性强；有助于提高公司的知名度和扩大影响力。但是，手续烦琐，发行成本高。

（2）不公开直接发行，只向少数特定对象发行，如采用发起设立方式和以不向社会公开募集的方式。此方式弹性较大，发行成本低，但发行范围小，股票变现性差。

股票的销售方式是指股份有限公司向社会公开发行股票时所采取的股票销售方法。股票销售方式有以下两类：

（1）自销方式。自销方式可以节省发行费用，但往往筹资时间长、风险大，需要公司有较好的知名度、信誉和实力。

（2）承销方式。我国公司法规定，企业向社会公众发行股票，必须与依法设立的证券机构签订承销协议，由证券经营机构承销。股票承销又分为包销和代销两种。包销可以及时筹足资本，使企业免于承担发行风险，但将股票以较低的价格售给承销商，企业会损失部分溢价；代销方式的发行费用较低，但公司自己要承担股款未筹足的风险。

股票发行价格是股票发行时使用的价格，也就是投资者认购股票时支付的价格。通常由发行公司根据股票面值、股市行情和其他有关因素决定。以募集方式设立的公司首次发行的股票价格，由发起人决定；公司增资发行新股的股票价格，由股东大会做出决议。股票的发行价格一般有以下三种：

（1）等价。一般在初次发行或在股东内部分摊增资的情况下采用。等价发行的股票容易推销，但企业无法取得溢价收入。

（2）时价，也称市价。以公司原发行同种股票的现行市场价格为基准选择增发新股的发行价格。

（3）中间价，是指以介于面额和时价之间的价格发行股票。我国公司法规定，企业不得折价发行股票。

（四）股票上市

1. 股票上市的目的

股票上市是指股份有限公司公开发行的股票经批准在证券交易所进行挂牌交易。经批准在交易所上市交易的股票为上市股票。

股份公司申请股票上市，一般出于以下目的：

（1）资本大众化，分散风险。

（2）提高股票的变现能力。

（3）便于筹措新资金。

（4）提高公司知名度。

（5）便于确定公司价值。

股票上市可能给公司带来的危害有：

（1）公司将负担较高的信息报道成本。

（2）可能会暴露公司的商业秘密。

（3）股价有时会歪曲公司的实际状况，丑化公司声誉。

（4）可能会分散公司的控制权，造成管理上的困难。

小贴士

什么是IPO

IPO也称为首次公开募捐（Initial Public Offerings，IPO），是指企业通过证券交易所首次公开向投资者发行股票，以期募集用于企业发展资金的过程。

2. 股票上市的条件

股份有限公司申请股票上市，必须符合下列条件：

（1）经国务院证券监督管理部门批准可向社会公开发行。不允许公司在设立时直接申请股票上市。

（2）公司股本总额不少于人民币 5000 万元。

（3）开业时间在三年以上，最近三年连续盈利。属国有企业依法改建而设立股份有限公司，或者在公司法实施后新组建成立，其主要发起人为国有大中型企业的股份有限公司，可连续计算。

（4）持有股票面值人民币 1000 元以上的股东不少于 1000 人；向社会公开发行的股份达公司股份总数的 25% 以上；公司股本总额超过人民币 4 亿元的，其向社会公开发行股份的比例为 15% 以上。

（5）公司在最近三年内无重大违法行为，财务会计报告无虚假记载。

（6）国务院规定的其他条件。

具备上述条件的股份有限公司经申请，由国务院或国务院授权的证券监督管理部门核准，其股票方可上市。

3. 股票上市的暂停与终止

股票上市公司有下列情形之一的，国务院证券监督管理部门可决定暂停其股票上市：

（1）公司股本总额、股权分布等发生变化，不再具备上市条件的（限期内未消除的终止上市）。

（2）公司不按规定公开其财务状况，或者对财务报告做虚假记载的（后果严重的终止上市）。

（3）公司有重大违法行为的（后果严重的终止上市）。

（4）公司最近三年连续亏损的（限期内未消除的终止上市）。

另外，公司决定解散、被行政主管部门依法责令关闭或者宣告破产的，由国务院证券监督管理部门决定终止其股票上市。

（五）普通股筹资的优缺点

普通股筹资的优点包括：

（1）没有固定的到期日，无须偿还本金。这对于保证公司对资金的最低需求，促进公司长期，持续，稳定经营具有重要意义。

（2）没有固定的股利负担。股利的支付与否和支付多少，视公司盈利和经营情况而定。这样就可以使公司的现金收支有很大的灵活性，不会因为还本付息的原因而影响公司的正常生产、销售活动，因而筹资风险较小。

（3）能提高公司信誉，增强举债能力。发行普通筹集的资金是公司权益资金的来源，权益资金的多少，反映了公司的实力，较多的权益资金为债权人提供了坚实的信用基础和保障，可以增强公司的举债能力。

普通股筹资的缺点包括：

（1）资本成本高。由于普通股股利要从税后净利润中支付，因此股利不能像债券利息那样具有抵税作用；而且相对于债务资金，普通股的投资风险高，投资者要求的报酬率相应较高。

（2）容易分散公司的控制权。利用普通股筹资会增加新股东，从而稀释原有股东对公司的控制权，导致股权分散。

知识链接

优先股筹资的优缺点

优先股筹资的优点包括：

（1）没有固定到期日，不用偿付本金。发行优先股筹集资金，实际上近乎得到一笔无限期的长期贷款，公司不承担还本义务，也无须再做筹资计划，而且大多数优先股又附有收回条款，使得这种筹资方式更加具有弹性。当财务状况较弱时发行，而在财务状况转强时收回，既有利于调剂资金需求，又有利于调整资金结构。

（2）股利支付既固定又有一定弹性。一般而言，优先股都采用固定股利，但固定股利的支付并不构成公司的法定义务。如果公司财务状况不佳，可暂时不支付优先股股利，即使如此，优先股股东也不能像公司债权人那样要求公司破产。

（3）有利于提高公司信誉度。从法律上讲，优先股属于自有资金，因而，优先股扩大了权益基础，可适当提高公司的信誉度，增强公司的借款能力。

优先股筹资的缺点包括：

（1）筹资成本高。优先股股利要从税后利润中支付，且属于自有资金，因此其成本虽低于普通股成本，但却高于债务资金成本。

（2）制约因素多。发行优先股通常有许多限制条款，如对普通股股利支付的限制和对公司借债的限制。

（3）可能形成较重的财务负担。优先股要求支付固定股利，且又不能在税前扣除，当公司盈利下降时，优先股股利可能会成为公司一项较重的财务负担，有时不得不延期支付，这样会影响公司形象。

三、留存收益

留存收益筹资是指企业将留存收益转化为投资的过程，将企业生产经营实现的净收益留在企业，而不作为股利分配给股东，其实质为原股东对企业追加投资。

（一）留存收益筹资的渠道

1. 盈余公积

盈余公积是指有指定用途的留存净利润。

2. 未分配利润

未分配利润是指未限定用途的留存净利润。这里有两层含义：一是这部分净利润没有分给公司股东；二是这部分净利润未指定用途。

（二）留存收益筹资的优缺点

留存收益筹资的优点包括：

（1）不发生实际的现金支出。它不同于负债筹资，不必支付定期利息，也不同于股票筹资，不必支付股利。同时还免去了与负债、权益筹资相关的手续费、发行费等开支。但是，这种方式存在机会成本，即股东将资金投放于其他项目的必要报酬率。

（2）保持企业举债能力。留存收益实质上属于股东权益的一部分，可以作为企业对外举债的基础。先利用这部分资金筹资，减少了企业对外部资金的需求，当企业遇到盈利率很高的项目时，再向外部筹资，不会因企业的债务已达到较高水平而难以筹到资金。

（3）企业的控制权不受影响。增加发行股票，原股东的控制权分散；发行债券或增加负债，债权人可能对企业施加限制性条件。而采用留存收益筹资则不会存在此类问题。

留存收益筹资的缺点包括：

（1）期间限制。企业必须经过一定时期的积累才可能拥有一定数量的留存收益，这使企业难以在短期内获得扩大再生产所需的资金。

（2）与股利政策的权衡。如果留存收益过高，现金股利过少，则可能影响企业形象，并给今后进一步筹资增加困难。利用留存收益筹资需要考虑企业的股利政策，不能随意变动。

小思考

（1）一家公司在建立时权益筹资是否能为零？

（2）股票上市是发行股票企业追求的目标，这是为什么？

（3）用留存收益增加权益资金有许多优点。请问：企业如何合法地增加权益资金？

第三节　债务资金筹集

负债筹资对大多数企业来说是必需的。这是因为：第一，股权筹资的有限性决定了企业必须借助负债筹资满足生产经营的需要；第二，负债筹资能够带来税收优惠，因为债务利息允许税前扣除，相当于节约了税费支出；第三，在企业经营情况较好时，对于同等的投资规模，有负债的筹资比单纯的权益筹资能够增加股东收益。因此无论是出于扩大经营规模的需要还是节税及增加股东收益的目的，负债筹资都是企业不可缺少的筹资方式。通常，企业的负债筹资方式有借款、发行债券和融资租赁等。

一、借款筹资

（一）借款的种类

借款筹资就是根据借款合同从银行或其他金融机构借入所需资金的一种筹资方式。借款可根据不同的标准进行分类：

（1）按借款的期限，分为短期借款和长期借款。短期借款是指借款期限在 1 年及 1 年以内的借款；长期借款指借款期限超过 1 年的借款。

（2）按有无担保，分为信用借款、担保借款和抵押借款。信用借款是指以借款人的信誉为依据获得的借款，不需要抵押或担保；担保借款是以一定的保证人做担保为条件取得的借款；抵押借款是指以一定的财产做抵押为条件取得的借款。

（3）按提供借款的机构，分为政策性银行借款、商业性银行借款和其他金融机构借款。政策性银行借款是指执行国家政策性贷款业务的银行（通称政策性银行）提供的贷款，如国家开发银行为满足企业承建国家重点建设项目的资金需要提供的贷款；商业性银行借款是指向各商业银行借入的款项，这类借款主要为满足企业生产经营的需要；其他金融机构借款指从保险公司、信托投资公司等非银行金融机构借入的款项。

（二）银行借款的信用条件

1. 信贷额度

信贷额度是贷款企业与银行之间以正式或非正式协议规定的企业可以借款的最高限额。通常在信贷额度内，企业可随时按需要向银行申请借款。但是，在非正式协议下，银行并不承担按最高贷款限额保证贷款的法律义务，也就是说，如果企业信誉恶化，银行如果不按约定贷款给企业，银行也不承担法律责任。

2. 周转信贷协定

周转信贷协定是指银行与企业签订的最高贷款额度的协定。与一般信贷额度不同，银行对周转信贷额度负有法律义务。在协定的有效期内，只要企业借款总额未超过最高限额，银行必须满足企业任何时候提出的借款要求。而企业通常要对贷款限额的未使用部分向银行支付承诺费。

【例4-1】 A公司与银行在贷款协议中规定的周转信贷额度为3000万元，承诺费率为0.4%，该公司年度内累计借用了2000万元。计算该借款公司应向银行支付承诺费的金额。

【解】 该借款公司应向银行支付承诺费的金额为：

$$承诺费=(3000-2000)\times 0.4\%=4(万元)$$

3. 补偿性余额

补偿性余额是指银行为了降低贷款风险，要求借款企业在银行中保留按贷款限额或实际借款额的一定百分比（通常为10%～20%）计算的最低存款余额。补偿性余额使企业实际得到的借款额减少，但利息并未因此而少付，所以补偿性余额在降低银行贷款风险的同时，提高了借款企业的实际利率，加重了企业的实际负担。实际利率计算公式为：

$$实际利率=\frac{名义利率}{1-补偿性余额比例}\times 100\% \tag{4-1}$$

【例4-2】 A公司向银行借款500万元，年利率为7%，银行要求A公司保留20%的补偿性余额。计算该项借款的实际利率。

【解】 该项借款的实际利率为：

$$实际利率=\frac{7\%}{1-20\%}\times 100\%=8.75\%$$

4. 借款抵押

银行向财务风险较大的企业或对其信誉不甚把握的企业发放贷款，有时需要企业提供抵押品担保，以减少蒙受损失的风险。

5. 偿还方式

贷款的偿还有到期一次偿还和在贷款期内定期（每月、季）等额偿还两种方式。按照国际通行做法，短期借款分为一次性偿还借款和分期偿还借款。依利息支付方法的不同，收款法借款、贴现法借款和加息法借款的偿还方式如下：

（1）收款法是到期一次性支付本息。在收款法下，借款本息都在到期时一次性清偿，这时借款的名义利率与实际利率一致。因此，收款法下的借款成本就是借款的名义利率。但是，如果有其他附加条件，则应另行加以考虑。

（2）贴现法是银行向企业发放贷款时，先从本金中扣除利息部分，到期时借款企业要偿还贷款全部本金的一种计息方法。采用这种方法，企业可利用的贷款额只有本金减去利息后的差额，因此贷款的实际利率高于名义利率。其计算公式为：

$$\text{实际利率}=\frac{\text{实际利息}}{\text{实际可用借款额}}\times 100\% \times \frac{\text{名义利率}}{1-\text{名义利率}} \tag{4-2}$$

【例4-3】 某企业从银行取得借款10000元，期限1年，年利率（名义利率）为10%。按贴现法付息，该项贷款的实际利率为多少？

【解】 该项贷款的实际利率为：

$$\text{实际利率}=\frac{10\%}{1-10\%}=11.11\%$$

（3）加息法一般是分期等额偿还本息。在分期等额偿还贷款的情况下，银行将根据名义利率计算的利息加到贷款本金上，计算出贷款的本息和，要求企业在贷款期内分期偿还本息之和的金额。由于贷款分期均衡偿还，借款企业实际上只平均使用了贷款本金的一半，却支付全额利息。这样，企业负担的实际利率约为名义利率的两倍。

6. 其他承诺

银行有时还要求企业为取得借款做出其他承诺，如及时提供财务报表、保持适当的财务水平（如特定的流动比率）等。

（三）借款筹资的优缺点

借款筹资的优点包括：

（1）筹资速度快。企业利用长期借款筹资，一般所需时间较短，程序较为简单；而发行股票或发行债券筹资，须做好发行前的各项工作，并且发行也需要一定时间，耗时较长。

（2）借款成本低。利用长期借款筹资，其利息可在所得税前列支，故可减少企业实际负担的成本，因此比股票筹资成本要低得多；与债券相比，借款利率一般低于债券利率，而且，借款筹资费用亦低。

（3）借款弹性大。借款时，企业与银行签订合同直接交涉，有关条件可谈判确定，用款期间发生变动，也可与银行再协商，变更借款数量及还款期限等；而债券筹资面对的是社会广大投资者，协商改善筹资条件的可能性几乎没有。

借款筹资的缺点包括：

（1）财务风险大。借款通常有固定的利息负担和固定的偿付期限，当经营不善时，企业可能会面临不能偿付的风险，甚至导致破产。

（2）限制条款多。企业与银行签订的借款合同中，一般都有一些限制性条款，如对流动资本数额的限制、对借款用途的限制等，而股票筹资则不受限制。

（3）筹资数量有限。银行一般不愿借出巨额长期借款，因此企业不可能一次性筹集到大笔资金。

二、发行债券筹资

（一）债券的含义及种类

债券是企业为筹集债务资金而发行的、约定在一定期限内向债权人还本付息的有价证券。发行债券是企业筹集债务资金的重要方式。债券的基本要素包括债券面值、债券期限、债券利率和债券价格。由于有资格发行债券的企业多数是公司，因此常说的债券即指公司债券。公司债券按不同的标准可分为以下几类：

（1）按票面上是否记名，分为记名债券和无记名债券。

（2）按有无特定的财产担保，分为抵押债券和信用债券。

（3）按能否转换为本公司股票，分为可转换债券和普通债券。

（4）按票面利率是否固定，分为固定利率债券与浮动利率债券。

（5）按债券是否上市，分为上市债券和非上市债券。

（二）公司债券发行条件

公司债券发行条件包括：

（1）我国发行公司债券，必须符合《公司法》《证券法》等有关法律、法规规定的条件。公开发行公司债券，应当符合下列条件：

1）股份有限公司的净资产额不低于人民币3000万元，有限责任公司的净资产额不低于人民币6000万元；

2）累计债券余额不超过公司净资产的40%；

3）最近三年平均可分配利润足以支付公司债券一年的利息；

4）筹集资金的投向符合国家产业政策；

5）债券的利率不超过国务院限定的利率水平；

6）国务院规定的其他条件。

（2）发行公司凡有下列情形之一的，不得再次发行公司债券：

1）前一次发行的公司债券尚未募足；

2）对已公开发行的公司债券或者其债务有违约或延迟支付本息的事实，且仍处于持续状态；

3）违反规定，改变公开发行公司债券所募资金的用途。

（三）发行债券的程序

发行债券的程序包括：

（1）做出债券发行的决议。公司发行债券要由董事会制订方案，股东大会做出决议。

（2）提出发行债券的申请。向国务院证券管理部门申报。证券管理部门按照国务院确定的公司债券发行规模，审批公司债券的发行。公司申请应提交公司登记证明、公司章程、公司债券募集办法、资产评估报告和验资报告。

(3) 公告债券的募集办法。企业发行债券的申请经批准后，向社会公告债券募集办法。公司债券分私募发行和公募发行，私募发行是以特定的少数投资者为对象发行债券。而公募发行则是在证券市场上以非特定的广大投资者为对象公开发行债券。

(4) 委托证券经营机构发售。我国《证券法》规定，证券的发行只能采用公募间接发行方式。在这种发行方式下，发行公司与承销团签订承销协议。承销团由数家证券公司或投资银行组成，承销方式有代销和包销两种。代销是指承销机构代为推销债券，在约定期限内未售出的余额可退还发行公司，承销机构不承担发行风险。包销是由承销团先购入发行公司拟发行的全部债券，然后再售给社会上的投资者，如果约定期限内未能全部售出，余额要由承销团负责认购。

(5) 交付债券，收缴债券款，登记债券存根簿。债券购买人直接向承销机构付款购买，承销机构收取债券款，并交付债券。然后，发行公司向承销机构收缴债券款并结算代理费及预付款项。

(四) 债券的发行价格

债券的发行价格是发行公司发行债券时使用的价格，也是投资者向发行公司认购债券时实际支付的价格。公司在实际发行债券前，必须进行发行价格决策。影响债券发行价格的因素有债券面额、票面利率、市场利率、债券期限等。其中，债券面额、票面利率和债券期限对债券发行价格为正向影响，即债券面额越大、票面利率越高、债券期限越长，债券发行价格越高，反之越低；市场利率对债券发行价格则是反向影响，即市场利率越高，债券发行价格越低，反之越高。

在实务中，公司债券的发行价格通常有等价、溢价和折价三种情况，这主要取决于票面利率和市场利率的差异。当票面利率高于市场利率时，债券发行价格就会高于其面额，即溢价发行；当票面利率等于市场利率时，债券发行价格等于其面额，即等价发行；当票面利率低于市场利率时，债券发行价格低于其面额，即折价发行。债券的发行价格计算如下：

$$\text{债券的发行价格} = \frac{\text{票面金额}}{(1+\text{市场利率})^n} + \sum_{t=1}^{n} \frac{\text{票面金额} \times \text{票面利率}}{(1+\text{市场利率})^t} \quad (4\text{-}3)$$

或

$$\text{债券的发行价格} = \text{票面金额} \times (P/F, i_1, n) + \text{票面金额} \times i_2 \times (P/A, i_1, n) \quad (4\text{-}4)$$

式中 n——债券期限；

i_1——市场利率；

i_2——票面利率。

【例 4-4】 A 公司发行面额 1000 元，票面利率 6%，每年年末付息 1 次，到期按面值还本，期限 5 年的债券。当市场利率分别为 4%、6%、8% 时，分别计算不同市场利率下的债券发行价格。

【解】 当市场利率为 4% 时，票面利率等于市场利率，债券会溢价发行，其发行价格计算为：

$$\begin{aligned}P &= 1000\times6\%(P/A,4\%,5)+1000\times(1+4\%)^{-5}\\&=60\times4.4518+1000\times0.8219\\&=1089.1(\text{元})\end{aligned}$$

当市场利率为6%时，票面利率低于市场利率，债券会平价发行，其发行价格计算为：

$$\begin{aligned}P &= 1000\times6\%(P/A,6\%,5)+1000\times(1+6\%)^{-5}\\&=60\times4.2124+1000\times0.7473\\&=1000.04(\text{元})\end{aligned}$$

当市场利率为8%时，票面利率高于市场利率，债券会折价发行，其发行价格计算为：

$$\begin{aligned}P &= 1000\times6\%(P/A,8\%,5)+1000\times(1+8\%)^{-5}\\&=60\times3.9927+1000\times0.6806\\&=920.16(\text{元})\end{aligned}$$

（五）债券筹资的优缺点

债券筹资的优点包括：

（1）资金成本较低。与股票股利相比，债券的利息允许在所得税前扣除，具有抵税作用，并且发行费用相对较低。

（2）可发挥财务杠杆的作用。无论发行公司盈利多少，债券持有人只收取固定利息，更多的收益可用于分配给股东或留归企业以扩大生产经营。

（3）保障股东控制权。债券持有人无权参与发行公司的管理决策，因此，公司发行债券不会像增发新股那样分散股东对公司的控制权。

债券筹资的缺点包括：

（1）财务风险较高。债券有固定的到期日，并定期支付利息，在企业经营不景气时，亦须向债券持有人还本付息，这会给公司带来更大的财务困难，有时甚至导致公司破产。

（2）限制条件多。发行债券的限制条件一般要比长期借款、租赁筹资的多且严格，从而限制了公司对债券筹资方式的使用，甚至影响以后的筹资能力。

（3）筹资数量有限。公司利用债券筹资一般受一定限制。我国公司法规定，发行公司流通在外的债券，其累计总额不得超过公司净资产的40%。另外，从实际情况考虑，当公司的负债比率超过一定程度后，由于债权人的投资风险加大，债券筹资成本会迅速上升，有时甚至会发行失败。

知识链接

短期债券

短期债券是指偿还期限在1年以下的债券，短期债券的发行者主要是商企业和政府，金融机构中的银行因为以吸收存款作为主要资金来源，并且很大一部分款的期限是1年以下，所以较少发行短期债券。企业发行短期债券大多是为了筹集临时性周转资金；政府发行短期债券多是为了平衡预算开支。在我国，这种短期债券的期限分为3个月、6个月和9个月。1988年，我国企业开始发行短期债券，截至1996年年底，企业通过发行短期债券共筹资1055.08亿元。我国政府发行的短期债券较少。美国政府发行的短期债券分为3个月、6个月、9个月和12个月四种。

三、融资租赁

租赁是出租人以收取租金为条件，在契约或合同规定的期限内，将资产租借给承租人使用的一种经济行为。在这项交易中，承租方通过得到所需资产的使用权，完成了筹集资金的行为。

（一）租赁的分类

租赁按照与租赁资产所有权有关的全部风险和报酬是否转移可分为经营租赁和融资租赁。

1. 经营租赁

经营租赁是由租赁公司向承租单位在短期内提供设备，并提供维修、保养、人员培训等的一种服务性业务，又称为服务性租赁。承租人采用经营租赁的主要目的不是融通资金，而是为了获得资产的短期使用权及出租人提供的专门技术服务。

2. 融资租赁

融资租赁也称为资本租赁、财务租赁，是由租赁公司按承租单位要求出资购买设备，在契约或合同规定的较长时期内提供给承租企业使用的融资信用业务，承租企业采用融资租赁的主要目的是为了融通资金。

融资租赁按业务的不同特点，可被细分为如下三种基本形式：

（1）直接租赁是融资租赁的主要形式，承租方提出租赁申请时，出租方按照承租方的要求选购，然后再出租给承租方。

（2）售后回租是指承租方由于急需资金等各种原因，将自己的资产售给出租方，然后以租赁的形式从出租方原封不动地租回资产的使用权。在这种租赁合同中，除资产所有者的名义改变之外，其余情况均无变化。

（3）杠杆租赁是指涉及承租人、出租人和资金出借人三方的融资租赁业务。一般来说，当所涉及的资产价值昂贵时，出租方自己只投入部分资金，通常为资产价值的20%~40%，其余资金则通过将该资产抵押担保的方式，向第三方（通常为银行）申请贷款解决。然后租赁公司将购进的设备出租给承租方，用收取的租金偿还贷款，该资产的所有权属于出租方。出租人既是债权人也是债务人，如果出租人到期不能按期偿还借款，资产所有权则转移给资金的出借者。

（二）融资租赁租金的计算

1. 租金的构成

融资租赁每期租金的多少，取决于以下几项因素：

（1）租赁设备购置成本。包括设备买价、运输费、安装调试费、保险费等。

（2）租赁设备的预计残值。设备租赁期满时预计的可变现净值。

（3）利息。租赁公司为承租企业购置设备垫付资金所应支付的利息。

（4）租赁手续费。租赁公司承办租赁设备所发生的业务费用和必要的利润。

2. 租金的支付方式

租金的支付有以下几种分类方式：

（1）按支付间隔期长短，分为年付、半年付、季付和月付等方式。

（2）按在期初和期末支付，分为先付和后付。

（3）按每次支付额，分为等额支付和不等额支付。实务中，承租企业与租赁公司商定的租金支付方式，大多为后付等额年金。

3. 租金的计算

我国融资租赁实务中，租金的计算大多采用等额年金法。等额年金法下，通常要根据利率和租赁手续费率确定一个租费率，作为折现率。

【例4-5】 某企业于2014年1月1日从租赁公司租入一套设备，价值50万元，租期6年，租赁期满时预计残值4万元，归租赁公司。年利率8%。租金每年年末支付一次。计算每年租金为多少？

【解】 每年租金为：

$$每年租金=[500000-40000\times(P/F,8\%,6)]/(P/A,8\%,6)=102704(元)$$

为了便于有计划地安排租金的支付，承租企业可编制租金摊销计划表。根据本例的有关资料编制租金摊销计划表（见表4-1）。

表4-1　租金摊销计划表　（单位：元）

年　份	期初本金 ①	支付租金 ②	应计租费 ③=①×8%	本金偿还额 ④=②-③	本金余额 ⑤=①-④
2014	500000	102704	40000	62704	437296
2015	437296	102704	34983.68	67720.32	369575.68
2016	369575.68	102704	29566.05	73137.95	296437.73
2017	296437.73	102704	23715.02	78988.98	217448.75
2018	217448.75	102704	17395.9	85308.1	132140.65
2019	132140.65	102704	10571.25	92132.75	40007.9*
合　计		616224	156231.9	459992.1	

注：40007.9*即为到期残值，尾数7.9系中间计算过程中四舍五入的误差导致。

（三）融资租赁筹资的优缺点

融资租赁筹资的优点包括：

（1）迅速获得所需资产。融资租赁集“融资”与“融物”于一身，可使企业尽快形成生产力。

（2）租赁筹资限制较少。企业运用债券、长期借款等筹资方式，都会受到相当多的条件限制，相比之下，租赁筹资的限制条件很少。

（3）设备淘汰风险小。随着科学技术迅速发展，固定资产更新周期日趋缩短。企业设备陈旧过时的风险很大，利用租赁筹资可减少这一风险。这是因为融资租赁的期限一般为资产使用寿命的75%，不会像企业购买设备那样在整个期间都承担风险，且多数租赁协议都规定由出租人承担设备陈旧过时的风险。

（4）财务风险小。因为全部租金在整个租期内分期支付，可适当减低企业不能偿付的风险。

（5）税收负担轻。租金费用可在所得税前扣除，承租企业能享受税收上的优惠。

融资租赁筹资的缺点包括：

融资租赁最主要的缺点就是资金成本高。一般来说，其租金要比举借银行借款或发行债券所负担的利息高得多。在企业财务困难时，固定的租金支付会构成一项较沉重的负担。另外，采用租赁筹资方式如不能享受设备残值，也可视为承租企业的一种损失。

小贴士

混合性筹资是指兼具股权与债务双重特性的长期筹资。通常包括优先股筹资、发行可转换债券和认股权证。

第四节　资本成本与资本结构

一、资本成本

（一）资本成本的含义和内容

资本成本是指企业为筹集和使用资本而付出的代价，包括筹资费用和占用费用。

1. 筹资费用

筹资费用是指企业在筹集资本过程中为获取资本而付出的代价，如向银行支付的借款手续费，因发行股票、公司债券而支付的发行费等。筹资费用通常在资本筹集时一次性发生，在资本使用过程中不再发生，因此可以作为筹资总额的一项扣除。

2. 使用费用

使用费用是指企业在资本使用过程中因使用资本而付出的代价，如向银行等债权人支付的利息，向股东支付的股利等。使用费用是因为占用了他人资金而必须支付的，是资本成本的主要内容。

广义的资本成本既包括短期资本成本又包括长期资本成本，狭义的资本成本仅指长期资本成本。由于短期资本规划较小，时间较短、游离程度较高，其成本的高低对企业财务决策影响不大，因此，通常意义上的资本成本主要指狭义资本成本，即长期资本成本。

（二）资本成本的作用

资本成本的作用包括：

（1）平均资本成本是衡量资本结构是否合理的依据。企业价值是企业资产带来的未来经济利益的现值。计算现值时采用的贴现率通常会选择企业的平均资本成本，当平均资本成本率最小时，企业价值最大，此时的资本结构是企业理想的最佳资本结构。

（2）资本成本是比较筹资方式和选择筹资方案的依据。在评价各种筹资方式时，一般会考虑的因素包括对企业控制权的影响、对投资者吸引力的大小、融资的难易和风险、资本成本的高低等，而资本成本是其中的重要因素。企业筹集资金的方式有多种，但是它们的资本成本各不相同。因此，在其他条件相同时，企业筹资应选择资本成本最低的方式。各种资本的资本成本率是比较、评价各种筹资方式的依据。

（3）资本成本是评价投资项目可行性的主要标准。资本成本是企业对投入资本所要求的报酬率，即最低必要报酬率。项目的投资收益率只有大于其资本成本率才是经济合理的，否则投资项目不可行。因此，资本成本率是企业用以确定项目要求达到的投资报酬率的最低标准。

（4）资本成本是评价企业经营成果的重要依据。企业的生产经营活动，实际上就是所筹集资本经过投放后形成的资产营运，企业的总资产报酬率应高于其平均资本成本率，才能带来剩余收益，表明企业经营良好，否则被认为是经营不佳。因此，资本成本在一定程度上成为判断企业经营业绩的重要依据。

（三）个别资本成本的计算

个别资本成本是指单一的长期资金的成本，包括银行借款资本成本、公司债券资本成本、融资租赁资本成本、普通股资本成本和留存收益成本等，其中前三类是债务资本成本，后两类是权益资本成本。个别资本成本率可用于比较和评价各种筹资方式。

1. 资本成本计算的基本模式

资本成本计算的基本模式包括一般模式和折现模式。

一般模式是指在计算资本成本时，不考虑时间价值。一般模式的计算公式为：

$$\text{资本成本率}=\frac{\text{年资金占用费}}{\text{筹资总额}-\text{筹资费用}}=\frac{\text{年资金占用费}}{\text{筹资总额}\times(1-\text{筹资费用率})} \tag{4-5}$$

折现模式是指在计算资本成本时，考虑时间价值，即将债务未来还本付息或股权未来股利分红的折现值与目前筹资净额相等时的折现率作为资本成本率。这种计算资本成本的方式更为准确。其计算公式为：

$$\text{筹资净额现值}-\text{未来资本清偿额现金流量现值}=0 \tag{4-6}$$

注：资本成本率 = 所采用的折现率。

2. 银行借款资本成本的计算

银行借款资本成本包括借款利息和借款手续费用。由于利息费用税前支付，可以起到抵税作用。银行借款的资本成本率按一般模式计算为：

$$K_b=\frac{\text{年利率}\times(1-\text{所得税税率})}{1-\text{手续费率}}\times100\%=\frac{i(1-T)}{1-f}\times100\% \tag{4-7}$$

式中 K_b——银行借款资本成本率；

i——银行借款年利率；

f——筹资费用率；

T——所得税税率。

当考虑时间价值问题时，长期借款可以用折现模式计算资本成本率。其计算公式为：

$$M(1-f)=\sum_{t=1}^{n}\frac{I_t(1-T)}{(1+K_b)^t}+\frac{M}{(1+K_b)^n} \tag{4-8}$$

式中 M——银行借款本金。

【例4-6】 某公司取得5年期长期借款100万元，年利率10%，每年付息一次，到期一次还本，借款费用率0.2%，企业所得税税率20%。计算该项借款的资本成本率。

【解】 该项借款的资本成本率为：

$$K_b=\frac{10\%\times(1-20\%)}{1-0.2\%}\approx 8.02\%$$

当考虑时间价值时，该项长期借款的资本成本计算如下：

$$100\times(1-0.2\%)=100\times10\%\times(1-20\%)\times(P/A,K_b,5)+100\times(P/F,K_b,5)$$

按插值法计算，得 $K_b=8.05\%$。

3. 公司债券资本成本的计算

公司债券资本成本包括债券利息和发行费用。债券发行费用包括申请发行债券的手续费、注册费、印刷费、上市交易费及推销费用等。债券的发行价格有等价、溢价、折价三种。其资本成本率按一般模式计算为：

$$K_b=\frac{\text{票面年利息}\times(1-\text{所得税税率})}{\text{债券筹资总额}\times(1-\text{手续费率})}\times100\%=\frac{I(1-T)}{L(1-f)}\times100\% \tag{4-9}$$

式中 L——公司债券筹资总额；

I——公司债券年利息。

【例4-7】 某企业以1100元的价格，溢价发行面值为1000元、期限5年、票面利率为7%的公司债券一批。每年付息一次，到期一次还本，发行费用率3%，所得税税率20%。计算该批债券的资本成本率。

【解】 该批债券的资本成本率为：

$$K_b=\frac{1000\times7\%\times(1-20\%)}{1100\times(1-3\%)}\approx 5.25\%$$

当考虑时间价值时，该项公司债券的资本成本计算如下：

$$1100\times(1-3\%)=1000\times7\%\times(1-20\%)\times(P/A,K_b,5)+1000\times(P/F,K_b,5)$$

按插值法计算，得 $K_b=4.09\%$。

4. 融资租赁资本成本的计算

融资租赁各期的租金中，包含本金每期的偿还和各期手续费用（即租赁公司的各期利润），其资本成本率只能按贴现模式计算。

【例4-8】 续例4-2基本资料，该设备价值50万元，租期6年，租赁期满时预计残值4万元，归租赁公司。每年年末支付一次租金，租金金额为102704元，该批债券的资本成本率为多少？

【解】 $5000000-40000\times(P/F,K_b,6)=102704\times(P/A,K_b,6)$

由此可以得出 $K_b=8\%$。

5. 普通股资本成本的计算

普通股资本成本主要是向股东支付的各期股利。面股利是以所得税后净利支付的，不能抵减所得税，所以权益资本成本与前述两种债务资本成本的显著不同在于计算时不扣除所得税的影响。计算普通股成本，常用的方法有股利增长模型法和资本资产定价模型法。

股利增长模型法是假定资本市场有效，股票市场价格与价值相等。普通股资本成本为：

$$K_s = \frac{D_0(1+g)}{P_0(1-f)} + g = \frac{D_1}{P_0(1-f)} + g \tag{4-10}$$

式中 D_0——某股票本期支付的股利；

D_1——预期年股利；

g——各期股利增长率；

P_0——目前股票市场价格；

f——筹资费用率。

【例 4-9】 某公司普通股市价 30 元，筹资费用率 2%，本年发放现金股利每股 0.6 元。预期股利年增长率为 10%。计算该普通股资本成本。

【解】 该普通股资本成本为：

$$K_s = \frac{0.6 \times (1+10\%)}{30 \times (1-2\%)} + 10\% \approx 12.24\%$$

资本资产定价模型法是假定资本市场有效，股票市场价格与价值相等。普通股资本成本为：

$$K_s = R_s = R_f + \beta(R_m - R_f) \tag{4-11}$$

式中 R_f——无风险报酬率；

R_m——市场平均报酬率；

β——某股票贝塔系数。

【例 4-10】 某公司普通股 β 系数为 1.5，此时一年期国债利率 5%，市场平均报酬率 15%。计算该普通股资本成本率。

【解】 该普通股资本成本率为：

$$K_s = 5\% + 1.5\% \times (15\% - 5\%) = 20\%$$

6. 留存收益资本成本的计算

留存收益是企业税后净利形成的，是一项股东权益，其实质是股东向企业的追加投资。留存收益的资本成本是股东失去向外投资的机会成本，其计算与普通股成本基本相同。因企业利用留存收益筹资无须发生筹资费用，所以在计算其成本时，不考虑筹资费用，常用的方法有股利增长模型法和资本资产定价模型法。按照“股利增长模型法”的方法，计算公式为：

$$K_r = \frac{D_1}{P_0} + g \tag{4-12}$$

式中 D_1——预期年股利；

g——各期股利增长率；

P_0——目前股票市场价格。

（四）综合资本成本的计算

综合资本成本是以各种资金占全部资金的比重为权数，对个别资本成本进行加权平均确定的，故而又称加权平均资本成本。

按账面价值计算公式为：

$$K_w = \sum_{j=1}^{n} K_j W_j \tag{4-13}$$

式中 K_w——综合资本成本；

K_j——第 j 种个别资本成本；

W_j——第 j 种个别资本账面价值在全部资本账面价值中的比重。

按市场价值计算公式为：

$$K_w = \frac{\sum_{j=1}^{n} K_j W_j}{\sum_{j=1}^{n} E_j} \tag{4-14}$$

式中 K_j——第 j 种个别资本成本；

E_j——第 j 种个别资本的市场价值。

综合资本成本的计算存在着权数价值的选择问题，即各项个别资本按什么权数来确定资本比重，通常可供选择的价值形式有账面价值、市场价值、目标价值等。账面价值权数是以各项个别资本的会计报表账面价值为基础来计算资本权数，确定各类资本占总资本的比重。按照账面价值权数来确定，资料容易取得，但当资金的账面价值与市场价值差别较大时，计算结果会与实际有较大差别。市场价值权数是以各项个别资本的现行市价为基础来计算资本权数，确定各类资本占总资本的比重。按照市场价值权数来确定，能够反映现时的资本成本水平，有利于进行资本结构决策，但资料不容易取得。目标价值权数是以各项个别资本预计的未来价值为基础来确定资本权数，确定各类资本占总资本的比重。以目标价值为基础计算资本权重，能体现决策的相关性。目标价值权数是主观愿望和预期的表现，依赖于财务经理价值判断和职业经验。

【例4-11】 B公司2019年期末的长期资本账面总额为1000万元。其中，银行长期优款500万元，占50%；长期债券150万元，占15%；普通股350万元，占35%。长期贷款、长期债券和普通股的个别资本成本分别为6%、7%、10%。普通股市场价值为1600万元，债券市场价值等于账面价值。计算该公司的综合资本成本率。

【解】

（1）按账面价值计算：$K_w = 6\% \times 50\% + 7\% \times 15\% + 10\% \times 35\% = 7.55\%$

（2）按市场价值计算：$K_w = \frac{6\% \times 500 + 7\% \times 150 + 10\% \times 1600}{500 + 150 + 1600} = \frac{200.5}{2250} = 8.9111\%$

（五）边际资本成本率的计算

边际资本成本是指企业追加筹资的资本成本，即每增加一个单位资本而增加的成本。边际资本成本是按加权平均计算的，是追加筹资时所使用的加权平均成本。企业追加筹资时可能只采用某一种筹资方式，但筹资数额较大或在目标资本结构既定的情况下，往往需要采用多种筹资方式。这时，企业在追加筹资时要考虑新筹集资金的成本，即边际资本成本。边际资本成本是企业进行追加筹资的决策依据。

边际资本成本率的计算方法采用两个步骤进行计算：第一步计算出筹资突破点；第二步计算筹资总范围的边际成本。

筹资突破点是指在保持某资本成本率的条件下可以筹集到的资金总限度。在筹资突破点以内筹资，原来的资本成本率将保持不变；如果筹资总额超过筹资突破点，即使维持现有的资本结构，其资本成本率也会上升。筹资突破点的计算公式为：

$$筹资突破点=\frac{第\,i\,种筹资方式的筹资额}{目标资本结构中的第\,i\,种筹资方式所占比例} \tag{4-15}$$

【例 4-12】 某公司拥有长期资金 2000 万元，其中长期借款 200 万元，长期债券 400 万元，普通股 1400 万元。由于扩大经营规模的需要，拟筹集新资金。经分析，认为筹集新资金后仍应保持目前的资本结构，即长期借款占 10%、长期债券占 20%、普通股占 70%。财务人员分析了资本市场和公司的筹资能力，并测算出随着公司筹资规模的扩大，各种资本成本率也会发生变动，测算结果见表 4-2。

表 4-2　筹资规模与资本成本率表

资本种类	目标资本结构/%	追加筹资额/元	资本成本率/%
长期借款	10	≤20000	3
		20000～80000	5
		>80000	7
长期债券	20	≤20000	10
		200000～500000	11
		>500000	12
普通股	70	≤350000	13
		350000～700000	14
		>700000	15

第一步，计算筹资突破点。根据表 4-2 的数据，取得长期借款资本成本率为 3%、筹资限额为 20000 元，其筹资突破点为：

$$\frac{20000}{10\%}=200000(元)$$

取得长期借款资本成本率为 5%、筹资限额为 80000 元，其筹资突破点为：

$$\frac{80000}{10\%}=800000(元)$$

按照以上方法，计算出各种情况下的筹资突破点的结果见表 4-3。

表 4-3　筹资突破点计算表

资本种类	目标资本结构/%	资本成本率/%	追加筹资额/元	筹资突破点/元
长期借款	10	3	<20000	200000
		5	20000～80000	800000
		7	>80000	—
长期债券	20	10	<200000	1000000
		11	200000～500000	2500000
		12	>500000	—

续表 4-3

资本种类	目标资本结构/%	资本成本率/%	追加筹资额/元	筹资突破点/元
普通股	70	13	<350000	500000
		14	350000 ~ 700000	1000000
		15	>700000	—

根据上一步计算出的筹资突破点，可以得到6组筹资总额范围：20万元以下，20万~50万元，50万~80万元，80万~100万元，100万~250万元，250万元以上。对以上6组筹资范围分别计算加权平均资本成本，即可得到各种筹资范围的边际资本成本。计算结果见表4-4。

表 4-4　边际成本率的计算表

序号	筹资总范围	资本种类	目标资本结构	资本成本率	边际成本率
1	200000 元以下	长期借款	10	3	3% ×10% =0.3%
		长期债券	20	10	10% ×20% =2%
		普通股	70	13	13% ×70% =9.1%
第一组筹资总范围					11.4%
2	200000 ~ 500000 元	长期借款	10	5	5% ×10% =0.5%
		长期债券	20	10	10% ×20% =2%
		普通股	70	13	13% ×70% =9.1%
第二组筹资总范围					11.6%
3	500000 ~ 800000 元	长期借款	10	5	5% ×10% =0.5%
		长期债券	20	10	10% ×20% =2%
		普通股	70	14	14% ×70% =9.8%
第三组筹资总范围					12.3%
4	800000 ~ 1000000 元	长期借款	10	7	7% ×10% =0.7%
		长期债券	20	10	10% ×20% =2%
		普通股	70	14	14% ×70% =9.8%
第四组筹资总范围					12.5%
5	1000000 ~ 2500000 元	长期借款	10	7	7% ×10% =0.7%
		长期债券	20	11	11% ×20% =2.2%
		普通股	70	15	15% ×70% =10.5%
第五组筹资总范围					13.4%
6	2500000 元以上	长期借款	10	7	7% ×10% =0.7%
		长期债券	20	12	12% ×20% =2.4%
		普通股	70	15	15% ×70% =10.5%
第六组筹资总范围					13.6%

二、杠杆效应

自然界中的杠杆效应是指在合适的支点上，通过使用杠杆，可以用很小的力量移动较重物体的现象。财务管理中也存在类似的杠杆效应，其表现为：由于特定固定费用（固定成本和利息）的存在，导致当某一财务变量以较小幅度变动时，另一相关变量会以较大幅度变动。财务管理中的杠杆效应，包括经营杠杆、财务杠杆和总杠杆三种形式。

（一）经营杠杆效应

1. 经营杠杆

经营杠杆是指由于固定性经营成本的存在，销售量变动对息税前利润产生的影响。只要企业存在固定性经营成本，就存在经营杠杆效应。在固定成本范围内，企业可以通过增加营业额来降低单位营业额的固定成本，从而增加企业的营业利润，这就形成了经营杠杆。企业利用经营杠杆既可以获得经营杠杆利益，也可能遭受经营杠杆风险带来的损失。经营杠杆反映了资产报酬的波动性，用以评价企业的经营风险。用息税前利润（EBIT）表示资产总报酬，则计算公式为：

$$EBIT = S - V - F = (P - V_c)Q - F = M - F \tag{4-16}$$

式中　EBIT——息税前利润；
S——销售额；
V——变动性经营成本；
F——固定性经营成本；
Q——销售量；
P——销售单价；
V_c——单位变动成本；
M——边际贡献。

公式（4-16）中，影响 EBIT 的因素包括产品售价、产品需求、产品成本等因素。当产品成本中存在固定成本时，如果其他条件不变，产销业务量的增加虽然不会改变固定成本总额，但会降低单位产品分摊的固定成本，从而提高单位产品利润，使息税前利润的增长率大于产销业务量的增长率，进而产生经营杠杆效应。当不存在固定性经营成本时，所有成本都是变动性经营成本，边际贡献等于息税前利润，此时息税前利润变动率与产销业务量的变物率完全一致。

2. 经营杠杆系数

经营杠杆的大小可以用经营杠杆系数（DOL）来表示，它是企业息税前利润变动率与销售量变动率之间的比率，计算公式为：

$$DOL = \frac{息税前利润变动率}{销售量变动率} = \frac{\Delta EBIT}{EBIT} \Big/ \frac{\Delta Q}{Q} \tag{4-17}$$

式中　DOL——经营杠杆系数；
$\Delta EBIT$——息税前利润变动额；
EBIT——变动前息税前利润；
ΔQ——销售变动值；
Q——变动前销售量。

为了便于计算，可以将公式（4-17）变换为：

$$DOL_Q=\frac{Q(P-V_c)}{Q(P-V_c)-F} \tag{4-18}$$

或

$$DOL_S=\frac{S-V}{S-V-F} \tag{4-19}$$

式中 DOL_Q——按销售数量确定的经营杠杆系数；

DOL_S——按销售金额确定的经营杠杆系数。

【例 4-13】 某公司的固定成本为 500 万元，变动成本率 60%。年产销额 5000 万元时，变动成本 3000 万元，固定成本 500 万元，息税前利润 1000 万元；年产销额 7000 万元时，变动成本为 4200 万元，固定成本仍为 500 万元，息税前利润为 1600 万元。其经营杠杆系数计算如下：

$$DOL=\frac{\Delta EBIT}{EBIT}\Big/\frac{\Delta Q}{Q}=\frac{600}{1000}\Big/\frac{2000}{5000}=1.5$$

3. 经营杠杆与经营风险

经营风险是指企业由于生产经营上的原因而导致的资产报酬波动的风险。引起企业经营风险的主要原因是市场需求和生产成本等因素的不确定性，经营杠杆本身并不是资产报酬不确定的根源，只是资产报酬波动的表现。但是，经营杠杆放大了市场和生产等因素变化对利润波动的影响。经营杠杆系数越高，表明资产报酬等利润波动程度越大，经营风险也就越大。

影响经营杠杆的因素包括企业成本结构中的固定成本比重、息税前利润水平。其中，息税前利润水平又受产品销售数量、销售价格、成本水平（单位变动成本和固定成本总额）高低的影响。固定成本比重越高、成本水平越高、产品销售数量和销售价格水平越低，经营杠杆效应越大，反之亦然。

【例 4-14】 某公司生产 A 产品，固定成本 200 万元，变动成本率 60%。当销售额分别为 1500 万元、700 万元、500 万元时，分别计算经营杠杆系数。

【解】

$$DOL_{1500}=\frac{1500-1500\times60\%}{1500-1500\times60\%-200}=1.5$$

$$DOL_{700}=\frac{700-700\times60\%}{700-700\times60\%-200}=3.5$$

$$DOL_{500}=\frac{500-500\times60\%}{500-500\times60\%-200}\to\infty$$

例 4-14 计算结果表明：在其他因素不变的情况下，销售额越小，经营杠杆系数越大，经营风险也就越大，反之亦然。

（二）财务杠杆效应

1. 财务杠杆

财务杠杆是指由于固定性资本成本的存在，而使得企业的普通股收益（或每股收益）变动率大于息税前利润变动率的现象。只要企业融资方式中存在固定性资本成本，就存在财务杠杆效应。当企业负债经营时，不论营业利润多少，债务的利息和优先股的股利通常都是固定不变的。当息税前利润增大时，每一元息税前利润所负担的固定财务费用就会相对减少，从而给普通股股东带来较大的收益，这种债务对投资者收益的影响称作财务杠杆。财务杠杆反映了股权资本报酬的波动性，用以评价企业的财务风险。用普通股收益（或每股收益）表示普通股权益资本报酬，其计算公式为：

$$TE = (EBIT - I)(1 - T) \tag{4-20}$$

$$EPS = (EBIT - I)(1 - T)/N \tag{4-21}$$

式中 TE——全部普通股净收益；

EPS——每股收益；

I——债务资本利息；

T——所得税税率；

N——普通股股数。

公式（4-21）中，影响普通股收益的因素包括资产报酬、资本成本、所得税税率等因素。当有固定利息费用等资本成本存在时，如果其他条件不变，息税前利润的增加虽然不改变固定利息费用总额，但会降低每一元息税前利润分摊的利息费用，从而提高每股收益，使得普通股收益的增长率大于息税前利润的增长率，进而产生财务杠杆效应。当不存在固定利息、股息等资本成本时，息税前利润就是利润总额，此时利润总额变动率与息税前利润变动率完全一致。如果两期所得税税率和普通股股数保持不变，每股收益的变动率与利润总额变动率也完全一致，进而与息税前利润变动率一致。

2. 财务杠杆系数

在同一固定的资本成本支付水平上，不同的息税前利润水平，对固定的资本成本的承受负担是不一样的，其财务杠杆效应的大小程度也是不一致的。财务杠杆作用的大小通常用财务杠杆系数表示。财务杠杆系数越大，表明财务杠杆作用越大，财务风险也就越大；财务杠杆系数越小，表明财务杠杆作用越小，财务风险也就越小。财务杠杆系数的计算公式为：

$$DFL = \frac{\text{每股收益变动率}}{\text{息税前利润变动率}} = \frac{\Delta EPS/EPS}{\Delta EBIT/EBIT} \tag{4-22}$$

公式（4-22）的财务杠杆系数的计算公式可以简化为：

$$DFL = \frac{\text{息税前利润总额}}{\text{息税前利润总额} - \text{利息}} = \frac{EBIT}{EBIT - I} \tag{4-23}$$

注意：此公式不考虑优先股股利。

【例4-15】 A、B、C为三个经营业务相同的公司，资本总额均为1000万元，所得税税率均为25%，每股面值均为100元。A公司资本全部由普通股组成；B公司债务资本300万元（利率10%），普通股700万元；C公司债务资本500万元（利率10.8%），普通股500万元。三个公司2018年EBIT均为200万元，2019年EBIT均为400万元，EBIT增长了一倍。有关财务指标见表4-5。

表 4-5 债务规模不同的公司普通股收益及财务杠杆系数计算表 （单位：元）

项 目	A 公司	B 公司	C 公司
普通股股本（面值 100 元）	10000000	7000000	5000000
发行股数（N）	100000	70000	50000
债务资本	0	3000000	5000000
资本总额	10000000	10000000	10000000
2018 年息税前利润（EBIT）	2000000	2000000	2000000
债务利息（I）	0	300000	540000
税前利润（EBIT—I）	2000000	1700000	1460000
所得税（税率 25%）	500000	425000	365000
税后利润	1500000	1275000	1095000
财务杠杆系数（DFL）	1	1. 77	1. 370
每股普通股收益	15	18. 21	21. 9
息税前利润增加（ΔEBIT）	2000000	2000000	2000000
2019 年息税前利润（EBIT）	4000000	4000000	4000000
债务利息（I）	0	300000	540000
税前利润	4000000	3700000	3460000
所得税（税率 25%）	1000000	925000	865000
税后利润	3000000	2775000	2595000
每股普通股收益	30	39. 64	51. 9

从表 4-5 可见，资本成本固定型的资本所占比重越高，财务杠杆系数就越大。A 公司由于不存在固定资本成本的资本，没有财务杠杆效应，所以 A 公司的息税前利润增长 1 倍时，其每股收益也增长 1 倍。B 公司存在债务资本，其普通股收益增长幅度是息税前利润增长幅度的 1. 177 倍。C 公司存在债务资本，并且债务资本的比重比 B 公司高，其普通股收益增长幅度是息税前利润增长幅度的 1. 370 倍。在资本总额、息税前利润相同的情况下，负债比率越高，财务杠杆系数越高，财务风险越大，但预期每股收益（投资者收益）也越大。

3. 财务杠杆与财务风险

财务风险是指企业由于筹资原因产生的固定性资本成本负担而导致的普通股收益波动的风险。引起企业财务风险的主要原因是息税前利润的不利变化和固定性资本成本的负担。由于财务杠杆的作用，当企业的息税前利润下降时，企业仍然需要支付固定性资本成本，从而导致普通股收益以更快的速度下降。财务杠杆放大了息税前利润变化对普通股收益的影响，财务杠杆系数越高，表明普通股收益的波动程度越大，财务风险也就越大。

（三）总杠杆效应

1. 总杠杆

由于固定性经营成本的存在，产生经营杠杆效应，导致产销业务量变动对息税前利润变动有放大作用。同样，由于固定性资本成本的存在，产生财务杠杆效应，导致息税前利润变动对普通股每股收益有放大作用。经营杠杆和财务杠杆可以独自发挥作用，也可以共同发挥作用。两种杠杆共同作用，将导致产销业务量的变动引起普通股每股收益更大的变动。把经营杠杆和财务杠杆的共同效应称为总杠杆，也称为联合杠杆。

2. 总杠杆系数

只要企业同时存在固定性经营成本和固定性资本成本，就存在总杠杆效应，通常用总杠杆系数（DTL）来衡量总杠杆的作用程度。总杠杆系数是指每股收益变动率相当于销售量（或额）变动率的倍数，计算公式为：

$$\mathrm{DTL}=\frac{\text{普通股每股收益变动率}}{\text{销售量(或额)变动率}}=\frac{\Delta \mathrm{EPS}/\mathrm{EPS}}{\Delta Q/Q}=\frac{\Delta \mathrm{EPS}/\mathrm{EPS}}{\Delta S/S} \tag{4-24}$$

公式（4-24）经整理，总杠杆系数的计算也可以简化为：

$$\mathrm{DTL}=\mathrm{DOL}\times \mathrm{DFL}=\frac{\text{基期边际贡献}}{\text{基期利润总额}}=\frac{M}{M-F-I} \tag{4-25}$$

【例 4-16】 某公司的经营杠杆系数为 2.2，财务杠杆系数为 1.5。该公司的总杠杆系数为：

$$\mathrm{DTL}=2.2\times 1.5=3.3\ (\text{倍})$$

例 4-16 中，总杠杆系数为 3.3 倍表示：当销售量或销售额增长 1 倍时，普通股每股税后利润将增长 3.3 倍，从而反映了该公司的总杠杆利益。反之，当销售量或销售额下降 1 倍时，普通股每股税后利润将下降 3.3 倍，从而反映了该公司的总杠杆风险。

3. 总杠杆与公司风险

公司风险包括企业的经营风险和财务风险。总杠杆系数反映了经营杠杆和财务杠杆之间的关系，用以评价企业的整体风险水平。在总杠杆系数一定的情况下，经营杠杆系数与财务杠杆系数此消彼长。总杠杆效应的意义在于：第一，能够说明产销业务量变动对普通股收益的影响，据以预测未来的每股收益水平；第二，揭示了财务管理的风险管理策略，即要保持一定的风险状况水平，需要维持一定的总杠杆系数，经营杠杆和财务杠杆可以有不同的组合。

不同的行业经营杠杆和财务杠杆组合不同。对固定资产比重较大的资本密集型企业来说，经营杠杆系数高，经营风险大，企业筹资主要依靠权益资本，以保持较小的财务杠杆系数和财务风险；对变动成本比重较大的劳动密集型企业来说，经营杠杆系数低，经营风险小，企业筹资主要依靠债务资本，保持较大的财务杠杆系数和财务风险。

不同的企业发展阶段经营杠杆和财务杠杆组合不同。在企业初创阶段，产品市场占有率低，产销业务量小，经营杠杆系数大，此时企业筹资主要依靠权益资本，在较低程度上使用财务杠杆；在企业扩张成熟期，产品市场占有率高，产销业务量大，经营杠杆系数小，此时企业资本结构中可扩大债务资本，在较高程度上使用财务杠杆。

小贴士

杠 杆 理 论

杠杆效应——为增加获利能力而对固定成本的使用。

经营杠杆——企业对固定性经营成本的使用。

经营杠杆系数——产出（或销售）变动1%所导致的营业利润变动的百分比。

经营风险——企业的有形经营的内在不确定性，它的影响表现在企业的营业利润的可变性上。

财务杠杆——企业对固定性资本成本的使用。

财务杠杆系数——营业利润变动1%所引起的企业每股收益变动百分比。

财务风险——由于使用财务杠杆导致的每股收益变动性的增加，以及可能丧失偿债能力的风险。

总杠杆——企业同时使用固定性经营成本和固定性资本成本。

总杠杆系数——产出（或销售）变动1%所导致的企业每股收益变动百分比。这也等于在某个特定产出（或销售）水平上，企业的经营杠杆系数（DOL）乘以财务杠杆系数（DFL）。

三、资本结构

优化资本结构是企业筹资管理的核心，其最终目的是提升企业价值。企业在筹资管理过程中，应综合考虑相关的影响因素，采用适当的方法确定最佳资本结构。如果企业现有资本结构不合理，可以通过筹资活动优化来调整资本结构，使其趋于科学合理。

（一）资本结构的含义

资本结构是指企业资本总额中各种资本的构成及其比例关系。资本结构有广义和狭义之分。广义的资本结构是指全部债务与股东权益的构成比率，它不仅包括长期债务，还包括短期债务；狭义的资本结构是指长期负债与股东权益资本构成比率。在狭义资本结构下，短期债务作为营运资金来管理。本书所指的资本结构仅指狭义的资本结构。

不同的资本结构会给企业带来不同的结果。企业利用债务资本进行举债经营具有双重作用，既可以发挥财务杠杆效应，也可能带来财务风险。评价企业资本结构最佳状态的标准应该是能够提高股权收益或降低资本成本。股权收益表现为净资产报酬率或普通股每股收益；资本成本表现为企业的平均资本成本率。企业必须权衡财务风险和资本成本的关系，才能确定最佳的资本结构。

（二）影响资本结构的因素

1. 企业资产结构

资产结构是企业筹集资本后进行资源配置和使用后的资金占用结构，包括长短期资产构成和比例，以及长短期资产内部的构成和比例。资产结构对企业资本结构的影响有多种方式，主要包括：

（1）拥有大量固定资产的企业主要通过长期负债和发行股票筹集资金。

（2）拥有较多流动资产的企业更多地依赖流动负债筹集资金。

（3）资产适用于抵押贷款的企业负债较多。

（4）以技术研发为主的企业则负债较少。

2. 企业投资人和管理当局的态度

从企业投资人的角度看，如果企业股权分散，谁也没有绝对的控制权，企业可能更多地采用权益资本筹资以分散企业风险。反之，如果企业为少数股东控制，股东通常重视企业控股权问题，为防止控股权稀释，企业一般尽量避免普通股筹资，而是采用优先股或债务资本筹资。从企业管理当局的角度看，如果管理当局喜欢冒险，则会安排比较高的负债比例。反之，持稳健态度的管理人员则会只使用较少的债务。

3. 企业经营状况的稳定性和成长率

企业销售的稳定程度对资本结构有重要影响。如果企业销售比较稳定，则企业可较多地负担固定的财务费用；如果企业销售和盈余有周期性，则要负担固定的财务费用，将承担较大的财务风险。企业销售的增长率对资本结构也有较大影响。如果企业销售能够以较高的水平增长，企业可以采用高负债的资本结构，提高普通股的每股收益。

4. 企业的财务状况和信用等级

如果企业获利能力和变现能力强，财务状况好，信用等级高，则债权人愿意向企业提供信用，企业容易获得债务资本。反之，企业财务状况欠佳，信用等级不高，企业获得信用的能力就弱，取得债务资本成本就高。

5. 经济环境的税务政策和货币政策

政府调控经济的手段包括财政税收政策和货币金融政策。当所得税税率较高时，因债务资本的抵税作用大，企业可以充分利用负债获得减税利益，从而提高企业价值。当国家执行紧缩的货币政策时，市场利率较高，企业则会利用较少的债务，从而减少债务负担。

6. 行业特征和企业发展周期

不同行业资本结构有较大的差异。对于高新技术企业来说，由于经营风险高，因此可降低债务资本比重，控制财务杠杆风险。对于产品市场稳定的成熟企业来说，由于经营风险低，因此可提高债务资本比重，发挥财务杠杆作用。在同一企业不同发展阶段，资本结构安排也不同。在企业初创阶段，由于经营风险高，在资本结构安排上应控制负债比例；在企业发展成熟阶段，由于产品产销业务量稳定和持续增长，经营风险低，可适度增加债务资本比重，发挥财务杠杆效应；在企业收缩阶段，由于产品市场占有率下降，经营风险逐步加大，应逐步降低债务资本比重，保证经营现金流量能够偿付到期债务，保持企业持续经营能力，减少破产风险。

（三）资本结构的决策方法

企业资本结构决策就是要确定最佳资本结构。最佳资本结构是指在一定条件下使企业平均资本成本率最低、企业价值最大的资本结构。在现实中，由于融资活动及融资环境的复杂性，难以找到各种融资方式之间的最佳比例，但是可以通过一定的方法来判断和选择相对较为合理的资本结构。通常采用的资本结构的决策方法是每股收益分析法、资本成本比较法和公司价值分析法。

1. 每股收益分析法

每股收益分析法是依据每股收益无差别点来进行资本结构决策的方法。每股收益无差别点是指不同筹资方式下每股收益都相等时的息税前利润或业务量水平。根据每股收益无差别点，可以分析判断在什么样的息税前利润水平或产销业务量水平前提下，适于采用何种筹资组合方式，来确定企业的资本结构。

在每股收益无差别点上，无论是采用债务还是股权筹资方案，每股收益都是相等的。当预期息税前利润或业务量水平大于每股收益无差别点时，应当选择财务杠杆效应较大的筹资方案，反之亦然。在每股收益无差别点时，不同筹资方案的 EPS 是相等的。每股收益无差别点用公式表示如下：

$$\frac{(\overline{\mathrm{EBIT}}-I_1)(1-T)}{N_1}=\frac{(\overline{\mathrm{EBIT}}-I_2)(1-T)}{N_2} \tag{4-26}$$

$$\overline{\mathrm{EBIT}}=\frac{I_1\times N_2-I_2\times N_1}{N_2-N_1} \tag{4-27}$$

式中 $\overline{\mathrm{EBIT}}$——息税前利润平衡点，即每股收益无差别点；

I_1，I_2——两种筹资方式下的债务利息；

N_1，N_2——两种筹资方式下普通股股数；

T——所得税税率。

【例 4-17】 某公司目前的总资本 1000 万元，其中债务资本 400 万元（年利息 40 万元）；普通股资本 600 万元（600 万股，面值 1 元，市价 4 元）。由于企业要进行一项新的投资项目，需要追加筹资 200 万元，有以下两种筹资方案：

（1）甲方案：向银行取得长期借款 200 万元，利息率 10%。

（2）乙方案：增发普通股 100 万股，每股发行价 2 元。

【解】 根据财务人员测算，追加筹资后销售额可望达到 1200 万元，变动成本率 60%。固定成本 200 万元，所得税税率 25%，不考虑筹资费用因素。根据上述数据，代入公式（4-26）：

$$\frac{(\overline{\mathrm{EBIT}}-40)\times(1-25\%)}{600+100}=\frac{(\overline{\mathrm{EBIT}}-40-20)\times(1-25\%)}{600}$$

或 $$\overline{\mathrm{EBIT}}=\frac{40\times600-(40+20)\times(600+100)}{600-(600+100)}$$

由此可得 $\overline{\mathrm{EBIT}}=180$（万元）。

在每股收益无差别点上的每股收益为：

$$\mathrm{EPS}=(180-40)\times(1-25\%)/700=0.15$$

或 $$\mathrm{EPS}=(180-40-20)\times(1-25\%)/600=0.15$$

从上式可见，当 $\overline{\mathrm{EBIT}}$ 为 180 万元时，两个筹资方案的每股收益均为 0.15 元，180 万元即为每股收益无差别点。当企业预期追加筹资后销售额为 1200 万元，预期获利 280 万，通过每股收益的计算公式可知：甲方案的 EPS 为 0.275 元，而乙方案的 EPS 为 0.257 元。因此，应当运用负债筹资可获得较高的每股收益，即采用甲方案。

当企业需要的资本额较大时，可能会采用多种筹资方式组合融资。这时，需要详细分析各种组合筹资方式下的资本成本及其对每股收益的影响，选择每股收益最高的筹资方式。

【例 4-18】 某公司目前资本总额为1000万元，其中债务资本40万元（年利息40万元）；普通股资本600万元（600万股，面值1元，市价4元）。企业由于扩大经营规模需要追加筹资700万元，所得税税率25%，不考虑筹资费用因素。有以下三种筹资方案：

（1）甲方案：增发普通股300万股，每股发行价2元，同时向银行借款100万元，利率保持原来的10%。

（2）乙方案：增发普通股100万股，每股发行价2元，同时溢价发行500万元面值为300万元的公司债券，票面利率15%。

（3）丙方案：溢价发行600万元面值为400万元的公司债券，票面利率15%，并向银行借款100万元，利率10%。

以上三种方案各有优劣：通过权益筹资能够减轻资本成本的固定性支出，但股数增加会摊薄每股收益；通过债务筹资能够提高每股收益，但增加了固定性资本成本负担，受到的限制较多。应采用何种方案为最佳方案？

【解】

(1)甲、乙方案的比较：$\frac{(\overline{EBIT}-40-10)\times(1-25\%)}{600+300}=\frac{(\overline{EBIT}-40-45)\times(1-25\%)}{600+100}$

$$\overline{EBIT}=\frac{50\times700-85\times900}{700-900}=207.5(\text{万元})$$

(2)乙、丙方案的比较：$\frac{(\overline{EBIT}-40-45)\times(1-25\%)}{600+100}=\frac{(\overline{EBIT}-40-70)\times(1-25\%)}{600}$

$$\overline{EBIT}=\frac{85\times600-110\times700}{600-700}=260(\text{万元})$$

(3)甲、丙方案的比较：$\frac{(\overline{EBIT}-40-10)\times(1-25\%)}{600+300}=\frac{(\overline{EBIT}-40-70)\times(1-25\%)}{600}$

$$\overline{EBIT}=\frac{50\times600-110\times900}{600-900}=230(\text{万元})$$

通过筹资方案的两两比较后，产生了207.5万元、230万元和260万元三个筹资分界点。对这三个筹资分界点进行分析：当EBIT预期为207.5万元以下时，甲方案的每股收益最高，因此应当采用甲筹资方案；当EBIT预期为207.5万～260万元之间时，乙方案的每股收益最高，因此应当采用乙筹资方案；EBIT预期为260万元以上时，丙方法的每股收益最高，因此应当采用丙筹资方案。

2. 资本成本比较法

资本成本比较法是通过计算和比较各种可供选择的筹资组合方案的综合资本成本率，选择其综合资本成本率最低的方案，即以最低的综合资本成本率的资本结构作为最优的资本结构的方法。

【例 4-19】 某公司需筹集100万元长期资本，可以通过长期借款、发行公司债券、发行普通股三种方式筹集，其个别资本成本率已分别测定。现有三个方案可供选择，有关资料见表4-6。

表 4-6 三个方案的资本结构与资本成本率数据表 （单位：万元）

筹资方案	资本结构			个别资本成本率
	甲方案	乙方案	丙方案	
长期借款	30	35	30	6%
公司债券	20	10	10	8%
普通股	50	55	60	9%
合　计	100	100	100	—

首先，分别计算三个方案的综合资本成本率 K：

（1）甲方案：$K = 30\% \times 6\% + 20\% \times 8\% + 50\% \times 9\% = 7.9\%$；

（2）乙方案：$K = 35\% \times 6\% + 10\% \times 8\% + 55\% \times 9\% = 7.85\%$；

（3）丙方案：$K = 30\% \times 6\% + 10 \times 8\% + 60\% \times 9\% = 8\%$。

其次，比较以上三个备选方案。假设其他因素对方案选择影响较小，根据企业筹资评价的其他标准，选择其中综合成本率最低的方案。通过计算分析可知，乙方案的综合资本成本率在三个方案中为最低者，其数值为7.85%。因此，选择乙方案为最佳筹资方案。这样，该公司筹集100万元的资本结构为长期借款35万元，公司债券10万元，普通股55万元。

3. 公司价值分析法

每股收益分析法和比较资本成本法进行资本结构决策时，是以账面价值为标准，对其次本结构进行决策，而没有考虑市场反应和财务风险等因素。公司价值分析法是在充分考虑市场反应、财务风险和资本成本等因素基础上，以个别资本成本率和综合资本成本率作为折现率，测算出不同长期筹资方案下的公司价值，以公司价值最大的筹资方案为最优资本体结构的方法，即能够提升公司价值的资本结构，就是合理的资本结构。这种方法主要用于对现有资本结构进行调整，适用于资本规模较大的上市公司资本结构决策。在公司价值最大的资本结构下，公司的综合资本成本率是最低的。公司价值等于资本的市场价值，其计算公式为：

$$V = S + B \tag{4-28}$$

式中 V——公司价值；

S——权益资本价值；

B——债务资本价值。

为简化分析，假设公司各期的EBIT保持不变，债务资本的市场价值等于其面值，权益资本的市场价值可通过下式计算：

$$S = \frac{(\text{EBIT} - I)(1 - T)}{K_s} \tag{4-29}$$

且

$$K_s = R_f + \beta(R_m - R_f) \tag{4-30}$$

式中 K_s——权益资本成本率；

R_f——无风险报酬率；

R_m——市场平均报酬率；

I——债务资本利息；

T——所得税税率。

在公司价值计算的基础上，如果公司的全部长期资本是由长期债务和普通股组成，则公司的综合资本成本率的计算公式为：

$$K_w = K_b \frac{B}{V}(1-T) + K_s \frac{S}{V} \qquad (4\text{-}31)$$

式中 K_b——税前债务成本率；

其他符号意义同前。

【例4-20】 某公司现有的全部长期资本均为权益资本，无长期债权资本，资本总额账面价值1000万元。公司准备举借长期负债，来调整当前的资本结构，以期发挥财务杠杆作用，使其资本结构达到最优。公司预计息税前利润为400万元，所得税税率为25%。假设无风险报酬率为6%，证券市场平均报酬率为10%。经测算，不同长期债务水平下的债务资本成本率和权益资本成本率见表4-7。

表4-7 不同长期债务水平下的债务资本成本率和权益资本成本率表

债务市场价值 B/万元	税前债务成本率 K_b/%	股票 β 系数	权益资本成本率 K_s/%
0	—	1.50	12.0
200	8.0	1.55	12.2
400	8.5	1.65	12.6
600	9.0	1.80	13.2
800	10.0	2.00	14.0
1000	12.0	2.30	15.2

在表4-7中，当 $B=200$ 万元，$\beta=1.55$，$R_f=6\%$，$R_m=10\%$ 时，$K_s=6\%+1.55\times(10\%-6\%)=12.2\%$；其余同理计算。

根据表4-7资料，可计算出不同资本结构下的企业总价值和综合资本成本率（见表4-8）。

表4-8 不同资本结构下的企业总价值和综合资本成本率表

债务市场价值 B/万元	股票市场价值 S/万元	公司总价值 V/万元	K_b/%	K_s/%	K_w/%
0	2000	2000	—	12.0	12.0
200	2360.65	2560.65	8.0	12.2	11.7
400	2178.57	2578.57	8.5	12.6	11.6
600	1965.91	2565.91	9.0	13.2	11.7
800	1714.29	2514.29	10.0	14.0	11.9
1000	1381.58	2381.58	12.0	15.2	12.6

在表4-8中，当 $B=200$ 万元，$K_b=80\%$，$K_s=12.2\%$，EBIT $=400$ 万元时：

$$S=\frac{(400-200\times8.0\%)\times(1-25\%)}{12.2\%}\approx 2360.66(\text{万元})$$

$$V = 200 + 2360.65 \approx 2560.66（万元）$$

$$K_w = 8.0\% \times \frac{200 \times (1 - 25\%)}{2560.66} + 12.2\% \times \frac{2360.66}{2560.66} \approx 11.7\%$$

其余同理计算。

从表4-8可以看出，在没有长期债务资本的情况下，公司的总价值等于股票的账面价值。当公司增加债务时，财务杠杆开始发挥作用，股票市场价值大于其账面价值，公司总价值上升，同时公司的综合资本成本率下降，直到长期债务达到400万元时，公司总价值最高（2578.57万元），同时公司的综合资本成本率最低（11.6%）。当长期债务超过400万元后，随着利息率的不断上升，财务杠杆作用逐步减弱甚至显现负作用，公司总价值下降，综合资本成本率上升。因此，可以确定，当长期债务为400万元时的资本结构是该公司的最优资本结构。

知识链接

优序融资理论

不同资金来源的资本成本率的高低各不相同且不固定，但总体上看存在这样一种基本规律，即：普通股成本最高，优先股成本次之，长期负债的成本相对较低。在资本市场充分发达的情况下，不同类别资本的成本又呈现出一种相对稳定的状态。

债务融资具有抵税利益。只有当债务融资超过特定临界点时，增加的破产成本和代理成本才会抵消企业节税利益，因此，企业保持合理的债务比例有助于提升企业价值。

债务融务对管理者具有激励作用，可在一定程度上降低由于所有权和控制权分离而产生的代理成本。

通常而言，债务融资向市场传递的是积极信号，有助于提高企业的市场价值。

总之，在各类资本成本既定的前提下，优化融资结构将有助于企业总资本成本水平的降低。在西方企业实践过程中，大部分企业在融资时首选内部融资，若需外部融资，则首选发行债券，然后才发行股票，这就是现代资本结构理论中的“优序融资理论”。

能力训练

一、单项选择题

（1）企业可以获得负债性筹资的方式包括（　　）。

A. 发行股票　　B. 吸收直接投资　　C. 发行债券　　D. 内部留存

（2）企业进行筹资决策时需要考虑的首要问题是（　　）。

A. 限制条件　　B. 财务风险　　C. 资本成本　　D. 资金期限

(3) 普通股股东的权利不包括（　　）。

A. 优先分配剩余资产权　　B. 查账权

C. 分享盈余权　　D. 投票权

(4) 普通股筹资的缺点包括（　　）。

A. 增强公司的信誉　　B. 容易分散控制权

C. 没有固定到期日，不用偿还　　D. 使公司失去隐私权

(5) 某企业与银行商定的周转信贷额为1000万元，年利率为1%，承诺费率为0.5%，年度内企业使用了600万元，平均使用8个月，则企业本年度应向银行支付的承诺费为（　　）万元。

A. 2　　B. 10　　C. 3　　D. 1

(6) 某企业向银行借款100万元，企业要求按照借款总额的10%保留补偿性余额，并要求按照贴现法支付利息，借款的利率为6%，则借款实际利率为（　　）。

A. 7.14%　　B. 6.67%　　C. 6.38%　　D. 7.28%

(7) 在其他条件不变的情况下，借入资金的比例越大，企业所冒的财务风险(　　)。

A. 越大　　B. 不变　　C. 越小　　D. 逐年下降

(8) 某公司经营杠杆系数为2，财务杠杆系数为1.2，则该公司的销售额每增加1倍，就会引起每股收益增长（　　）倍。

A. 0.8　　B. 1.2　　C. 2　　D. 2.4

(9) 某企业本期财务杠杆系数为2，本期息税前利润为1000万元，则本期实际利息费用为（　　）万元。

A. 500　　B. 1000　　C. 1500　　D. 2000

(10) 下列表达式中，(　　）是错误的。

A. EBIT = 边际贡献 − 固定成本

B. EBIT = 销售量 × 单位边际贡献 − 固定成本

C. EBIT = 边际贡献 + 固定成本

D. EBIT = 销售收入 − 变动成本 − 固定成本

二、多项选择题

(1) 企业自留资金包括（　　）。

A. 法定公积金　　B. 任意公积金　　C. 资本公积金　　D. 未分配利润

(2) 下列各因素中与放弃现金折扣成本同向变动的是（　　）。

A. 折扣期　　B. 现金折扣百分比

C. 信用期　　D. 信用期与折扣期之差

(3) 影响经营杠杆系数的因素有（　　）。

A. 产品销售数量　　B. 产品销售价格

C. 单位变动成本　　D. 固定成本总额

(4) 对于负债和普通股筹资方式来说，(　　）。

A. 当预计EBIT大于每股收益无差别点的EBIT时，应选择负债筹资

B. 当预计EBIT小于每股收益无差别点的EBIT时，应选择普通股筹资

C. 当预计 EBIT 等于每股收益无差别点的 EBIT 时，两种筹资均可

D. 当预计新增的 EBIT 小于每股收益无差别点的 EBIT 时，应选择普通股筹资

（5）下列关于资本结构的影响因素说法中正确的是（　　）。

A. 资产适用于抵押贷款的公司举债较多

B. 以技术研究开发为主的公司负债往往很少

C. 所得税税率越高，负债的好处越多

D. 利率水平的变动趋势不会对企业的资本结构产生影响

三、判断题

（1）股票的发行方式有公募发行和私募发行，私募发行有自销方式和承销方式，承销方式具体分为包销和代销。（　　）

（2）企业利用留存收益获得的资金，其使用不会受到制约。（　　）

（3）尽管融资租赁比借款购置设备更迅速、更灵活，但租金也比借款利息高得多。（　　）

（4）相对于发行债券筹资而言，银行借款筹资具有资本成本低、筹资风险小、能够产生财务杠杆效应等优点。（　　）

（5）一般来说，财务杠杆系数越大，则财务风险也就越大。（　　）

四、计算题

（1）某企业拟筹资 200 万元，其中，向银行借款 50 万元，年利率 5%；溢价发行公司债券 50 万元，债券面值 40 万元，年利率 6%，发行费用为发行总额的 0.2%；发行普通股 25 万股，每股面值 1 元，每股发行价格 4 元，预计下一年股利为每股 0.5 元，今后将每年固定增长 5%，发行费为筹资总额的 2%。该企业所得税税率为 25%。要求：

1）计算每种筹资方式的资本成本；

2）计算加权平均资本成本。

（2）某公司生产系列羊毛衫，平均每件价格为 100 元，单位变动成本为 60 元/件，固定成本为 60 万元。要求：

1）计算当销售量为 2 万件、3 万件和 4 万件时，公司的息税前利润为多少？

2）计算上述三种情况下的经营杠杆系数；

3）分析当销售量增加时，经营杠杆系数的变化及企业的经营风险。

（3）某公司 2019 年销售产品 10 万件，单价为 60 元，单位变动成本为 30 元，固定成本总额为 200 万元。公司负债为 60 万元，年利息率为 12%，每年需支付优先股股利为 10 万元，所得税税率为 25%。要求：

1）计算 2019 年边际贡献；

2）计算 2019 年息税前利润总额；

3）计算经营杠杆系数；

4）计算财务杠杆系数；

5）计算总杠杆系数。

（4）某公司现有普通股 100 万股，股本总额 1000 万元，公司债券 600 万元，年利率

为 10%。公司拟扩大筹资规模，再追加筹资 750 万元，现有两个备选方案可供选择：一是增发普通股 50 万股，每股价格为 15 元；二是平价发行公司债券 750 万元，债券年利率为 12%，企业所得税税率为 25%。要求：

1）计算两种筹资方案的每股收益无差别点、息税前利润；

2）如果该公司预计息税前利润为 300 万元，对这两个筹资方案作出择优决策。

第五章　投资管理

学习目标

（1）了解投资的含义与特征，熟悉投资的分类；

（2）熟悉项目投资类型、特征；

（3）理解项目决策各种指标的含义；

（4）了解证券投资的各种工具。

能力目标

（1）能计算项目投资现金流量；

（2）能够利用贴现和非贴现评价指标对项目可行性进行评价；

（3）能够对不同项目的优劣做出比较；

（4）掌握各类投资工具的收益、风险和价值的评估。

引导案例

温州有家民营企业的小老板，看到别人因生产某种塑料产品赚得盆满钵溢，不由地也心急火燎起来，赶紧筹集了资金，决定尽快投资上马这一项目。就在这时，他手下的一名技术员建议说："老板，你只要将开工时间推迟4个月，我们就能安装调试好一种目前最先进的设备来生产这种产品，产品比现有设备生产的产品要好得多，相信也会畅销得多。"不料，这位老板听了却很不高兴地说："推迟开工4个月？你知道推迟开工4个月意味着什么吗？那意味着我们将白白丢掉上百万元的利润。"老板命令马上开工。但不出那位技术员所料，工厂开工没几个月，就因为配套技术陈旧、产品科技含量太低而使产品陷入滞销。这位老板不得不重新投入巨资对开工没多久的工厂进行技术改造。

很多企业在投资时，易受眼前利益驱动，采取急功近利的短期行为，而忽视长远利益，这样做虽然能够使企业一时获利，却丧失了长远发展的后劲。投资是一项系统工程，创业者要克服急功近利的思想，更不可杀鸡取卵、涸泽而渔。

思考：如果你是这位老板。你会选择怎么做？

第一节　投资管理概述

一、投资的含义与分类

（一）投资的含义

投资是指企业资金有目的的投放，以期望在未来获取收益的一种财务管理活动。

对投资的定义可以从以下几个方面来理解：

（1）投资是现在投入一定价值量的经济活动。从静态的角度来说，投资是现在垫付一定量的资金，其来源是延期消费或是闲置资金，或者是以一定代价融入的资金。

（2）投资具有时间性。投资是一个行为过程，从现在投入到将来获得报酬，需要耗费的或长或短的时间。

（3）投资的目的在于得到报酬（即收益）。投资活动是以牺牲现在价值为手段，以赚取未来价值为目标，这种价值包括经济价值、生态价值以及社会价值等。未来价值超过现在价值，投资者方能得到正报酬。

（4）投资具有风险性。现在投入的价值是确定的，而未来可能获得的收益是不确定的，这种收益的不确定性，即为投资风险。投资时间越长，发生不可预测事件的可能性就越大，未来报酬获得的不确定性就越大，投资风险越高。

（二）投资的分类

根据不同的划分依据，可以把投资分为以下若干类别：

（1）根据投资对象的具体内容不同划分，其可分为固定资产投资、无形资产投资、流动资金投资、房地产投资、证券投资、期货期权投资、保险投资等。

（2）按照投资方向的不同划分，其可分为对内投资和对外投资。对内投资是将资金投放于本企业内部，对外投资是将资金投放于其他企业。上述固定资产投资、无形资产投资、流动资金投资属于对内投资的范畴，证券投资、期货期权投资及信托保险投资属于对外投资的范畴，对外投资不能使企业取得可供本企业使用的实物资产。

（3）按是否投资于生产领域划分，其可分为生产性投资和非生产性投资。生产性投资指将资金投资于生产领域中，能够形成生产能力，可用于生产各种产品。非生产性投资不能形成生产能力，但能形成社会消费或服务能力。对内投资一般属于生产性投资，对外投资往往是非生产性投资。

（4）按投资行为的介入程度划分，其可分为直接投资和间接投资。直接投资是指由投资人直接介入投资的经营管理，投资者拥有一定数量的企业资产或经营所有权，如生产投资；间接投资是指通过购买其他企业发行的证券从而获得一定收益或者获得控制权的行为。间接投资是将资金投放其他企业，但并不直接参与其他企业的经营管理。

虽然投资的种类多种多样，但对工业企业而言，最主要的投资是生产性投资中的固定资产投资。

小思考

（1）怎样理解投资的含义？

（2）投资有哪几种主要的分类？

二、项目投资的特征与分类

（一）项目投资的特征

项目投资是一种以特定建设项目为对象，直接与新建项目或更新改造项目有关的长期投资行为。与其他形式的投资相比，项目投资具有投资数额多、影响时间长、变现能力差等特征。

（二）项目投资的分类

项目投资主要分为以新增生产能力为目的的新建项目投资和以恢复或改善生产能力为目的的更新改造项目投资两大类。

1. 新建项目投资

新建项目投资属于外延式扩大再生产的类型，按涉及内容还可进一步细分为单纯固定资产投资和完整工业投资。单纯固定资产投资简称固定资产投资，是指在投资中只包括为取得固定资产而发生的垫支资本投入而不涉及周转资本的投入。完整工业投资则不仅包括固定资产投资，而且涉及流动资产投资、无形资产投资。

2. 更新改造项目投资

更新改造项目投资属于内涵式扩大再生产的类型，它与单纯固定资产投资相同，在建设起点除了发生新设备的投资外，还涉及旧设备的回收等问题。

三、项目投资决策程序

由于项目投资的规模较大、风险较大、回收时间较长，对企业的未来发展影响也较大，所以企业进行项目投资时必须遵循一定的决策程序。项目投资的决策程序一般包括以下几个步骤。

（一）投资项目的提出

一般而言，新增生产能力的投资项目由企业的高层管理者提出，而更新改造的投资项目可以由企业中层或基层管理者提出。

（二）投资项目的可行性分析

当投资项目被提出以后，企业就必须从多个方面进行可行性分析，写出投资项目可行性分析报告。投资项目的可行性分析报告一般应包括以下几部分内容：

（1）国民经济可行性分析。这是从整个国民经济的现状及发展的角度，宏观地分析该项目是否可行，是否有发展前景，尤其应该分析是否满足环保的要求。

（2）财务可行性分析。这是从经济效益的角度，分析该项目是否能够盈利。

（3）技术可行性分析。这是从技术的角度，分析本企业的技术水平能否达到该项目的要求。

知识链接

分析项目可行性的一般程序

分析项目可行性的一般程序如下：

（1）调查市场近期和远期需求，调查资源、能源、技术协作的落实情况。

（2）研究最佳的工艺流程及应配置的相应设备。

（3）综合评价项目投资的经济效益和社会效益。

（4）合理选择厂址和进行厂区布置。

（5）设计组织管理系统和制订人员培训计划，预测建设年限和安排工程进度。

（6）计算建设投资费用，分析资金来源和偿还办法，估算生产成本，评价工程效果。

（7）进行涉及项目的经济、财政、能源、社会、环境的系统分析论证等。

（三）投资项目决策

在写出投资项目可行性分析报告的基础上，企业应做出最后的决策。投资额特别大的项目应由董事会或股东大会投票表决；投资额较小的项目，则可以由企业的经理层做出决策。

（四）投资项目的实施与控制

在投资项目的实施过程中，企业必须加强对建设进度、建设质量、建设成本等方面的管理，使投资项目保质保量完成。但是，在投资项目的实施过程中，如果发现国家政策、市场环境、企业内部环境等方面发生了某些重大变化，使原来可行的投资项目变得不可行，则必须尽早果断停止投资项目的建设，或采取其他补救措施，力求减少损失。

第二节 项目投资决策评价指标

投资决策指标有很多，但可以概括为贴现现金流量指标和非贴现现金流量指标两大类。

一、现金流量

投资决策所说的现金流量是指与投资决策相关的现金流入和现金流出的数量。它是评价投资方案是否可行时必须事先计算的一个基础性指标。

（一）现金流量的种类

现金流量包括现金流入量、现金流出量和现金净流量3个方面：

（1）现金流入量。现金流入量是指投资项目引起的企业现金收入的增加额，通常包括：

1）项目投产后每年增加的营业收入。

2）固定资产报废后的残值收入或者中途转让时的变现收入。

3）投资结束后收回的原来投放在各种流动资产上的营运资金。

（2）现金流出量。现金流出量是指投资引起的现金支出的增加额，通常包括：

1）在投资项目上的投资。

2）项目建设投产后为开展正常经营活动而需要投放在流动资产上的营运资金。

3）为制造和销售产品所发生的各种付现成本。这里的付现成本是指需要用现金支付的成本，可以用营业成本减去折旧来估计。

（3）现金净流量。项目投资的现金净流量是指在项目计算期内每年现金流入量与每年现金流出量之间的差额。计算公式为：

$$\text{某年现金净流量} = \text{该年现金流入量} - \text{该年现金流出量} \tag{5-1}$$

现金净流量具有以下两个特征：第一，无论是在生产经营期内还是在建设期内都存在现金净流量的范畴；第二，由于项目计算期不同阶段的现金流入量和现金流出量发生的可能性不同，因此各个阶段的现金净流量在数值上表现出不同的特点，如建设期内的现金净流量一般小于或等于零，生产经营期内的现金净流量则多为正值。

小贴士

这时的“现金”是广义的现金概念，它不仅包括各种货币资金，而且包括项目投资所需投入的、企业拥有的非货币资源的变现价值。

（二）现金流量预测

投资项目的现金流量预测，可以按时间从以下三个方面进行。

1. 初始现金流量

初始现金流量是指开始投资时发生的现金流量。主要包括：

（1）固定资产投资。房屋和建筑物、机器设备等的购入和建造、运输、安装成本等。

（2）无形资产投资。企业用于购买专利使用权、商标使用权、专有技术、土地使用权等的支出。

（3）其他投资费用。与项目投资有关的筹建费用、咨询费、培训费等。

（4）流动资产投资。投入的现金、材料等。

（5）原有固定资产的变价收入。在更新改造项目投资中原有固定资产的变卖所取得的现金收入。

初始现金流量除原有固定资产的变价收入为现金流入量外，其他均为现金流出量。

2. 营业现金流量

营业现金流量是指投资项目投入使用后，在其寿命期内由于生产经营所带来的现金流入和流出的数量。

营业现金流入量主要是指因项目投资使企业增加的营业收入；营业现金流出量主要包括因项目投资使企业增加的付现成本和所得税；付现成本是指每年需要支付现金的成本。成本中不需要每年支付现金的部分称为非付现成本，其中主要是折旧。付现成本可以用成本减折旧来估计。营业现金净流量可用下列公式计算：

$$营业现金净流量 = 营业收入 - 付现成本 - 所得税 \quad (5\text{-}2)$$

$$付现成本 = 营业成本 - 非付现成本 \quad (5\text{-}3)$$

$$= 营业成本 - 折旧$$

$$营业现金净流量 = 营业收入 - (营业成本 - 折旧) - 所得税 \quad (5\text{-}4)$$

$$= 净利润 + 折旧$$

$$= (营业收入 - 营业成本) \times (1 - 所得税税率) + 折旧$$

3. 终结现金流量

终结现金流量是指项目经济寿命完结时发生的现金流量。主要包括：

（1）回收固定资产的残值收入。项目终结时清理固定资产的变价收入扣除清理费用后的净额，应当作为项目投资的一项现金流入。

（2）回收垫支的流动资金。项目终结后，原投入周转的流动资金可以转化为现金，应作为该项目的现金流入。

（3）停止使用土地的变价收入。

小思考

（1）在计算现金流量时，无形资产摊销的处理是否与固定资产的折旧相同？

（2）在长期投资决策中，一般来说，开办费属于经营期现金流量吗？

二、非贴现现金流量指标

非贴现现金流量指标是指不考虑资金时间价值的各种指标，这类指标主要包括静态投资回收期和平均报酬率。

（一）静态投资回收期和平均报酬率

静态投资回收期是指在不考虑货币时间价值的条件下，回收初始投资所需要的时间，一般以年为单位，是一种使用时间比较长的投资决策指标。其计算公式如下：

$$\text{静态回收期}=\text{累计净现金流量开始出现正值年份数}-1+\frac{\text{上年累计净现金流量的绝对值}}{\text{当年净现金流量}} \tag{5-5}$$

当投资产生的净现金流量每年相同时，公式（5-5）可以简化为：

$$\text{静态回收期}=\frac{\text{投资额}}{\text{每年净现金流量}} \tag{5-6}$$

【例 5-1】 假设某公司现在有Ⅰ、Ⅱ两个投资方案，其所需的固定资产投资和各年的现金流量资料见表 5-1，分别计算Ⅰ、Ⅱ两个方案的静态回收期。

表 5-1　Ⅰ、Ⅱ投资方案的现金流量资料　（单位：万元）

时　间	0	1	2	3	4	5
Ⅰ 方 案						
固定资产投资	-11000					
营业现金流量		3000	3000	3000	3000	3000
累计净现金流量	-11000	-8000	-5000	-2000	1000	4000
Ⅱ 方 案						
固定资产投资	-12000					
营业现金流量		3900	3600	3300	3180	2880
累计净现金流量	-12000	-8100	-4500	-1200	1980	4860

【解】 Ⅰ方案每年现金流量相等，所以：

$$\text{Ⅰ方案的静态回收期}=11000/3000=3.667(\text{年})$$

Ⅱ方案每年的现金流量不相等，所以：

$$\text{Ⅱ方案的静态回收期}=4-1+1200/3180=3.377(\text{年})$$

投资回收期法计算比较简便，概念容易理解，但这一指标由于没有考虑资金的时间价值，也没有考虑回收期满后的现金流量状况，因而不能充分说明问题。

（二）平均报酬率

平均报酬率（Average Rate of Return，ARR）是指投资项目寿命周期内平均的年投资报酬率。平均报酬率有多种计算方法，其最常见的计算公式为：

$$平均报酬率=\frac{平均现金流量}{初始投资额}\times 100\% \tag{5-7}$$

【例 5-2】 根据例 5-1 中某公司的资料（见表 5-1），计算Ⅰ、Ⅱ两个方案的平均报酬率。

【解】

Ⅰ方案 $$ARR=\frac{3000}{11000}\times 100\% =27.3\%$$

Ⅱ方案 $$ARR=\frac{(3900+3600+3300+3180+2880)\div 5}{12000}=28.1\%$$

采用平均报酬率这一指标时，应该事先确定一个企业必须要达到的平均报酬率，或称为必要报酬率。在进行决策时，只有高于必要报酬率的方案才能入选。

平均报酬率的优点是简明、易算。但这一指标由于没有考虑资金的时间价值，用于投资决策不够标准。

三、贴现现金流量指标

贴现现金流量指标是指考虑了资金时间价值的指标，这类指标主要有 4 个。

（一）净现值

固定资产投入使用后的净现金流量，按照资本成本或者企业要求达到的报酬率折算为现值，减去初始投资后的余额，叫作净现值（Net Present Value，NPV）。其计算公式为：

$$NPV=\frac{NCF_1}{(1+k)^1}+\frac{NCF_2}{(1+k)^2}+\cdots+\frac{NCF_n}{(1+k)^n}-C$$

$$=\sum_{t=1}^{n}\left(\frac{NCF_t}{(1+k)^t}\right)-C \tag{5-8}$$

式中 NPV——净现值；

NCF_t——第 t 年的净现金流量；

k——贴现率；

n——项目预计使用年限；

C——初始投资额。

1. 净现值的计算过程

第一步，计算每年的营业净现金流量。

第二步，计算未来报酬的总现值。具体分为 3 步：

（1）将每年的营业净现金流量折算为现值；如果每年的 NCF 相等，则按照年金法进行折算。如果每年的 NCF 不相等，则先对每年的 NCF 进行贴现，然后进行合计。

（2）将终结现金流量折算为现值。

（3）计算未来报酬的总现值。

第三步，计算净现值。净现值等于未来报酬的总现值减去初始投资。

2. 净现值法的决策规则

在只有一个备选方案的投资决策中，NPV ≥0 则采纳，NPV <0 则否决。在有多个备选方案的互斥选择决策中，应选用净现值是正值中的最大者。

【例 5-3】 沿用例 5-1 的资料，设定该公司基准折现率 i_c 为 10%，试计算Ⅰ、Ⅱ方案的净现值。

【解】

方案 1：

$$\begin{aligned}NPV &= \text{未来报酬的总现值} - \text{初始投资}\\ &= NCF \times PVIFA_{i,n} - 11000\\ &= 3000 \times PVIFA_{10\%,5} - 11000\\ &= 3000 \times 3.7908 - 11000\\ &= 372.4\ (\text{万元})\end{aligned}$$

方案 2：

$$\begin{aligned}NPV &= \text{未来报酬的总现值} - \text{初始投资}\\ &= 3900 \times 0.9091 + 3600 \times 0.8264 + 3300 \times 0.7513 +\\ &\quad 3180 \times 0.6830 + 2880 \times 0.6209 - 12000\\ &= 959.952\ (\text{万元})\end{aligned}$$

净现值法的优点是考虑了资金的时间价值，能够反映出各种投资方案的净收益，因而是一种较好的方法。但也存在两个方面的不足：一是净现值指标仅是一个绝对数指标，只能反映项目是否盈利，并不能反映投资项目的实际盈利水平；二是需要事先确定一个基准收益率 i_c。若设定的 i_c 过高，可行的项目可能被否定，选择的折现率过低，不可行的项目也可能选中，特别是对那些投资收益水平居中的项目。所以在采用净现值指标时，要选择一个比较客观的折现率，否则，评价的结果会“失真”，有可能造成决策失误。

小贴士

$$\text{净现值率}(NPVR) = \frac{\text{净现值}(NPV)}{\text{初始投资额}}$$

对于同一个项目，净现值大于等于零，则必然净现值率大于等于零；反之，对于同一个项目，净现值小于零，则必然净现值率小于零。

（二）内部报酬率

内部报酬率（Internal Rate of Return，IRR）又称为内部收益率，是指在整个计算期内各年净现金流量现值之和为零时的折现率。

内部报酬率实际上反映了固定资产投资的真实报酬，目前越来越多的企业使用该项指标对投资项目进行评价，内部报酬率的计算公式为：

$$\frac{NCF_1}{1+IRR} + \frac{NCF_2}{(1+IRR)^2} + \cdots \frac{NCF_n}{(1+IRR)^n} - C = 0 \qquad (5\text{-}9)$$

即：
$$\sum_{t=1}^{n} \frac{NCF_t}{(1+IRR)^t} - C = 0 \tag{5-10}$$

式中 NCF_t——第 t 年的现金净流量；

IRR——内部报酬率；

n——项目使用年限；

C——初始投资额。

1. 内部报酬率的计算过程

内部报酬率的计算过程为：

（1）如果每年的 NCF 相等，则按下列步骤进行计算：

1）第一步，计算年金现值系数。其计算公式为

$$年金现值系数 = \frac{初始投资额}{每年 NCF} \tag{5-11}$$

2）第二步，查年金现值系数表，在相同的期数内，找出与上述年金现值系数相近的较大和较小的两个贴现率。

3）第三步，根据上述两个临近的贴现率和已求出的年金现值系数，采用插值法计算出该投资方案的内部报酬率。

（2）如果每年的 NCF 不相等，则可以采用简易插入法进行计算：

1）第一步，先估计一个贴现率，并按照这个贴现率计算项目的净现值。如果计算出的净现值为正数，则表示预估的贴现率小于该项目的实际内部报酬率，应该提高贴现率，再进行估算；如果计算出的净现值为负数，则表明预估的贴现率大于该方案的实际内部报酬率，应该降低贴现率，再进行估算。经过如此反复估算，找到净现值由正到负并且比较接近于零的两个贴现率。

2）第二步，根据上述两个临近的贴现率再使用插值法，计算出方案的实际内部报酬率。

由于内部收益率与净现值之间不是线性关系，如果两个折现率之间的差太大，计算结果会有较大的误差，故一般规定两个折现率之差最好在5%以内，以保证计算的准确性。

插入法的具体计算可以这样推导：设折现率为 i_1，$NPV_1 > 0$；设折现率为 i_2，$NPV_2 < 0$。在坐标图中可以表示为（i_1，NPV_1），（i_2，NPV_2），欲插入值为（IRR，0）。考虑近似计算对应成比例关系则：

$$\frac{i_1 - i_2}{i_1 - IRR} = \frac{NPV_1 - NPV_2}{NPV_1 - 0} \tag{5-12}$$

通过解一元一次方程可以求出：

$$IRR = i_1 - \frac{i_1 - i_2}{NPV_1 - NPV_2} \cdot NPV_1 \tag{5-13}$$

2. 内部报酬率法的决策规则

在只有一个备选方案的采纳与否决策中，如果计算出来的内部报酬率大于或者等于企业的资本成本或者必要报酬率时，采纳该方案，反之则拒绝。在有多个备选方案的互斥选择决策中，应该选用内部报酬率超过资本成本或者必要报酬率最高的投资项目。

内部报酬率法考虑了资金的时间价值，反映了投资项目的真实报酬率，概念也比较容

易理解。但是这种方法的计算过程比较复杂，特别是每年 NCF 不相等时的投资项目，一般要经过多次测算才可以求出。

（三）获利指数

获利指数又称为利润指数（Profitability Index，PI），是指投资项目未来报酬的总现值与初始投资额的现值之比。其计算公式为：

$$PI = \left[\frac{NCF_1}{1+r} + \frac{NCF_2}{(1+r)^2} + \cdots + \frac{NCF_n}{(1+r)^n}\right] / C$$

$$= \left[\sum_{t=1}^{n} \frac{NCF_t}{(1+r)^t}\right] / C \tag{5-14}$$

即：

$$PI = \frac{\text{未来报酬的总现值}}{\text{初始投资额}}$$

获得指数的计算过程为：第一步，计算未来报酬的总现值，这与计算净现值所采用的方法相同；第二步，计算获得指数，即根据未来报酬的总现值和初始投资之比计算获利指数。

获利指数的决策规则为：在只有一个备选方案的采纳与否决策中，获利指数大于或者等于 1，则采纳；反之则拒绝。在有多个方案的互斥选择决策中，应采用获利指数超过 1 最多的投资项目。

【例 5-4】 沿用例 5-1 的资料，该公司的资本成本为 10%，试计算Ⅰ、Ⅱ方案的获利指数。

【解】

Ⅰ方案 $$PI = \frac{3000 \times PVIFA_{10\%,5}}{11000} = \frac{3000 \times 3.7908}{11000} = 1.03$$

Ⅱ方案 $$PI = \left[\sum_{t=1}^{5} \frac{NCF_t}{(1+10\%)^t}\right] / 12000 = 12959.9 / 12000 = 1.08$$

获利指数法的优点是考虑了资金的时间价值，能够真实地反映固定资产投资的盈亏程度。由于获利指数是用相对数来表示，所以有利于在初始投资额不同的投资方案之间进行对比。

（四）动态回收期

动态回收期是指在考虑了资金的时间价值的条件下，以固定资产的净现金流量抵偿全部投资所需要的时间。其计算公式为：

$$\sum_{t=1}^{P_t} \frac{NCF_t}{(1+r)^t} - C = 0 \tag{5-15}$$

式中 P_t——动态回收期；

r——折现率；

NCF_t——第 t 年的净现金；

C——初始投资额。

动态回收期通用的计算公式为：

$$动态回收期 = 累计净现值开始出现正值的年份数 - 1 + \frac{上年累计净现值的绝对数}{当年净现金流量的现值} \tag{5-16}$$

当投资产生的净现金流量每年相等时，动态回收期可以通过年金现值系数利用插值法求出。其计算公式为：

$$年金现值系数 = \frac{投资额}{每年净现金流量} \tag{5-17}$$

动态回收期作为静态回收期的改进，虽然考虑了资金的时间价值，但是仍有静态回收期的其他缺陷，因此也只适合作投资决策的辅助评价指标。

知识链接

单一投资项目的财务可行性分析

如果某一投资项目的评价指标同时满足以下条件，则可以断定投资项目无论从哪个方面看都具备财务可行性。这些条件是：

（1）NPV≥0；

（2）NPVR≥0；

（3）PI≥1；

（4）IRR≥i（i 为资金成本或投资项目的行业基准利率）；

（5）投资回收期低于或等于标准投资回收期；$P \leqslant P_0$（其中 P_0 为标准投资回收期）；

（6）ROI（投资回报率）≥基准投资利润率。

如果某一投资项目的评价指标同时不满足上述条件，即：NPV<0，NPVR<0，PI<1，IRR<i，$P > P_0$，ROI<基准投资利润率，就可以断定该投资项目。

当静态投资回收期（次要指标）或投资利润率（辅助指标）的评价结论与净现值等主要指标的评价结论发生矛盾时，应当以主要指标的结论为准。

如果在评价过程中发现某项目的主要指标 NPV≥0，NPVR≥0，PI≥1，IRR≥i，但次要或辅助指标 $P > P_0$ 或 ROI<基准投资利润率，则可断定该项目基本上具有财务可行性；相反，如果出现 NPV<0，NPVR<0，PI<1，IRR<i 的情况，即使 $P \leqslant P_0$ 或 ROI≥基准投资利润率，也可基本断定该项目不具有财务可行性。

第三节 证券投资管理

一、证券投资管理概述

证券是各类记载并代表一定权利的法律凭证的统称，用以证明持券人有权依其所持证券记载的内容取得应有的权益。股票、债券、基金证券、票据等都是证券。

证券投资是指投资者以获取投资收益或控股为目的将资金用于购买股票、债券等金融资产的投资行为。证券投资和实物资产投资不同，实物资产投资是购买固定资产或流动资产等实物资产的投资行为，属于直接投资；证券投资是指购买股票、债券等金融资产的投资行为，属于间接投资。

（一）证券投资的种类

证券投资按投资对象不同，可以分为以下几种：

（1）债券投资是指投资者将资金投入各种债券中，如国债、公司债券和短期融资债券等。相对于股票投资，债券投资一般风险较小，能获得稳定收益，但要注意投资对象的信用等级。

（2）股票投资是指投资者以购买其他企业发行的股票作为投资，如购买普通股、优先股。股票投资风险比较大，收益也相对较高。

（3）基金投资是指投资者通过购买基金份额或收益凭证来获取收益的投资方式。这种方式可使投资者享受专家服务，有利于分散风险，获得较多投资收益。

（4）组合投资是指投资者将资金同时投放于债券、股票和基金等多种证券中，这样可分散证券投资风险。组合投资是投资者投资证券时常用的投资方式。

（二）证券投资的特征

1. 风险大

证券相对于实物资产来说，受人为因素影响较大，且没有相应的实物做保证，其价值受政治、经济环境等各种因素的影响较大，因此价格经常变动，投资风险较大。

2. 流动性强

证券资产的流动性明显高于实物资产。当投资者进行投资或转让投资时，只要以适当的价格委托买卖就行了。

3. 交易成本低

证券交易过程快速、简捷，成本较低。以上海证券交易所的 A 股为例，交易费用为：佣金（各券商不同，最高为成交额的 3‰）+ 印花税（成交额的 1‰）+ 过户费（1 元/1000 股）。

小贴士

在我国，有两大证券交易所，分别是上海证券交易所和深圳证券交易所。不同交易所和不同证券的交易费用是不一样的，大家可登录相关网站进行查询。

（三）证券投资程序

证券投资的目的包括：

（1）充分利用闲置资金；

(2) 获得对相关企业的控制权；

(3) 满足未来的财务需求；

(4) 获得长期稳定的投资收益。

证券投资的一般程序如下：

(1) 选择投资对象。证券投资者在进行证券投资时，应认真分析投资对象的收益水平和风险程度，合理选择投资机会和投资对象，这是证券投资能否达到预期目的的关键。

(2) 开户、委托买卖。证券投资者首先要到证券公司开立账户，然后选择合理的券商委托代理买卖证券业务。投资者可通过电话委托、计算机终端委托、递单委托等方式委托券商代为买卖有价证券。

(3) 清算与交割。投资者委托券商成功买人各种证券后，即应解交款项，收取证券。清算即证券买卖双方结清价款的过程。

(4) 办理证券过户。投资者从证券市场购买证券后，应到证券发行公司办理证券持有人姓名的变更，证券过户只限于记名证券。

二、债券投资管理

(一) 债券的特征

债券作为一种重要的金融工具，具有如下特征：

(1) 偿还性。债券一般都规定有偿还期限，发行人必须按约定的条件偿还本金并支付利息。

(2) 流通性。债券一般都可以在流通市场上自由转让。

(3) 安全性。与股票相比，债券通常规定固定的利率，与企业绩效没有直接联系，收益比较稳定，风险较小。此外，在企业破产时，债券持有者有优先于股票持有者的、对企业剩余资产的索取权。

(4) 收益性。债券的收益性主要表现在两个方面：一是投资债券可以给投资者定期或不定期带来利息收入；二是投资者可以利用债券价格的变动，买卖债券赚取差额。

在企业投资的过程中，企业投资的目的是提高收益，降低风险。企业决定是否购买某种债券，必须先进行收益评价，即评价其收益和风险。评价债券收益水平的指标主要有两个，即债券的价值和债券的到期收益率。

(二) 债券的种类

根据发行主体的不同，债券可以分为：

(1) 政府债券。政府债券的发行主体是政府，它是政府为筹集资金而发行的，并承诺在一定时期支付利息和到期偿还本金的债务凭证。

(2) 金融债券。金融债券是银行或非银行金融机构为筹措资金而向社会发行的债务凭证。金融债券的发行主体——金融机构，一般具有雄厚的资金实力，信用度较高，因此金融债券一般都具有良好的信誉。

(3) 公司债券。公司债券又称为企业债券，是公司为了筹措资金依照法定程序向社会发行、约定在一定期限还本付息的债务凭证。公司债券的风险性相对于政府债券和金融债券要大一些，正是因为公司债券有较高的投资风险，因而其债券利息也要高于政府债券和金融债券。

（4）外国债券。外国债券是指一国政府、金融机构、工商企业等为了筹集中长期资金而在国外金融市场上发行的债券。

根据计息方式的不同，债券可以分为：

（1）单利债券。单利债券是指在计算利息时，不论期限长短，仅按本金计息，所生利息不再加入本金计算下期利息的债券。

（2）复利债券。复利债券与单利债券相对应，它是指计算利息时，按一定期限将所生利息加入本金再计算利息，逐期滚算的债券。

（3）付息债券。付息债券是指在债券券面上附有息票的债券。

（4）贴现债券。贴现债券是指在票面上不规定利率，发行时按某一折扣率以低于票面金额的价格发行，到期时按面额偿还本金的债券。

小贴士

到期还本付息是债券的重要特征之一，但计算利息的方式可以不同，不同的计息方式对于债券的发行人和投资者来说会产生不同的利益影响。

根据债券的形态不同，可以分为实物债券、凭证式债券和记账式债券。

根据债券偿还期限的长短，债券可以分为短期债券、中期债券和长期债券。一般来说，偿还期限在 1 年以内的为短期债券；偿还期限为 1 ~ 5 年的为中期债券；偿还期限在 5 年以上的为长期债券。

（三）债券投资的价值评估

债券的内在价值（理论价格）就是指投资者为获得债券的本金及利息收入而购买的债券在理论上应支付的货币量。

债券的内在价值主要由三个变量决定，其分别为债券的期值、债券的待偿期限和市场利率。债券的期值是债券到期时的总价值或总收入，包括本金和利息两部分，可根据债券面值、票面利率和债券的有效期限计算。债券的待偿期限是从债券交易日起至债券到期日止这段时间。市场利率是指由资金市场上供求关系决定的利率。市场利率因受到资金市场上供求变化的影响而经常变化。

对于付息债券，发行主体可以选择付息方式，主要有到期一次性还本付息和定期付息、到期还本两种方式。

1. 到期一次性还本付息方式

当债券采用到期一次性还本付息方式时，债券的内在价值为：

$$P = \frac{A(1+i)^n}{(1+R)^t} \tag{5-18}$$

式中 P——债券的理论价格；

R——市场利率；

A——债券面值；

i——票面利率；

n——债券的有效期限；

t——债券的待偿期限，若以 t_0 表示债券的已发行期限，则 $t=n-t_0$。

2. 定期付息、到期还本方式

当债券采用定期付息、到期还本方式时，债券的理论价格为：

$$P=\frac{A}{(1+R)^t}+\sum_{T=1}^{t}\frac{A\cdot i}{(1+R)^T} \tag{5-19}$$

式中 P——债券的理论价格；

R——市场利率；

A——债券面值；

i——票面利率；

t——债券的待偿期限，若以 t_0 表示债券的已发行期限，则 $t=n-t_0$；

T——债券付息的期限。

（四）债券投资的收益

通常衡量债券投资收益的指标是债券投资收益率。债券投资收益率是一定时期内债券投资收益与投资额的比率。

债券投资收益主要包括债券利息收入和债券的价差收益。其中，债券利息收入就是根据债券的面值与票面利率计算的利息额；债券的价差收益是债券到期得到的偿还金额（即债券面额）或到期前出售债券的价款与投资时购买债券的金额之差。

债券投资额是投资时购买债券的金额，主要是购买价格和购买时发生的佣金、手续费等。

由于影响债券投资收益的主要是计息方式，所以，下面按不同的计息方式分别介绍附债券和贴现债券的投资收益计算方法。

1. 附息债券的投资收益率

（1）单利计息的附息债券投资收益率。附息债券一般采用单利计息方法，每期利息额都是相等的。在用单利计息方法计算债券投资收益率时，其计算公式为：

$$R=\frac{C+\dfrac{S_n-S_0}{N}}{S_0}\times 100\% \tag{5-20}$$

式中 R——债券的年投资收益率；

S_n——债券到期时的偿还金额或到期前出售的价款；

S_0——债券投资时购买债券的金额；

C——债券年利息额；

N——债券的持有期限（以年为单位）。

【例5-5】 某企业于2018年6月1日购入面额为1000元的附息债券100张，票面利率为年利率10%，以发行价格每张1020元买入，到期日为2020年6月1日。计算该债券到期时的投资收益率。

【解】

$$R=\frac{C+\dfrac{S_n-S_0}{N}}{S_0}\times 100\%$$

$$=\frac{1000\times 1000\times 10\%+\dfrac{1000\times 100-1020\times 100}{2}}{1020\times 100}\times 100\%$$

$$=8.82\%$$

（2）复利计息的附息债券投资收益率。虽然附息债券的计息方法一般为单利计息方法，但在投资决策时也可以采用复利计息方法，不仅考虑债券的利息收入和价差收益，还应考虑债券利息的再投资收益。在这种情况下，债券投资收益率的计算公式为：

$$R=\left(\sqrt[n]{\frac{S_n+C\sum_{t=1}^{n}(1+i)^{t-1}}{S_0}}-1\right)\times 100\% \qquad (5\text{-}21)$$

式中　n——债券的持有期限（以年为单位）；

i——债券利息的再投资收益率，一般可用市场利率；其他符号的含义同前。

【例5-6】　假定上例中，市场利率为9%。用复利计息方法计算该债券的投资收益率。

【解】　该债券的投资收益率为：

$$R=\left(\sqrt[n]{\frac{S_n+C\sum_{t=1}^{n}(1+i)^{t-1}}{S_0}}-1\right)\times 100\%$$

$$=\left(\sqrt{\frac{1000\times 100+1000\times 100\times 10\%\times\sum_{t=1}^{2}(1+9\%)^{t-1}}{1020\times 100}}-1\right)\times 100\%$$

$$=8.87\%$$

小贴士

采用单利与复利两种方法，计算出来的债券投资收益率是有差异的，期限越长，其差异越大。一般在进行债券投资决策时，最好采用复利计息方法计算债券投资收益率，因为这种方法考虑到了资金的时间价值，特别当债券的投资期限较长时，债券利息的再投资收益就不能不加以考虑。

2. 贴现债券的投资收益率

（1）单利计息的贴现债券的投资收益率的计算公式为：

$$R = \frac{\frac{S_n - S_0}{N}}{S_0} \times 100\% \tag{5-22}$$

【例 5-7】 某债券为贴现债券，面额为 100 元，购买价格为 98 元，购买日期为 2019 年 10 月 15 日，偿还期限为 2020 年 3 月 31 日，剩余天数为 166 天。计算该债券的投资收益率。

【解】 该债券的投资收益率为：$\frac{100-98}{98} \div \frac{166}{365} \times 100\% = 4.49\%$

（2）复利计息的贴现债券的投资收益率的计算公式为：

$$R = \left(\sqrt[n]{\frac{S_n}{S_0}} - 1\right) \times 100\% \tag{5-23}$$

【例 5-8】 某贴现债券的面值为 100 元，投资者购买价格为 80 元。剩余年限为 2 年。计算该债券的投资收益率（复利）。

【解】 该债券的投资收益率（复利）为：$\left(\sqrt{\frac{100}{80}} - 1\right) \times 100\% = 11.80\%$

（五）债券投资的风险

任何一项投资都具有一定的风险。债券投资同样也存在一定的风险，这种风险主要来自以下几个方面：

（1）违约风险。违约风险是指借款人无法按时支付债券利息和偿还本金的风险。一般来讲，财政部发行的国库券，由于有政府做担保，所以没有违约风险。除中央政府以外的地方政府和公司发行的债券或多少都有违约风险。造成企业违约的原因主要有：

1）政治、经济形势发生重大变化；

2）发生自然灾害；

3）企业经营不善、成本高、浪费多；

4）企业在市场竞争中失败，主要客户消失；

5）企业财务管理失误，不能及时清偿到期债务。

避免违约风险的方法是不买质量差的债券。

（2）利率风险。债券的利率风险是指由于利率变动而使投资者遭受损失的风险。债券的价格将随利率的变动而变动。一般而言，银行利率下降，则债券价格上涨；银行利率提高，则债券价格下跌。由于债券价格会随利率变动，即使没有违约风险的国库券也有利率风险。

（3）购买力风险。购买力风险是指由于通货膨胀导致货币购买力下降，从而使投资者遭受损失的风险，又称为通货膨胀风险。一般而言，在通货膨胀情况下，固定收益的债券比变动收益的债券要承受更大的购买力风险，因此普通股被认为比公司债券和其他固定收益的债券能更好地避免购买力风险。

（4）变现力风险。变现力风险是指债券持有人无法在短期内将债券以合理的价格出售的风险。一般说来，政府债券及一些大公司的债券的变现性较强，而那些大家很少熟悉的小公司的债券的变现力是较差的。

（5）再投资风险。再投资风险是指投资者购买短期债券后，在债券到期时，市场利率下降，因而无法找到合适的再投资机会，进而使投资者遭受损失的风险。

知识链接

标准普尔公司和缪勒投资服务公司信用等级评价

目前国际上公认的、最具权威性的信用评级机构主要有美国标准普尔公司和缪勒投资服务公司。上述两家公司负责评级的债券包括地方政府债券、公司债券、外国债券等。由于它们占有详尽的资料，采用先进、科学的分析方法，又有丰富的经验和大量专门人才，因此它们做出的信用等级评价具有权威性。标准普尔公司信用等级标准从高到低分为AAA级、AA级、A级、BBB级、BB级、B级、CCC级、CC级、C级。缪勒投资服务公司的信用等级标准从高到低分为Aaa级、Aa级、A级、Baa级、Ba级、B级、Caa级、Ca级、C级（见表5-2）。前四个级别的债券信誉好，违约风险小，是“投资级债券”，第五级及以下级别的债券信誉差，是“投机级债券”。

表5-2　债券评级说明

标准普尔公司信用等级	缪勒投资服务公司信用等级	品质说明
AAA	Aaa	质量最高
AA	Aa	质量高
A	A	中等偏上
BBB	Baa	中等
BB	Ba	包含投机因素
B	B	彻底的投机性
CCC	Caa	绝对有违约可能
CC	Ca	有违约风险，仅有部分清偿可能
C	C	有违约风险，几乎无清偿可能

美国标准普尔公司和缪勒投资服务公司都是独立的私人企业，不受政府控制，也独立于证券交易所和证券公司。它们所做的信用等级评价不具有向投资者推荐这些债券的含义，只是供投资者决策时参考。因此，它们对投资者负道义上的义务，但并不承担任何法律上的责任。

三、股票投资管理

（一）股票的特征

股票是股份公司发给股东作为入股凭证并借以取得股息的一种有价证券，它是投资入股的凭证，代表着对一定的经济利益的分配支配权，亦是在市场上可以转让、买卖和流通的一种有价证券。其特征如下：

（1）永久性。永久性即股票投资者的长期性。一旦买入某一公司的股票，投资者就不能中途向公司退股，抽回投资。但是，由于存在股票交易所，投资者可以通过股票交易所卖出或转让股票，收回投资。

（2）参与性。参与性即股票投资者具有参与股份公司经营、赢利分配和承担有限责任的权利和义务。

（3）流通性。股票可以随时在股票市场上被买卖、转让，它也可以作为一种抵押品，所以，股票持有者可以随时进行股票买卖、转让而获得现金。对于无记名股票，持有者只要将股票交付给受让人，即可达到转让的法律效果。记名股票则要在持有者盖章背书后才可被转让。

（4）风险性。风险性即股票投资收益的风险性。股票投资相对于债券投资而言，具有高风险和高收益的特征该风险一是股价变动和股利收入不确定，股东对公司资产的求偿权居于最后。

（二）股票的价格

1. 股票价格

股票价格是指货币与股票之间的对比关系，是与股票等值的一定的货币量。股票是一种虚拟资本，它本身并没有价值。股票之所以有价格，是因为它是一种所有权的凭证。

2. 股票价格的种类

股票的价格有狭义与广义之分，狭义的股票价格就是指股票的市场价格，也就是股票在交易过程中的价格；而广义的股票价格，是从不同的角度来分析股票，它的价格有：

（1）股票的票面价格。股票的票面价格也就是股票的面值，股票票面价格是根据上市公司发行股票的资本总额与发行股票的数量来确定的。其计算公式为：

$$股票的票面价格=\frac{上市公司的资本总额}{上市公司发行股票的总股数} \tag{5-24}$$

（2）股票的发行价格。股票的发行价格是指股份有限公司将股票公开发售给投资者所采用的价格。根据股份有限公司发行价格与其票面价格的关系，股票的发行价格有平价发行、折价发行、溢价发行三种情况。

（3）股票的账面价格。股票的账面价格又称“净值”，即股票的每股净资产。其含义就是股东持有的每一股份在理论上所代表的公司财产价值。其计算公式为：

$$普通股账面价格=\frac{公司总资产净值-优先股总面值}{普通股总股数} \tag{5-25}$$

公司总资产净值是股东权益的会计反映，或者说是股票所对应的公司当年自有资金价值。具体包括公司资本金、各种公积金、未分配利润等。

小贴士

相对于股票其他各种价格，股票的账面价格更为确切可靠，因为净资产是根据现有的财务报表计算的，数据较精确而且可信度很高；同时，净值又能明确反映出公司历年经营的累积成果；净值还相对固定，一般只有在年终盈余入账或公司增资时才变动。因此，股票净值具有较高的真实性、准确性和稳定性，也是证券投资分析的主要依据之一。

（4）股票的内在价格。股票的内在价格，就是在某一时点股票的理论价格，也就是股票未来收益的现值。股票的内在价格取决于股票的收益和市场利率。

（5）股票的清算价格。股票的清算价格是指一旦股份公司破产或倒闭后进行清算时，每股股票所代表的实际价值。从理论上讲，股票的每股清算价格应与股票的账面价值相一致。但企业在破产清算时，其财产价值是以实际的销售价格来计算的，而在进行财产处置时，其售价一般都会低于实际价值，所以股票的清算价格就会与股票的净值不相一致。

（6）股票的市场价格。股票的市场价格是指股票在交易过程中交易双方达成的成交价，也称为股票行市。股票的市价直接反映着股票市场的行情，是股民购买股票的依据。但由于受股票供求、股民心理等众多因素的影响，股票的市场价格处于经常性的变化之中。

小贴士

新中国第一只上市的股票

1984 年 11 月 18 日，上海第一家经中国人民银行上海市分行批准，向社会公开发行股票的股份制企业——上海飞乐音响股份有限公司，向社会发行每股面值 50 元的股票 1 万股。这是我国自改革开放以来发行的第一只上市股票，也是中华人民共和国成立以来第一次公开向社会发行股票。

（三）股票的投资价值分析

有价证券的内在价值（或称为理论价格）是根据现值理论而来的。现值理论认为，人们之所以愿意购买证券，是因为它能够为持有者带来预期收益，因此它的“价值”取决于未来收益的大小。如果能预测股票的未来收益流量，并按合理的贴现率和有效期限将其折现，就得到股票的内在价值，这就是股利贴现模型，其计算公式为：

$$V = \frac{C_1}{1+r} + \frac{C_2}{(1+r)^2} + \frac{C_3}{(1+r)^3} + \cdots = \sum_{t=1}^{\infty} \frac{C_t}{(1+r)^t} \tag{5-26}$$

式中　C——在时间 t 时股票的预期现金流量；

r——必要收益率。

股票的内在价值是预期未来现金流量的现值，依据不同的假设条件，有多种不同的定价模型。

1. 零增长模型

零增长模型假定股利增长率等于零，也就是说未来的股利按一个固定数量支付，则股票的内在价值为每股股息除以其必要收益率。其计算公式为：

$$V = \frac{C_1}{1+r} + \frac{C_2}{(1+r)^2} + \frac{C_3}{(1+r)^3} + \cdots = \sum_{t=1}^{\infty} \frac{C_t}{(1+r)^t} \tag{5-27}$$

式中　V——股票的内在价值；

t——时间参数；

C_t——在时期 t 股票的预期现金流量；

r——股票的贴现率。

【例 5-9】 假定某公司在未来无限时期支付的每股股利为 8 元，其公司的必要收益为 10%。一股该公司股票的价值应为多少？

【解】

$$\text{该公司的股票价值} = \frac{8}{0.10} = 80(\text{元})$$

若当时一股股票价格为 65 元，每股股票净现值为 $80-65=15$ 元，该股票被低估 15 元，因此建议购买该种股票。

2. 不变增长模型

如果假设股利永远按不变的增长率增长，那么就会建立不变增长模型。

假设每年的股利收入以一个固定的比率（g）增长，首期的股利收入为 D_0，第 t 年的预期股利收入为：

$$D_t = D_0(1+g)^t$$

则股票的内在价值为：

$$V = \sum_{t=1}^{\infty} \frac{D_t}{(1+r)^t}$$

当 $g<r$ 时，

$$V = \frac{D_0(1+g)}{r-g} = \frac{D_1}{r-g} \tag{5-28}$$

式中 V——股票的内在价值；

D_t——股票第 t 期的股利；

D_0——股票的首期股利；

t——时间；

r——股票的必要收益率；

g——股利增长率。

【例 5-10】 去年某公司支付每股股利为 1.80 元，预计在未来日子里该公司股票的股利按每年 5% 的速率增长。预期下一期股利为多少？假定必要收益率是 11%。该公司当前的理论股份应为多少？

【解】

$$D_1 = 1.80 \times (1+0.05) = 1.89(\text{元})$$

$$V = \frac{1.80 \times (1+0.05)}{0.11-0.05} = \frac{1.89}{0.11-0.05} = 31.50(\text{元})$$

若当今每股股票价格是 40 元，则股票被高估 8.50 元，因此建议当前持有该股票的投资者出售该股票。

小贴士

零增长模型实际上是不变增长模型的一个特例。假定增长率恒等于零，这时不变增长模型就是零增长模型。从这两种模型来看，虽然不变增长的假设比零增长的假设有较小的应用限制，但在许多情况下仍然被认为是不现实的。但是，不变增长模型却是多元增长模型的基础，因此这种模型极为重要。

3. 多元增长模型

多元增长模型是最普遍被用来确定普通股票内在价值的贴现现金流模型。这一模型假设股利的变动在一段时间内并没有特定的模式可以预测，在此段时间以后，股利按不变增长模型进行变动。因此，股利流可以分为两个部分：第一部分包括在股利无规则变化时期的所有预期股利的现值 V_{T-}；第二部分包括从时点 T 来看的股利不变增长率变动时期的所有预期股利的现值 V_{T+}。因此，股票在时间点 T 的价值可通过多元增长模型的方程求出，其计算公式为：

$$V_{T-} = \sum_{t=1}^{T} \frac{D_t}{(1+r)^t}$$

$$V_{T+} = \frac{D_{T+1}}{(r-g)(1+r)^T}$$

$$V_T = V_{T-} + V_{T+} \tag{5-29}$$

式中　V_{T-}——股利无规则变化期股票的内在价值；

V_{T+}——股利不变增长期股票的内在价值；

D_t——股票第 t 期的股利；

D_{T+1}——股利开始不变增长后第一期的股利；

r——股票的必要收益率；

g——股利增长率；

V_T——T 时刻股票的内在价值。

【例 5-11】 假定 A 公司上年支付的每股股利为 0.75 元，今年预期支付的每股股利为 2 元，下一年预期支付的每股股利为 3 元，从第三年起，预期在未来无限时期，股利按每年 10% 的速度增长。假定该公司的必要收益率为 15%，试计算该公司股票的内在价值。

【解】

$$V_{T-} = \frac{2}{1+0.15} + \frac{3}{(1+0.15)^2} = 1.7391 + 2.2684 = 4.007(\text{元})$$

$$V_{T+} = \frac{3 \times (1+0.1)}{(0.15-0.10)(1+0.15)^2} = 49.905(\text{元})$$

$$V_T = V_{T-} + V_{T+} = 4.007 + 49.905 = 53.91(\text{元})$$

目前该股票价格 55 元/股，该价格与之相比较，股票没有被错误定价。

小贴士

如何判断一家上市公司的内在价值，巴菲特给出了三条经验：

（1）从企业经营者的角度去思考问题。

（2）挖掘内在价值时请远离市场。

（3）公司的业绩要优良。

（四）股票投资的收益

1. 股票收益的构成

股票收益可分成两类：第一类来自股份公司，称为经常性收入，就是投资者从公司获取的股息和红利收入；第二类来自股票流通，也称为资本性收入，是投资者在进行股票交易过程中赚取的差价收益。

2. 股票投资收益率的计算

衡量股票投资收益的指标主要有股利收益率、持有期收益率和股份变动后持有期收益率等。

股利收益率，又称获利率，是指股份有限公司以现金形式派发的股息与股票购买价格的比率。该收益率可用于计算已得的股利收益率，也可用于预测未来可能的股利收益率。其计算公式为：

$$\text{股利收益率} = \frac{D}{P_0} \times 100\% \tag{5-30}$$

式中 D——年现金股息；

P_0——股票买入价格。

3. 持有期收益率

持有期收益率是指投资者在持有股票期间的股息收入与买卖差价之和与股票买入价格的比率。持有期计算公式为：

$$\text{持有期收益率} = \frac{D + (P_1 - P_0)}{P_0} \times 100\% \tag{5-31}$$

式中 D——现金股息；

P_0——股票买入价格；

P_1——股票卖出价格。

持有期收益率是投资者最关心的指标，但如果要将它与债券收益率、银行利率等其他金融资产的收益率进行比较，则要将持有期收益率化为年收益率。

4. 股份变动后持有期收益率

投资者在买入股票后，有时会发生该股份公司进行拆股、送股、配股、增发的情况，它们会影响股票的市场价格和投资者的持股数量。因此有必要在股份变动后作相应的调整，以计算调整后的持有期收益率。其计算公式为：

$$\text{调整后持有期收益率} = \frac{\text{调整后的资本收益或损失} + \text{调整后的现金股息}}{\text{调整后的购买价格}} \times 100\% \tag{5-32}$$

四、基金投资管理

证券投资基金（简称基金），是一种利益共享、风险共担的集合投资方式，即专业投资机构通过发行基金股份或收益凭证等有价证券，吸收众多投资者出资进行运作，以规避投资风险并谋取投资收益的证券投资工具。基金投资由于具有资金的规模优势和专家理财优势，能进行充分的投资组合，因此能降低风险，提高收益水平。

（一）基金投资的类型

根据组织形式的不同，基金可分为：

（1）契约型基金。契约型基金又称为单位信托基金，是指把投资者、管理人、托管人三者作为基金的当事人，由管理人与托管人通过签订基金契约的形式发行受益凭证而设立的一种基金。

（2）公司型基金。公司型基金是按照公司法以公司形态组成的，以发行股份的方式募集资金，一般投资者购买该公司的股份即为认购基金，也就成为该公司的股东，凭其持有的基金份额依法享有投资收益。

根据变现方式的不同，基金可分为：

（1）封闭型基金。封闭型基金是指基金的发起人在设立基金时，限定了基金单位的发行总额，筹集到这个总额后，基金即宣告成立，并进行封闭，在一定时期内不再接受新的投资。基金单位的流通采取在交易所上市的办法，通过二级市场进行竞价交易。

（2）开放型基金。开放型基金是指基金发起人在设立基金时，基金单位的总数是不固定的，可视经营策略和发展需要追加发行。投资者也可根据市场状况和各自的投资决策，或者要求发行机构按现期净资产值扣除手续费赎回股份或受益凭证，或者再买入股份或受益凭证，增加基金单位份额的持有比例。

根据投资标的的不同，基金可分为：

（1）股票基金。股票基金是指以股票为主要投资对象的投资基金。

（2）债券基金。债券基金是指以债券为主要投资对象的投资基金。

（3）混合基金。混合基金是指以股票和债券为投资对象，二者的投资比例可以灵活调控的投资基金。

（4）其他投资基金。其他投资基金是指以除股票和债券以外的其他金融工具为投资对象的投资基金。

根据投资目的的不同，基金可分为：

（1）成长型基金。成长型基金是指把追求资本的长期成长作为其投资目的的投资基金。

（2）收入型基金。收入型基金是指以能为投资者带来高水平的当期收入为目的的投资基金。

（3）平衡型基金。平衡型基金是指既要获得当期收入，又要追求资本长期增长的投资基金，通常是把资金分散投资于股票和债券，以保证资金的安全性和盈利性。

知识链接

基金与股票、债券的区别

一、反映的经济关系不同

股票反映的是所有权关系，债券反映的是债券债务关系，而基金反映的则是基金投资者和基金管理人之间的一种委托代理关系。

二、所筹资金的投向不同

股票和债券是金融工具，筹集的资金主要是投向实业，而基金主要是投向其他有价证券等金融工具。

三、风险水平不同

股票的直接收益取决于发行公司的经营效益，不确定性强，投资于股票有较大的风险性。债券的直接收益取决于债券利率，而债券利率一般是事先确定的，投资风险较小。基金主要投资于有价证券，投资选择灵活多样，故其收益有可能高于债券，投资风险有可能低于股票。

（二）基金资产净值的计算

基金资产净值是指在某一基金估值时点上，按照公允价格计算的基金资产的总市值扣除负债后的余额，该余额是基金单位持有人的权益。基金资产净值是衡量一个基金经营好坏的主要指标，也是基金单位交易价格的计算依据。一般情况下，基金单位价格与资产净值趋于一致，即资产净值增长，基金价格也随之提高。尤其是开放型基金，其基金单位的申购或赎回价格都是直接按资产净值来计算的。但是，封闭型基金在证券交易所上市，其价格除取决于资产净值外，还受到市场供求状况、经济形势、政治环境等多种因素的影响，所以其价格常与资产净值发生偏离。

基金资产净值的计算包括基金资产净值的计算和基金单位资产净值的计算。

1. 基金资产净值的计算

基金资产净值的计算公式为：

$$基金资产净值=基金资产总额-基金负债总额 \tag{5-33}$$

式中，基金资产总额是指基金拥有的所有资产（包括股票、债券、银行存款和其他有价证券等）按照公允价格计算的资产总额；基金负债总额是指基金运作及融资时所形成的负债，包括应付给他人的各项费用、应付资金利息等。

2. 基金单位资产净值的计算

基金单位资产净值的计算公式为：

$$基金单位资产净值=\frac{基金资产净值}{基金单位总数} \tag{5-34}$$

式中，基金单位总数是指当时发行在外的基金单位的总量。

基金单位资产净值的具体计算方法有：

（1）已知价计算法。已知价又称为历史价，是指上一个交易日的收盘价。已知价计算法就是基金管理人根据上一个交易日的收盘价来计算基金所拥有的金融资产，包括股票、债券、期货合约、认股权证等的总值，加上现金资产，然后除以已售出的基金单位总数，得出每个基金单位资产净值。采用已知价计算法时，投资者当天就可以知道单位基金的买卖价格，可以及时办理交割手续。

（2）未知价计算法。未知价又称为期货价，是指当日证券市场上各种金融资产的收盘价，基金管理人根据当日收盘价来计算基金单位资产净值。采用未知价计算法时，投资者当天不知道其买卖的基金价格是多少，要在第二天才知道单位基金的买卖价格。

【例 5-12】 假设某基金持有的某三种股票的数量分别是 10 万股、20 万股和 100 万股，每股的市价分别为 20 元、15 元和 10 元，银行存款为 1500 万元，该基金负债有两项——对托管人或管理人应付未付的报酬 300 万元、应付税金 500 万元，已售出的基金单位为 2000 万份。计算其基金单位资产净值。

【解】

$$
\begin{aligned}
\text{基金单位资产净值} &= (\text{基金资产总额} - \text{基金负债总额}) \div \text{基金单位总数} \\
&= (10\times20+20\times15+100\times10+1500-300-500)\div2000 \\
&= 1.1(\text{元})
\end{aligned}
$$

(三) 基金收益率的计算

基金收益率是反映基金增值情况的指标，它是通过基金净资产的价值来衡量。基金净资产的价值是以市价计量的，基金资产的市场价值增加，意味着基金的投资收益增加，基金投资者的权益也随之增加。基金收益率的计算公式为：

$$
\begin{aligned}
\text{基金收益率} = & (\text{年末基金单位的持有份数} \times \text{基金单位资产净值年末数} - \\
& \text{年初基金单位的持有份数} \times \text{基金单位资产净值年初数}) \div \\
& (\text{年初基金单位的持有份数} \times \text{基金单位资产净值年初数}) \qquad (5\text{-}35)
\end{aligned}
$$

基金单位资产净值年初数相当于购买基金的本金投资，基金收益率相当于投资报酬率。

【例 5-13】 某基金公司 2019 年的有关资料见表 5-3。根据表 5-3 资料计算 2019 年投资人的基金收益率。

表 5-3 某基金公司 2019 年的有关资料

项　目	年　初	年　末
基金账面净值/万元	3000	3500
负债账面价值/万元	300	400
基金单位市场价值/万元	3200	4300
基金单位/万份	1000	1300

【解】 2019 年基金单位资产净值年初数 = (3200 − 300) ÷ 1000 = 2.9(元)

2019 年基金单位资产净值年末数 = (4300 − 400) ÷ 1300 = 3(元)

$$
\text{基金收益率} = \frac{1300\times3-1000\times2.9}{1000\times2.9}\times100\% = 34.5\%
$$

五、证券投资组合

(一) 证券投资组合的含义

证券投资组合又称为证券组合，是指在进行证券投资时，不是将所有的资金都投向单一的某种证券，而是有选择的投向一组证券，这种同时投资多种证券的做法便叫证券的投资组合。通过有效地进行证券投资组合，可以消减证券风险，达到降低风险的目的。

(二) 证券投资组合的收益和风险

1. 双证券组合的收益和风险

如果投资者只投资于两种证券，假定投资者投资于证券 A 和证券 B，其投资比重分别为 X_A 和 X_B，$X_A+X_B=1$，则该双证券组合的期望报酬率等于证券 A 和 B 的期望报酬率以其投资比重为权数计算的加权平均数。其计算公式为：

$$K_p = X_A K_A + X_B K_B \tag{5-36}$$

式中 K_p——双证券组合的期望报酬率；

X_A——证券 A 在投资组合中的投资比重；

X_B——证券 B 在投资组合中的投资比重；

K_A——证券 A 的期望报酬率；

K_B——证券 B 的期望报酬率。

然而，由于两个证券的风险可能具有一定的相互抵消或增强的作用，因此，双证券组合的风险就不再等于证券 A 和 B 的风险以其投资比重为权数计算的加权平均数了，双证券组合的风险可以用该组合的方差来衡量。其计算公式为：

$$\sigma_p^2 = X_A^2\sigma_A^2 + X_B^2\sigma_B^2 + 2\rho_{AB}X_A X_B\sigma_A\sigma_B \tag{5-37}$$

式中 σ_p^2——双证券组合的方差；

σ_A^2——证券 A 的方差；

σ_B^2——证券 B 的方差；

ρ_{AB}——证券 A 和 B 的相关系数。

组合的收益与风险关系为一条向左弯曲的曲线 AB，如图 5-1 所示。ρ 越小，弯曲的程度越大；当 $\rho = -1$ 时，该组合的收益与风险关系为折线 AQB。

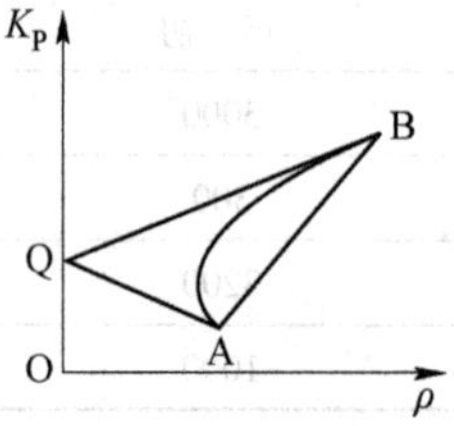

图 5-1 双证券组合的收益、风险与相关系数的关系

2. N 个证券组合的收益与风险

上面分析了两种证券的投资组合，但在实践中，证券投资组合往往会包含多种证券。如果证券组合中证券的数量为 N 个，证券组合的收益依然采用加权平均的计算方法，其期望报酬率为组合中各个证券的期望报酬率以其投资比重为权数计算出来的加权平均数。其计算公式为：

$$K_p = \sum_{i=1}^{n} X_i K_i \tag{5-38}$$

式中 X_i——第 i 种证券在投资组合中所占的比重；

K_i——第 i 种证券的期望报酬率；

n——证券组合中证券的总数。

N 个证券组合的风险也不能简单地用组合中每个证券的风险的加权平均数来衡量，而应当同样用该组合的方差来表示。其计算公式为：

$$\sigma_p^2 = \sum_{i=1}^{n}\sum_{j=1}^{n} X_i X_j \sigma_{ij} = \sum_{i=1}^{n} X_i^2\sigma_i^2 + \sum_{i=1}^{n}\sum_{\substack{j=1 \\ j\neq 1}}^{n} X_i X_j \sigma_{ij} + \sum_{j=1}^{n} X_j^2\sigma_j^2 \tag{5-39}$$

式中　σ_p^2——证券组合的方差；

X_i——第 i 种证券在投资组合中的比重；

X_j——第 j 种证券在投资组合中的比重；

σ_{ij}——第 i，j 两种证券的协方差。

注意：也可以用标准离差 σ_p 来衡量 N 个证券组合的风险。

证券组合的方差，不仅取决于组合中单个证券方差的大小，还取决于各证券之间的协方差大小。证券组合中证券数量越多，协方差所起的作用越大，而各证券的方差所起的作用越小。

根据上面对证券组合的收益与风险的分析可知，一个证券组合的期望报酬率只是组合中各证券的期望报酬率的加权平均数，因此，增加证券组合中证券的数量未必会提高证券组合的预期收益。但是，证券组合的风险则随着证券数量的增加而降低，这是因为证券组合中各证券的非系统性风险可以通过分散化投资相互抵消。

（三）证券投资组合的策略与方法

1. 证券投资组合的策略

证券投资组合的策略包括：

（1）保守型策略。保守型策略认为，最佳证券投资组合策略是要尽量模拟市场现状，将尽可能多的证券包括进来，以便分散掉全部非系统风险，得到与市场所有证券的平均收益相同的收益。1976 年，美国先锋基金创造的指数信托基金，便是这一策略的最典型代表。这种基金投资于标准与普尔股票价格指数中所包括的全部 500 种股票，其投资比例与 500 家企业价值比重相同。这种投资有以下好处：

1）能分散掉全部可分散风险；

2）不需要高深的证券投资的专业知识；

3）证券投资的管理费比较低。

但这种组合获得的收益不会高于证券市场上所有证券的平均收益，因此，此种策略属于收益不高、风险不大的策略，故称之为保守型策略。

（2）冒险型策略。冒险型策略认为，与市场完全一样的组合不是最佳组合，只要投资组合做得好就能击败市场或超越市场，取得远远高于平均水平的收益。这种组合中，一些成长型的股票比较多，而那些低风险、低收益的证券不多。另外，其组合的随意性强，变动频繁。采用这种策略的人认为，收益就在眼前，何必死守苦等。这种策略收益高、风险大，因此称为冒险型策略。

（3）适中型策略。适中型策略认为，证券的价格，特别是股票的价格，是由特定公司的经营业绩来决定的。采用这种策略的人，一般都善于对证券进行分析，如行业分析、公司业绩分析、财务分析等。通过分析，选择高质量的股票和债券，组成投资组合。适中型策略如果做得好，可获得较高的收益，而又不会承担太大风险。但进行这种组合的人必须具备丰富的投资经验，拥有进行证券投资的各种专业知识。这种投资策略风险不太大，收益却比较高，所以是一种最常见的投资组合策略。各种金融机构、投资基金和企事业单位在进行证券投资时一般都采用此种策略。

2. 证券投资组合的方法

进行证券投资组合的方法有很多，但最常见的方法通常有以下几种：

（1）选择足够数量的证券进行组合。这是一种最简单的证券投资组合方法，在采用这种方法时，不是进行有目的的组合，而是随机选择证券，随着证券数量的增加，非系统风险会逐步减少。当数量足够时，大部分非系统风险都能分散掉。根据投资专家的估计，在美国纽约证券市场上，随机地购买40种股票，其大多数非系统风险都能分散。为了有效地分散风险，每个投资者拥有股票的数量最好不少于14种。

（2）把风险大、风险中等、风险小的证券放在一起进行组合。这种组合方法又称1/3法，是指把全部资金的1/3投资于风险大的证券、1/3投资于风险中等的证券、1/3投资于风险小的证券。一般而言，风险大的证券对经济形势的变化比较敏感，即使当经济处于繁荣时期，风险大的证券也可能会遭受巨额损失；相反，风险小的证券对经济形势的变化则不十分敏感，一般都能获得稳定收益。因此，这种1/3的投资组合法，是一种进可攻、退可守的组合法，虽不会获得太高的收益，也不会承担巨大风险，是一种常见的组合方法。

（3）把投资收益呈负相关的证券放在一起进行组合。一种股票的收益上升而另一种股票的收益下降的两种股票，称为负相关股票。把收益呈负相关的股票组合在一起，能有效地分散风险。例如，某企业同时持有一家汽车制造公司的股票和一家石油公司的股票，当石油价格大幅度上升时，石油公司的收益会增加，但油价的上升，会影响汽车的销量，使汽车公司的收益降低。只要选择得当，这样的组合对降低风险有十分重要的意义。

能力训练

一、单项选择题

（1）项目投资方案可行的必要条件是（　　）。

A. 净现值大于或等于0　　B. 净现值大于0

C. 净现值小于0　　D. 净现值等于0

（2）某投资方案贴现率为16%时，净现值为6.12，贴现率为18%时，净现值为－3.17，则该方案的内含报酬率为（　　）。

A. 14.68%　　B. 17.32%　　C. 18.32%　　D. 16.68%

（3）用内含报酬率评价项目可行性的必要条件是（　　）。

A. 内含报酬率大于贴现率　　B. 内含报酬率小于贴现率

C. 内含报酬率大于或等于贴现率　　D. 内含报酬率等于贴现率

（4）在评价单一方案的财务可行性时，如果不同评价指标之间的评价结论发生了矛盾，就应当以主要评价指标的结论为准，如下列项目中的（　　）。

A. 净现值　　B. 投资回收期　　C. 现金流量　　D. 会计收益率

（5）下列表述中不正确的是（　　）。

A. 净现值大于0时，说明该投资方案可行

B. 净现值为0时的贴现率即为内含报酬率

C. 净现值是特定方案未来现金流入现值与未来现金流出现值之间的差额
D. 净现值大于0时，现值指数小于1
(6) 如果某一投资方案的净现值为正数，则必然存在的结论是（　　）。
A. 投资回收期在一年以内　　B. 现值指数大于1
C. 投资报酬率高于100%　　D. 年均现金净流量大于原始投资额
(7) 证券投资的收益不包括（　　）。
A. 证券购买价格　　B. 债券利息
C. 股票股利　　D. 现价与原价的价差
(8) 债券投资者购买债券时，可以接受的最高价格是（　　）。
A. 卖出的市价　　B. 债券的到期价值
C. 债券的内在价值　　D. 债券的票面价值
(9) 利率与证券投资的关系，以下叙述中正确的是（　　）。
A. 利率上升，则证券价格上升　　B. 利率上升，则证券价格下降
C. 利率上升，则企业股票价格上涨　　D. 利率上升，则证券价格不变
(10) 基金的价值取决于（　　）。
A. 基金净资产账面价值
B. 基金净资产现在价值
C. 基金资产未来能给投资者带来的现金流量
D. 基金资产未来能给投资者带来的现金流量的现值

二、多项选择题

(1) 若建设期不为零，则建设期内各年的净现金流量可能会（　　）。
A. 等于1　　B. 大于1　　C. 小于0　　D. 等于0
(2) 下列指标中，考虑了资金时间价值的是（　　）。
A. 净现值　　B. 现值指数　　C. 内含报酬率　　D. 投资回收期
(3) 若NPV<0，则下列关系式中正确的有（　　）。
A. NPVR>0　　B. NPVR<0　　C. PI<1　　D. IRR<i
(4) 下列因素中，影响股票内在价值的有（　　）。
A. 普通股股利　　B. 股票卖价　　C. 股票买价　　D. 市场利率
(5) 影响基金单位资产净值的因素有（　　）。
A. 基金资产总额　　B. 基金负债总额
C. 基金单位数量　　D. 基金资产账面价值

三、判断题

(1) 会计收益率和投资回收期这两个静态指标，其优点是计算简单，容易掌握，且均考虑了现金流量。（　　）

(2) 某一投资方案按10%的贴现率计算的净现值大于0，那么，该方案的内含报酬率大于10%。（　　）

(3) 多个互斥方案比较，应选择净现值大的方案。（　　）

（4）股票投资的收益主要包括股票股息和红利、股票卖出价收入。（ ）

（5）一般情况下，股票市场价格会随着市场利率的上升而下降，随着市场利率的下降而上升。（ ）

四、计算题

（1）某企业购买机器设备价款40万元，可为企业每年增加净利4万元，该设备可使用5年，无残值，采用直线法计提折旧，该企业的贴现率为10%。要求：计算该投资方案的会计收益率、投资回收期，并对此投资方案作出评价。

（2）某企业拟建造一项生产设备。预计建设期为1年，所需原始投资200万元于建设起点一次投入。该设备预计使用寿命为5年，使用期满报废清理时无残值。该设备折旧方法采用直线法。该设备投产后每年增加净利润60万元。假定适用的行业基准折现率为10%。要求：

1）计算该项目计算期内各年现金净流量；

2）计算该项目净现值；

3）计算该项目的现值指数；

4）计算该项目的内含报酬率；

5）评价该项目的财务可行性。

（3）M公司考虑用一台新的、效率更高的设备来代替旧设备，以减少成本、增加收益。旧设备原购置成本为40000元，已使用5年，估计还可以使用5年，已提折旧20000元。假定使用期满后无残值，如果现在销售可得价款20000元，使用该设备每年可获收入50000元，每年付现成本为30000元。该公司现准备用一台新设备来代替旧设备，新设备的购置成本为60000元，估计可使用5年，期满有残值10000元，使用新设备后，每年收入可达80000元，每年付现成本为40000元。该公司的资本成本为10%，所得税税率为25%，新、旧设备均采用直线法计提折旧。请作出该公司是继续使用旧设备还是对其进行更新的决策。

（4）王某购买了一张面值为1000元、票面利率为10%、期限为5年的债券。该债券每年年末支付利息，到期按面值归还本金。要求：

1）如果该债券当时按1050元溢价购入，计算该债券投资收益率；

2）如果投资者要求8%的收益率，则该债券的价格最高不能超过多少？

（5）甲公司发行的债券为贴息债券，其面值为1000元，期限为3年，当前的市场利率为8%。问该债券的发行价格不高于多少时，投资者才可以购买？

第六章　营运资金管理

学习目标

（1）理解营运资金的含义及持有意义；

（2）了解最佳现金持有量及现金日常管理方法；

（3）了解信用政策的内涵及作用；

（4）了解存货经济订货批量模型及意义。

能力目标

（1）能够结合企业具体情况设计并执行最佳的营运资金政策；

（2）能够用多种方法确定企业的最佳现金持有量和日常管理方法；

（3）能够制定合理的信用政策。

引导案例

自1996年至2005年，四川长虹的应收账款迅速增加，从1995年的1900万元增长到2003年的近50亿元，应收账款占资产总额的比重从1995年的0.3%上升到2003年的23.3%。2004年，四川长虹计提坏账准备3.1亿美元，截至2005年第一季度末，四川长虹的应收账款为27.75亿元，占资产总额的18.6%。

四川长虹不仅应收账款大幅度增加，而且应收账款周转率逐年下降，从1999年的4.67%下降到2005年第一季度的1.09%，明显低于其他三家彩电业上市公司的同期应收账款周转率。

巨额应收账款大幅度减少了四川长虹经营活动产生的现金流量净额，从1999年的30亿元急剧下降到2002年的-30亿元。截至2004年年底，其经营活动产生的现金流量净额仅为7.6亿元。

思考：造成四川长虹这种局面的主要原因是什么？

第一节 营运资金管理概述

一、营运资金的概念

广义的营运资金又称为总营运资金，是指一个企业流动资产的总额，与流动资产可作为同义语使用，在数额上营运资金等于流动资产。

狭义的营运资金又称为净营运资金，是指流动资产和流动负债的差额，在数额上等于流动资产减去流动负债后的余额。流动资产是指可以在一年或超过一年的一个营业周期内变现或者运用的资产，包括现金、交易性金融资产、应收及预付款项、存货等。流动资产又称短期投资，具有投资回收期短、周转快、流动性强等特点。企业拥有较多的流动资产，可在一定程度上降低财务风险。流动负债是指必须在一年或超过一年的一个营业周期内偿还的债务，包括短期借款、应付及预收款项、应付短期融资券等。流动负债又称短期融资，具有成本低、偿还期短、筹资速度快、筹资风险大的特点。

小贴士

如果流动资产等于流动负债，则占用在流动资产上的资金是由流动负债融资；如果流动资产大于流动负债，净营运资金为正值，表示流动负债提供了部分流动资产的资金来源，其余部分需要以长期负债或股东权益的一定份额为其资金来源。绝大多数健康运营企业的净营运资金为正值。

二、营运资金的特点

企业要想有效管理营运资金，就必须认真研究营运资金的特点，以便在企业营运资金运作过程中采取有针对性的措施。营运资金一般有以下特点。

（一）营运资金周转期短

企业占用在营运上的资金，周转速度较快，周转期较短，通常在1年或1个营业周期内被收回。因此，企业在营运资金的供应上，可以根据这一特点，采用短期筹资方式来解决，如短期银行借款、商业信用等。

（二）营运资金形态多样且数量波动大

营运资金的实物形态除了按货币资产、储备资产、生产资产、成品资产、结算资产之顺序转化外，其占用的数量也会随企业内外经营条件的变化而变化，时高时低，波动很大。因此，企业在流动资产管理上，必须要对各项流动资产合理配置，并根据波动情况，随时调整其数量。

（三）营运资金变现性强

营运资金中的大部分资产一般都具有较强的变现能力。在企业出现紧急状况时，相比长期资产，这些资产更容易变现，可满足企业在生产经营中的紧急需求。

（四）营运资金来源具有灵活多样性

企业筹集营运资金的方式较为灵活多样，既可通过长期筹资方式解决，也可通过短期筹资方式解决。短期筹资通常有银行短期借款、短期融资券、商业信用、应交税费、应交利润、应付职工薪酬、预收货款、票据贴现等多种方式。

知识链接

零营运资金管理

零营运资金管理是指通过减少在流动资产上的投资，使营运资金占企业总营业额的比重趋于最小，便于企业把更多的资金投入到收益较高的固定资产蔬长期投资上；通过大量举借短期负债来满足营运资金需求，降低企业资金成本的一种管理方法。以零营运资金为目标，对企业营运资金实行的，零营运资金管理已成为20世纪90年代以来企业财务管理中一个卓有成效的方法。随着现代企业制度改革的深化和企业经营管理的加强，企业理财的重要性也与日俱增，因此零营运资金管理的方法对企业有着十分重要的借鉴意义。

第二节 现金管理

现金是指能够立即投入流通的交换媒介，可以作为购买商品、货物、劳务或偿还债务的直接支付手段。其是企业资产中流动性最强的部分，也是企业最特殊的资产形式。现金的内容包括库存现金、各种形式的银行存款以及其他货币资金。从财务角度解释，现金还应包括现金等价物，有价证券的变现能力强，可以随时兑换成现金，因此短期持有的有价证券就成了现金的替代品。

一、现金持有的动机和成本

（一）持有现金的动机

企业持有现金的动机主要有交易动机、预防动机和投机动机。

1. 交易动机

交易动机是指企业为满足生产经营活动中的各种支付需要（如购买原材料、支付工资、偿还利息、支付现金股利等）而持有现金。由于企业在生产经营活动中不可能始终保持现金收入与现金支出相等，因此，保持一定的现金余额以应付各种日常开支是必要的。通常情况下，企业的销售量越多，要保持的现金余额也越多。现金数量还受到市场变化、竞争、企业业务的季节性特点等影响。

2. 预防动机

预防动机是指为预防突发事件发生的现金支付需求而持有现金，如生产事故、自然灾害、客户违约等打破原先的货币资金收支平衡。一般来说，预防性现金数额的多少，主要取决于企业对未来现金流量预测的可靠程度。企业对未来现金流量的预测越准确，需要的预防性现金数额就越少，反之则越多。此外，预防性现金数额的多少还与企业愿意冒缺少现金风险的程度及临时性融资的能力有关。希望尽可能减少风险的企业倾向于保留大量的现金余额，以应付预防性现金需求。但是，企业如果能够与银行维持良好关系，很容易随时借到短期资金，也可以减少预防性现金数额。

3. 投机动机

企业持有现金的另一个可能的动机是投机，即通过在证券市场上的炒作或原材料市场的投机买卖来获取投机收益。例如，当企业预计原材料价格将较大幅度上涨时，可利用手中多余的现金以目前较低价格购入原材料，使自身少受影响。投机动机只是企业确定现金余额所要考虑的次要因素之一，其现金持有数量往往与企业在金融市场上的投资机会和企业对待风险的态度有关。

（二）持有现金的成本

现金成本指企业为持有一定数量的现金而发生的费用，或企业现金发生短缺时付出的代价。具体包括以下几项。

1. 机会成本

现金的机会成本是指企业因持有现金而丧失的再投资收益。一般可以用有价证券的利息率来衡量现金的机会成本。其计算公式为：

$$机会成本 = 现金持有量 \times 有价证券利率 \tag{6-1}$$

机会成本属于变动成本，它与现金持有量呈正比例关系，现金持有量越多，则现金机会成本越大。

2. 转换成本

现金的转换成本也称现金的交易成本，是指企业用现金购买有价证券或将有价证券转换为现金时发生的交易费用，如买卖证券支付的佣金，委托手续费等。现金的转换成本可分为两类：一是依据委托成交额的一定比例计算的费用，与转换的次数关系不大，而与成交金额成正比，属于变动转换成本，如买卖证券支付的佣金、证券交易的印花税等；二是依据交易次数计算的费用，每次交易支付的费用不变，属于固定转换成本，如委托手续费、过户费等。严格地讲，转换成本仅指与交易金额无关而与交易次数成正比的交易费用。在现金需求量一定时，现金持有量越多，证券变现次数越少，转换成本就越少；反之，转换成本越高。

3. 短缺成本

短缺成本是指因置存现金不足而不能应付业务开支所需给企业造成的损失，如因无钱购买原材料造成停工损失、失去现金折扣、不能及时支付而造成信誉损失等。现金的短缺成本与现金持有量之间成反比例关系，现金的短缺成本随现金持有量的增加而下降，随现金持有量的减少而上升。

4. 管理成本

管理成本是指企业因置存现金而发生的管理费用，如现金保管人员的工资支出、保管现金发生的必要的安全防盗设施的建造费用等。现金的管理成本一般属于固定成本，在一定的现金余额范围内与现金的持有量关系不大。

知识链接

凯恩斯在借用边际成本概念的基础上，提出了最佳现金持有量由资金短缺的边际成本曲线与持有现金的边际成本曲线的交点所决定的交易成本模型。影响资金短缺及现金持有边际成本的因素包括：

（1）外部融资交易成本；

（2）通过出售资产、削减股息和重新谈判筹集资金的成本；

（3）投资机会成本；

（4）套期保值成本；

（5）其他资产变现期限；

（6）现金流的不确定性；

（7）规模经济的缺失；

（8）税收。

企业持有的流动资产（主要指现金）将随着利率、期限结构、债务筹资成本、资产出售成本和套期保值风险的下降以及公司股息规模的缩小而减少。根据该理论模型，企业存在最佳现金持有量。

二、现金管理的目标和内容

（一）现金管理的目标

企业基于交易性、预防性和投机性动机必须持有一定量的现金余额。但是，流动性强的资产，其收益性较低，企业时刻面临现金不足和现金过量两方面的威胁。现金管理的目标是：在现金的流动性与收益性之间做出合理的选择，通过确定最佳现金持有量，既保证企业生产经营所需现金以降低风险，又使现金成本维持在较低水平增加企业收益。

（二）现金管理的内容

企业现金管理的内容主要包括以下三个方面：

（1）编制现金收支预算。现金收支预算是现金管理的核心环节和重要方法，企业应当在合理预计现金流量的基础上，定期编制现金收支计划，合理估计未来的现金需求，以便全面规划未来现金流量，及时提供现金循环的相关信息。

（2）确定最佳现金持有量。企业应当根据生产预算、销售预算、现金收支预算等财务预算资料，通过深入研究和运用科学的方法，来确定企业的目标现金持有量，并力求保持实际的现金余额与目标现金持有量相一致。当企业实际现金余额与目标现金余额不一致时，可采用短期融资或有价证券投资等策略。

（3）现金日常收支管理。根据现金收支计划对日常的现金收支进行控制和调整，尽可能快的收回应收款项，增加现金流入量。同时，在合理的情况下，尽可能使用各种信用工具，延迟现金流出。

三、最佳现金持有量

最佳现金持有量是指使持有现金所付出代价最少，又不影响企业正常生产经营的现金持有量。它的确定方法主要有成本分析模式和存货分析模式两种。

（一）成本分析模型

成本分析模型是通过分析持有现金的成本，寻找持有现金总成本最低的现金持有量。持有现金总成本的计算公式为：

$$持有现金总成本 = 管理成本 + 机会成本 + 短缺成本 \qquad (6\text{-}2)$$

管理成本、机会成本和短缺成本与现金持有量之间的关系如图6-1所示。成本分析模型就是要找出管理成本、机会成本和短缺成本所组成的总成本曲线中最低点对应的现金持有量，即最佳现金持有量。

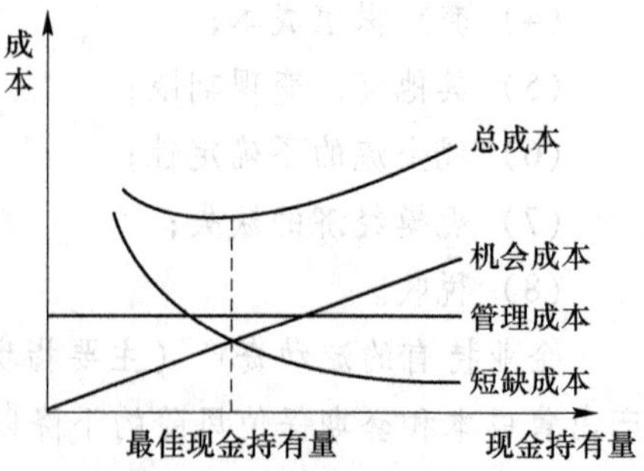

图6-1 成本分析模型

成本分析模型的优点是适用范围广，尤其适用于现金收支波动较大的企业；缺点是企业持有现金的短缺成本较难预测。

【例6-1】 A公司现有甲、乙、丙、丁四种现金持有量方案，有关成本资料见表6-1。

表6-1 A公司现金持有量方案 （单位：元）

项 目	甲	乙	丙	丁
现金持有量	40000	50000	70000	90000
管理成本	10000	10000	10000	10000
机会成本率	10%	10%	10%	10%
短缺成本	4500	3200	1000	0

假如你是A公司的财务经理，请利用成本分析模型为该公司作出最佳现金持有量的决策。

根据表6-1资料，计算甲、乙、丙、丁四种现金持有量方案的总成本（见表6-2）。

表6-2 A公司持有现金的总成本 （单位：元）

项 目	甲	乙	丙	丁
现金持有量	40000	50000	70000	90000
管理成本	10000	10000	10000	10000
机会成本	4000	5000	7000	9000
短缺成本	4500	3200	1000	0
总成本	18500	18200	18000	19000

由以上计算可知，丙方案的总成本最低。因此，A公司最佳现金持有量应选择为70000元。

（二）存货模型

存货模型是将现金看作企业的一种特殊存货，按照存货管理中经济批量法的原理确定企业最佳现金持有量的方法。运用此模型确定最佳现金持有量的基本假设条件如下：

（1）企业预算期（计划期）内现金需要总量可以预测。

（2）企业所需用的现金均可通过证券变现取得，并且证券变现的不确定性很小。

（3）现金的支出过程比较稳定，并且每当现金余额降至零时，均可通过部分证券变现得以补足，没有短缺成本。

（4）证券投资报酬率或利率以及每次的固定性交易费用可以获悉。

如果以上假设条件基本得到满足，则企业便可以运用存货模型来确定最佳现金持有量。

存货模型下的最佳现金持有量是指机会成本与转换成本之和为最小时相应的现金持有量。其总成本的计算公式为：

$$\mathrm{TC}=K\times\frac{Q}{2}+F\times\frac{T}{Q} \qquad (6\text{-}3)$$

式中 TC——现金总成本；

Q——现金持有量；

K——有价证券投资报酬率或利率；

T——一定时期的现金需要量；

F——每次转换有价证券的固定成本。

每次转换现金后现金持有量达到最高，下次转换前现金用完，现金余额为零，故现金平均余额为$\frac{Q}{2}$。现金在一定时期内的变化情况如图 6-2 所示。

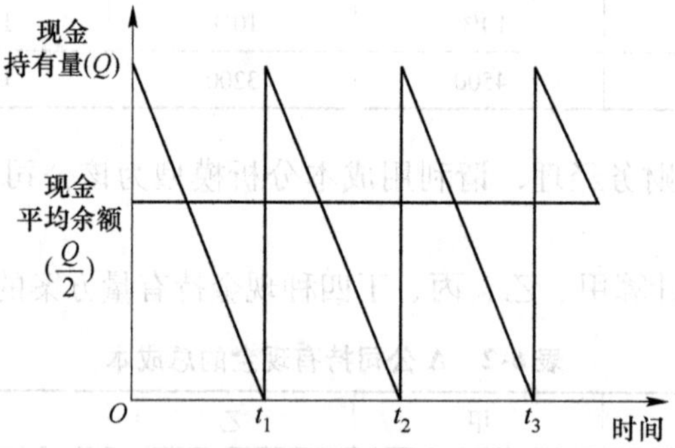

图 6-2 现金周期性变化

成本与现金持有量的变化关系如图 6-3 所示。

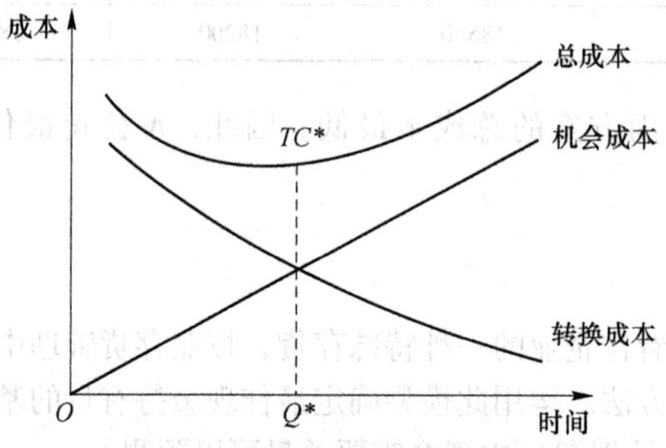

图 6-3 存货模型的现金成本

通过对公式（6-3）求导，求出 TC（Q）极小值，可以确定出最佳现金持有量、最佳现金总成本和最佳变现次数。其计算公式分别为：

$$Q^* = \sqrt{\frac{2TF}{K}} \tag{6-4}$$

$$\mathrm{TC}^* = \sqrt{2TFK} \tag{6-5}$$

$$N^* = \frac{T}{Q^*} \tag{6-6}$$

式中 Q^*——最佳现金持有量；

TC^*——最佳现金总成本；

N^*——最佳变现次数。

存货模型的优点是计算结果比较精确，但其使用条件较为严格，使该方法的使用受到一定的限制。

【例 6-2】 A 公司预计全年现金总需要量为 1000000 元，其收支状况比较稳定。有价证券年利率为 8%。假设有价证券变现的转换成本为每次 100 元，计算该公司最佳现金持有量最佳现金总成本及最佳变现次数。

【解】

$$Q^* = \sqrt{\frac{2 \times 1000000 \times 100}{8\%}} = 50000(\text{元})$$

$$TC^* = \sqrt{2 \times 1000000 \times 100 \times 8\%} = 4000(\text{元})$$

$$N^* = \frac{1000000}{50000} = 20(\text{次})$$

（三）随机模型

米勒（M. Miller）和奥尔（D. Orr）设计了一个在现金流入、流出不稳定情况下确定最佳现金持有量的模型。该模型假设每日现金净流量是一个随机变量，该随机变量在一定时期内接近正态分布，每日现金净流量可能等于期望值，也可能高于期望值。随机模型确定最高控制线为 H，最低控制线为 L，回归线为 R。L 取决于模型之外的因素，其数额由现金管理部经理在综合考虑短缺现金风险程度、公司借款能力、公司日常周转所需资金、银行要求的补偿性余额等因素的基础上确定。当现金余额上升到 H 线时，表明现金余额过多，公司可以购入有价证券，使现金余额回落到 R 线上；当现金余额下降到 L 线时，公司将出售一定量的有价证券，使现金余额上升到 R 线上（见图 6-4）。

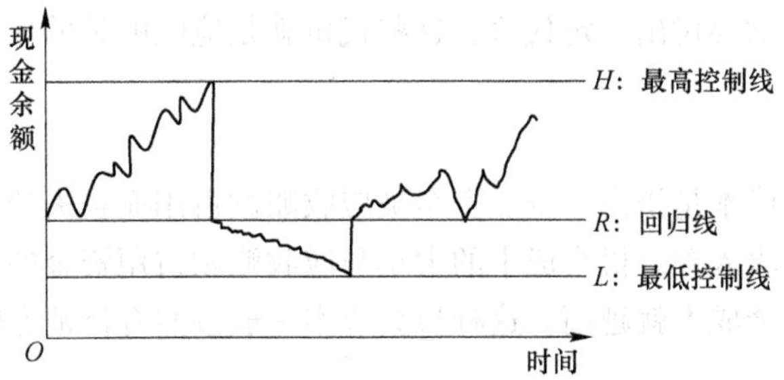

图 6-4　随机模型

现金回归线 R 和最高控制线 H 的计算公式为：

$$R = \sqrt[3]{\frac{3b\sigma^2}{4i}} + L \tag{6-7}$$

$$H = 3R - 2L \tag{6-8}$$

式中　b——证券转换为现金或现金转换为证券的成本；

σ——公司每日现金流量变动的标准差；

i——以日为基础计算的现金机会成本（或日利率）。

运用随机模型确定最佳现金持有量符合随机思想，即企业现金支出是随机的，收入是无法预知的，所以，该模型适用于所有企业最佳现金持有量的预测。由于随机模型建立在企业的现金未来需求总量和收支不可预测的前提下，因此计算出来的现金持有量比较保守。

【例 6-3】 A 公司现金部经理决定任何时候其现金余额都不能低于 20000 元，估计每天的现金净流量标准差为 2000 元，持有现金的年机会成本为 15%，买卖证券转换成本为 150 元。那么，在随机模型下，该公司现金余额回归线和最高控制线分别为多少？

【解】

$$R=\sqrt[3]{\frac{3\times150\times2000^2}{4\times(15\%\div365)}}+20000=30307.14(\text{元})$$

$$H=3\times30307.14-2\times20000=50921.42(\text{元})$$

小思考

（1）确定最佳现金持有量有哪些模式？说明其基本原理。

（2）利用成本分析模型和存货模型确定最佳现金持有量的相关成本有何不同？

（3）成本分析模型、存货模型、随机模型各自的适用范围和优缺点是什么？

第三节 应收账款管理

应收账款是企业因对外赊销商品、提供劳务及其他原因，应向购货单位或接受劳务单位及其他单位收取的款项，主要包括应收销售款和应收票据等。

一、应收账款的成本

企业持有应收账款要付出一定代价，这些代价就是应收账款的成本。

（一）机会成本

应收账款的机会成本是指由于企业资金被应收账款占用而丧失的其他投资收益，如投资于有价证券的利息收入等。机会成本的大小与应收账款占用资金的数量密切相关，占用的资金数量越大，机会成本就越高。这种机会成本一般按照有价证券的利息率来计算。其计算公式为：

$$\begin{aligned}\text{应收账款机会成本}&=\text{应收账款占用资金}\times\text{有价证券利息率}\\&=\text{应收账款平均余额}\times\text{变动成本率}\times\text{有价证券利息率}\end{aligned}\tag{6-9}$$

$$\begin{aligned}\text{应收账款平均余额}&=\text{销售收入净额}\div\text{应收账款周转次数}\\&=(\text{销售收入净额}\div360)\times\text{应收账款周转天数}\\&=\text{日销售额}\times\text{应收账款周转天数}\end{aligned}\tag{6-10}$$

【例 6-4】 某企业预测 2020 年销售收入净额为 2000 万元，应收账款周转天数为 90 天，变动成本率为 70%，有价证券利息率为 8%。该企业应收账款的机会成本为多少？

【解】

应收账款周转次数 = 360 ÷ 90 = 4(次)

应收账款平均余额 = 2000 ÷ 4 = 500(万元)

或应收账款平均余额 = (2000 ÷ 360) × 90 = 500(万元)

应收账款占用资金 = 500 × 70% = 350(万元)

应收账款的机会成本 = 350 × 8% = 28(万元)

（二）管理成本

应收账款的管理成本，是指公司对应收账款进行管理所发生的费用支出。主要包括：
（1）对客户的资信调查费用；
（2）收集各种信息的费用；
（3）应收账款账簿记录费用；
（4）收账费用；
（5）其他用于应收账款的管理费用。

（三）坏账成本

应收账款的坏账成本是指由于应收账款无法收回而给公司造成的经济损失。这种成本的大小一般与公司的信用政策有关，并且与应收账款的数量成正比。一般来说，严格的信用政策产生坏账的概率比较小，过于宽松的信用政策比较容易产生坏账。其计算公式为：

$$应收账款坏账成本=销售收入净额\times坏账损失率 \quad (6\text{-}11)$$

（四）短缺成本

应收账款的短缺成本是指企业由于不能向一些信用好的客户提供商业信用，从而使这些客户转向其他企业而引起的销售收入的下降。这种潜在的销售收入下降也是一种成本。

小贴士

对企业来讲，虽然应收账款具有扩大销售、减少存货、提高市场竞争力的功能，但是，拥有应收账款是要付出成本代价的。因此，企业需要在应收账款所增加的盈利和所增加的成本之间做好权衡。应收账款管理目标是在发挥应收账款功能的同时，尽可能降低应收账款成本，提高经济效益，从而提升企业价值。

二、制定信用政策

应收账款的信用政策是指对应收账款的管理政策，包括信用标准、信用条件、收账政策。

（一）信用标准

信用标准是指客户获取企业商业信用所应具备的最低条件，通常用预期的坏账损失率表示。影响信用标准的因素主要是5C，企业在设定信用标准时往往面临两难的选择：如果企业信用标准严格，将使许多客户因信用品质达不到所设定的标准而被拒于企业商业信用之外，这尽管有利于减少坏账损失，降低应收账款机会成本、管理成本和违约风险，但却会影响企业市场竞争能力的提高和销售收入的扩大；如果企业信用标准宽松，虽然有利于扩大销售，提高市场占有率和竞争力，但同时却需要冒较大的坏账损失风险，支付较高的收账费用，并且还可能增加应收账款的机会成本。因此，企业在设定信用标准时必须在扩大销售和增加成本之间做好权衡。

小贴士

"5C" 系统是评估顾客信用品质，即品质（Character）、能力（Capacity）、资本（Capital）、抵押（Collateral）和条件（Conditions）的系统。

（二）信用条件

信用条件是指企业要求客户支付赊销款项的条件，包括信用期限、现金折扣及折扣期限等。信用期限是指企业为客户规定的最长付款时间，一般来讲，企业给予客户的信用期越长，表明客户享受的信用条件越优，对客户的吸引力也越强，但同时又会增加企业的资金占用，增加企业的机会成本，加大企业的风险；折扣期限是指企业为顾客规定的可享受现金折扣的付款时间；现金折扣是指企业为了鼓励客户提前付款而给予的优惠。信用条件的基本表示方式为"2/10，N/30"，意思是：若客户能在发票开出后的10日内付款，可以享受2%的现金折扣；如果放弃现金折扣优惠，则全部款项必须在30日内付清。在此，30天为信用期限，10天为折扣期限，2%为现金折扣率。

【例6-5】 A公司目前的信用条件是"*n*/60"，即无现金折扣，预计年赊销收入净额为3500万元，估计坏账损失率为3%，收账费用为25万元。假设公司收账政策不变，固定成本总额不变，为加速应收账款回收，公司决定将信用条件改为"2/10，1/30，*n*/60"，估计约有60%的客户会利用2%的折扣，25%的客户会利用1%的折扣，坏账损失率将降低到2%，收账费用将降低至20万元。该公司的变动成本率为65%，资本成本率为15%。假设不考虑所得税因素。通过计算分析该公司是否应改变目前的信用条件。

根据以上资料，分析计算目前信用条件下的信用成本后收益和改变信用条件下的信用成本后收益（见表6-3）。

表6-3 A公司信用成本后收益计算表

项　目	信用条件：*n*/60	信用条件：2/10，1/30，*n*/60
信用成本前收益	3500×（1－65%）＝1225	3500×（1－65%）＝1225
应收账款机会成本	（3500÷360）×60×65%×15%＝56.87	（3500÷360）×22.5*×65%×15%＝21.33
现金折扣成本	0	3500×60%×2%＋3500×25%×1%＝50.75
坏账损失	3500×3%＝105	3500×2%＝70
收账费用	25	20
信用成本后收益	1225－56.87－0－105－25＝1038.13	1225－21.33－50.75－70－20＝1062.92

注：* 为平均收账期＝10×60%＋30×25%＋60×15%＝22.5（天）。

【解】 根据以上计算可知：改变信用条件后可为公司多盈利 1062.92 － 1038.13 ＝ 24.79（万元）。因此，该公司应将信用条件调整为"2/10，1/30，*n*/60"。

（三）收账政策

1. 收账政策的含义

收账政策是指企业向客户收取逾期未付款项的收账策略与措施。企业的信用政策影响坏账损失，为了避免或减少坏账损失，提高收款效率，企业应制定收款政策。一般企业为了提高产品销售量，增强竞争能力，常对客户的未付款项规定一个允许拖欠的期限，超过规定期限，企业就将进行各种形式的催收。

2. 决策要点

如果企业制定的收账政策过于宽松，会导致逾期未付款的客户拖延更长时间，对企业不利；收账政策过严，催收过急，有可能伤害无意拖欠的客户，影响企业未来的销售和利润。因此，企业在制定收账政策时必须十分谨慎，做到宽严适度。

企业无论采用何种方式对拖欠款催收，都要付出一定的代价，即收账费用。一般来说，随着收账费用的增加，坏账损失会逐渐减少，但收账费用不是越多越好，因为收账费用增加到一定数额后，坏账损失不再减少，这说明在市场经济条件下不可能没有坏账。投入多少收账费用，要在权衡增加的收账费用和减少的坏账损失后做出决定。

三、应收账款日常管理

信用政策是企业在应收账款方面的全局性策略，一般一年制定一次，是一种事前规划，而对应收账款的日常管理则是一种事中控制。应收账款日常管理主要有应收账款账龄分析、ABC 分析法、应收账款收现保证率分析、应收账款保理等。

（一）应收账款账龄分析

应收账款账龄分析，即应收账款账龄结构分析，是指分析各账龄应收账款余额占应收账款总计余额的比重。企业已发生的应收账款时间有长有短，有的尚未超过信用期，有的则已经逾期拖欠。一般来说，拖欠的时间越长，收回款项的可能性越小，形成坏账的可能性也就越大。因此，企业应对应收账款定期进行账龄分析，密切注意应收账款的回收情况，提高应收账款的管理效益。实际工作中，企业多是通过定期编制应收账款账龄分析表来进行分析的。

【例 6-6】 宁海公司 2020 年 6 月 30 日的应收账款账龄结构见表 6-4。

表 6-4 宁海公司应收账款账龄分析表

应收账款账龄	客户数/个	金额/万元	比重/%
信用期（设为 3 个月）	55	4000	49. 50
超过信用期 1 个月以内	30	2500	30. 94
超过信用期 2 个月以内	25	120	1. 48
超过信用期 3 个月以内	30	100	1. 24
超过信用期 4 个月以内	25	260	3. 22
超过信用期 5 个月以内	18	800	9. 90

续表 6-4

应收账款账龄	客户数/个	金额/万元	比重/%
超过信用期 6 个月以内	12	200	2.48
超过信用期 6 个月以上	10	100	1.24
合 计	205	8080	100

从表 6-4 可知，该企业应收账款余额中，有 4000 万元尚在信用期内，占全部应收账款的 49.50%。这些款项尚未到期，属于正常欠款，但到期后能否收回，现在还不能确定，所以仍须及时监督。过期数额为 4080 万元，占全部应收账款的 50.50%。其中：逾期在 1、2、3、4、5、6 个月内的，分别为 30.94%、1.48%、1.24%、3.22%、9.90%、2.48%，合计为 49.26%；超过信用期半年以上的为 1.24%。企业对逾期账款应给予足够重视，查明具体属于哪些客户，这些客户的资信情况如何，发生拖欠的原因何在。对不同拖欠时间的账款及不同信用品质的客户，企业应采取不同的收账方法，制定出相应的经济可行的收账政策和收账方案；对可能发生的坏账损失，需提前做好准备，充分估计这一因素对企业损益的影响。对尚未过期的应收账款，也不能放松管理，以防发生新的拖欠。通过应收账款账龄分析，提示财务管理人员在把过期款项视为工作重点的同时，有必要进一步研究制定新的信用政策。

（二）ABC 分析法

ABC 分析法又称重点分析法，其基本原则是“抓好重点、照顾一般”。采用此方法需要将企业的所有欠款客户按其金额的多少进行分类排队：A 类为应收账款逾期金额大的客户；B 类为应收账款逾期金额较大的客户；C 类为应收账款逾期金额较小的客户。对 A 类客户重点管理，可以发出措辞较严厉的信件催收，或派专人催收，或委托收账代理机构处理，甚至可以通过法律途径解决；对 B 类客户可以多发几封信件催款，或打电话催收；对 C 类客户只需要发出通知其付款的信函即可。

（三）应收账款收现保证率分析

由于企业当期现金支付需要量与当期应收账款收现额之间存在非对称性矛盾，并呈现出预付性与滞后性的差异性特征（如企业必须用现金支付与赊销收入有关的增值税和所得税，弥补应收账款资金占用等），这就决定了企业必须针对应收账款收现水平制定一个必要的控制标准，即应收账款收现保证率。

应收账款收现保证率是指有效收现的账款应占全部应收账款的百分比。其计算公式为：

$$应收账款收现保证率 = \frac{当期必要现金支出总额 - 当期其他稳定可靠的现金流入总额}{当期应收账款总额} \tag{6-12}$$

式中，其他稳定可靠的现金流入总额是指从应收账款收现以外的途径可取得的各种稳定可靠的现金流入数额，包括短期有价证券变现净额、可随时取得的银行贷款额等。

这一指标反映了企业既定会计期间预期现金支付数额扣除各种可靠、稳定性来源后的差额后，必须通过应收款项有效收现予以弥补的最低保证程度。其主要意义在于，应收款项未来是否可能发生坏账损失对企业来说并非最重要，更重要的是实际收现的账项能否满足同期必要的现金支付要求，特别是满足具有刚性约束的纳税债务及偿付不得展期或调换的到期债务的需要。企业应定期计算应收账款实际收现率并与控制标准进行比较，发现差异，及时采取措施予以纠正。

（四）应收账款保理

保理是保付代理的简称，是指保理商与债权人签订协议，转让其对应收账款的部分或全部权利与义务，并收取一定费用的过程。

应收账款保理是企业将赊销形成的未到期应收账款在满足一定条件的情况下，转让给保理商，以获得银行的流动资金支持，加快资金的周转。保理可以分为：有追索权保理（非买断型）和无追索权保理（买断型），明保理和暗保理，折扣保理和到期保理。

有追索权保理是指供应商将债权转让给保理商，供应商向保理商融通资金后，如果购货商拒绝付款或无能力付款，保理商有权向供应商要求偿还预付的现金。如果购货商破产或无力支付，只要有关款项到期未能收回，保理商都有权向供应商进行追索，因而保理商具有全部“追索权”，这种保理方式在我国采用较多。无追索权保理是指保理商将销售合同完全买断，并承担全部的收款风险。

明保理是指保理商和供应商需要将销售合同被转让的情况通知购货商，并签订保理商、供应商、购货商之间的三方合同。暗保理是指供应商为了避免让客户知道自己因流动资金不足而转让应收账款，并不将债权转让情况通知客户，货款到期时仍由销售商出面催款，再向银行偿还借款。

折扣保理又称融资保理，即在销售合同到期前，保理商将剩余未收款部分先预付给销售商，一般不超过全部合同额的70%～90%。到期保理是指保理商不提供预付账款融资，而是在赊销到期时才支付，届时不管货款是否收到，保理商都必须向销售商支付货款。

应收账款保理对于企业而言，其理财作用主要体现在融资功能、减轻企业应收账款管理负担、减少坏账损失、改善企业的财务结构等方面。

第四节 存货管理

存货是指公司在生产经营过程中为销售或者耗用而储备的资产，主要包括各类材料、商品在产品、产成品等。在企业流动资产中，存货占的比重较大，一般占流动资产的40%～60%。

一、存货的功能与成本

（一）存货的功能

1. 保证正常生产经营活动

生产过程中需要的原材料是生产中必需的物质资料。由于目前各厂商的分工协作、信息交流等不够完善和需求的不确定性，为了保证生产顺利进行，企业必须适当地储备一些生产所需的存货，从而有效防止停工待料事件的发生，维持生产的连续性。同时，在存货生产不均衡和商品供求波动时，储备的存货可起到缓和矛盾的作用。

2. 适应市场变化要求

由于市场的需求处于变化之中，一旦市场需求下降，会导致企业的存货积压，而市场需求增加，则可能导致存货不足。适量的原材料存货和在制品、半成品存货是企业生产正常进行的前提和保障。所以适当储备存货能增强企业在生产和销售方面的机动性，以及适应市场变化的能力。

3. 便于均衡组织生产

对于季节性产品，生产所需材料的供应具有季节性的企业，为实行均衡生产，降低生产成本，就必须适当储备一定的半成品存货或保持一定的原材料存货。

4. 可以降低进货成本

很多企业为扩大销售规模，对购货方提供较优厚的商业折扣政策，即购货达到一定数量时，便在价格上给予相应的折扣优惠。企业采取批量集中进货，可获得较多的商业折扣。此外，增加每次购货的数量，减少购货次数，可以降低采购费用支出。

（二）存货成本

存货成本是指企业为充分发挥存货的固有功能，必须拥有一定的存货储备而付出的代价。其主要内容包括：

（1）取得成本。取得成本是指企业取得某种存货而支付的成本，主要由以下两部分构成：

1）订货成本。订货成本是指为组织订货而发生的各项支出，如办公费、差旅费、邮资费、电话电报费等支出。订货成本分为固定性订货成本和变动性订货成本。固定性订货成本与订货次数无关，如常设采购机构的基本开支（采购人员工资、折旧费、水电费）等；变动性订货成本与订货数量无关而与订货次数有关，如采购人员的差旅费、邮资费、电话电报费等。

2）购置成本。购置成本由存货买价、运杂费、装卸费、运输途中的合理损耗和入库前的挑选整理费等构成，一般与采购数量成正比例关系。在存货年需求量一定，并且物价稳定、无数量折扣的情况下，购置成本在存货管理决策中属于无关成本；但在有数量折扣时，购置成本就成为决策的相关成本。

（2）储存成本。储存成本是指存货在储存过程中发生的费用，包括仓储费、搬运费、保险费、存货占用资金应计利息或机会成本、存货残损霉变损失等。储存成本可以按照与储存数额的关系分为固定性储存成本和变动性储存成本。固定性储存成本与存货储存数额的多少无直接关系，如仓储折旧、仓库职工的固定月工资等，属于决策的无关成本；变动性储存成本与存货数额的多少成正比例关系，如存货占用资金的应计利息、存货残损与变质损失、存货的保险费用，属于决策的相关成本。

（3）缺货成本。缺货成本是指由于存货中断而造成的损失，包括由于材料供应中断造成的停工损失、产成品库存短缺造成的拖欠发货损失和丧失销售机会的损失（还应包括需要主观估计的商誉损失）等。如果生产企业能够以替代材料解决库存材料供应中断之急，缺货成本则表现为替代材料紧急采购的额外开支（紧急额外购人的开支一般会大于正常采购的开支）。缺货成本能否作为决策的相关成本，应视企业是否允许出现存货短缺的情形而定。若企业允许缺货，则快货成本便与存货数量反向相关，属于决策的相关成本；若企业不允许发生短缺情形，则此时缺货成本为零，无须考虑。

二、存货经济批量

存货决策主要是如何确定存货的进货项目、供应单位、进货时间和进货批量四方面问题。账务视角下的存货决策是指账务部门通过合理的规划进货时间和进货批量确定经济批量。经济批量又称为经济订货量，是指为实现账务管理的目标，能使一定时期内存货的相关总成本达到最小的进货批量。经济批量是既能满足生产经营需要，又能使存货总成本达到最低的一次采购批量。

（一）存货经济订货批量基本模型

存货经济订货批量基本模型需要设立的假设条件如下：

（1）企业能够及时补充存货，即需要订货时便可立即取得存货。

（2）能集中到货，而不是陆续入库。

（3）不允许缺货，即无缺货成本。

（4）存货需求量稳定，即为已知的常数。

（5）存货单价稳定，不存在数量折扣。

设立了上述假设后，与存货决策相关总成本的公式可以简化为：

存货总成本 = 变动订货成本 + 变动储存成本

即

$$TC = \frac{A}{Q} \times K + \frac{Q}{2} \times K_c \qquad (6\text{-}13)$$

为了求出 TC 的极小值，对上式进行求导演算，便可得出经济订货批量的基本模型，即：

$$Q^* = \sqrt{\frac{2AK}{K_c}} \qquad (6\text{-}14)$$

根据存货经济订货批量的基本模型还可以演变出其他模型，即：

$$N^* = \frac{A}{Q^*} \qquad (6\text{-}15)$$

$$TC^* = \sqrt{2AKK_c} \qquad (6\text{-}16)$$

式中 TC——存货总成本；

Q^*——经济订货批量；

A——存货年需要量；

K——每次订货成本；

K_c——单位存货年储存成本；

N^*——经济订货批次；

TC^*——经济订货总成本。

在上述假设下，存货余额周期性变化如图 6-5 所示，存货成本与订货批量之间的关系如图 6-6 所示。

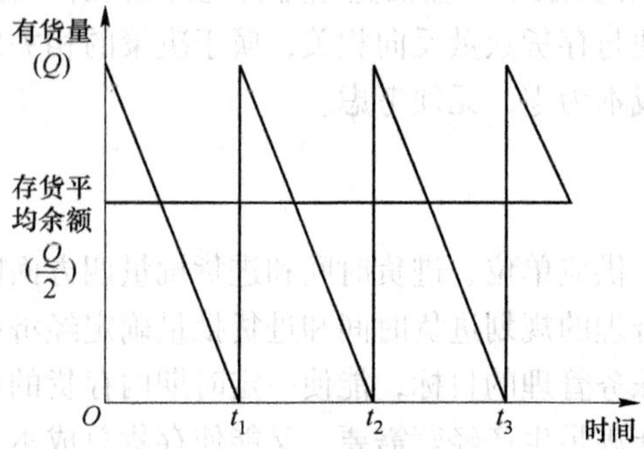

图 6-5 存货余额周期性变化

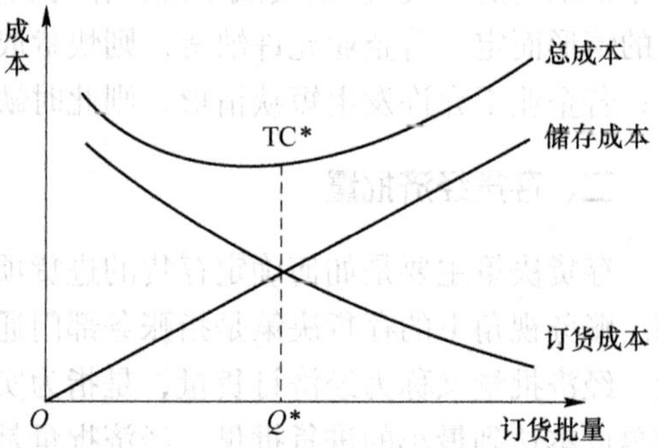

图 6-6 存货成本与订货批量的关系

【例 6-7】 A 公司每年需要甲零件 3600 件，购买单价为 30 元，单位存货年储存成本为购买单位的 20%，每次订货成本为 300 元。分别计算甲零件的经济订货批量、订货次数、最低总成本。

【解】

$$Q^* = \sqrt{\frac{2 \times 3600 \times 300}{30 \times 20\%}} = 600(\text{件})$$

$$N^* = \frac{3600}{600} = 6(\text{次})$$

$$\text{订货成本} = 6 \times 300 = 1800(\text{元})$$

$$\text{储存成本} = 600 \div 2 \times 30 \times 20\% = 1800(\text{元})$$

$$TC^* = \text{订货成本} + \text{储存成本} = 1800 + 1800 = 3600(\text{元})$$

或

$$TC^* = \sqrt{2 \times 3600 \times 300 \times 30 \times 20\%} = 3600(\text{元})$$

（二）存货经济订货批量扩展模型

1. 陆续供应和使用的经济订货批量模型

在建立存货经济订货批量基本模型时，是假设存货一次采购量一次全部入库，故存货增加时，存量变化为一条垂直的直线。在其他条件不变时，各批存货也可能陆续到货入库，库存量将陆续增加，尤其是产成品入库和在产品转移，几乎总是陆续供应和陆续耗用的。在这种情况下就需要对存货经济订货批量基本模型作一些修改。

设每日存货进货量为 P，每日存货耗用量为 d，则该批存货全部送达所需天数，即进货期为$\frac{Q}{P}$。进货期内最高库存量为 $Q - \frac{Q}{P} \times d$，则平均存货量为$\frac{1}{2}\left(Q - \frac{Q}{P} \times d\right)$。

存货量的变动情况如图 6-7 所示。

存货总成本为：

$$TC = \frac{A}{Q} \times K + \frac{Q}{2} \times \left(1 + \frac{d}{p}\right) \times K \tag{6-17}$$

为了求出 TC 的极小值，对上式进行求导演算，便可得出存货陆续供应和使用的经济计货批量及最低总成本计算公式如下：

$$Q^* = \sqrt{\frac{2AK}{K_c} \times \frac{P}{P-d}} \tag{6-18}$$

$$TC^* = \sqrt{2AKK_c \times \left(1 - \frac{d}{p}\right)} \tag{6-19}$$

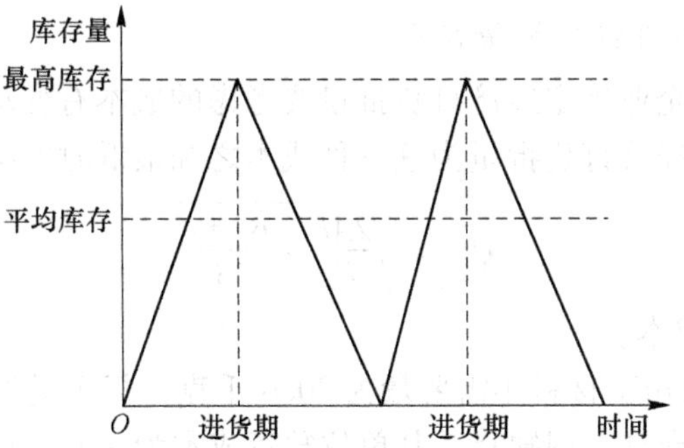

图 6-7 存货量变动情况

【例 6-8】 A 公司乙零件年需要量为 500000 千克，每日进货量为 500 千克，每日耗用量为 300 千克，单价为 20 元。一次订货成本为 30 元，单位存货年储存成本为 3 元。分别计算乙零件的经济订货批量和最低总成本。

【解】

$$Q^* = \sqrt{\frac{2 \times 500000 \times 30}{3} \times \frac{500}{500-300}} = 5000(\text{千克})$$

$$TC^* = \sqrt{2 \times 500000 \times 30 \times 3 \times \left(1 - \frac{300}{500}\right)} = 6000(\text{元})$$

2. 有数量折扣的经济订货批量模型

如果企业在采购存货时，销售企业根据采购数量给予不同程度的价格折扣，则确定经济订货批量除了考虑变动订货成本和变动储存成本外，还应考虑购置成本。此时的存货总成本等于购置成本、变动订货成本和变动储存成本之和，经济订货批量为这三种成本之和最小时的批量。

【例 6-9】 A 公司丙材料年需求量为 6000 千克，每千克的标准单价为 20 元。供应商规定，客户每批的购买量不足 750 千克，按照标准价格计算；每批购买量在 750 千克至 1000 千克之间，价格优惠 2%；每批购买量在 1000 千克以上，价格优惠 3%。已知每批订货成本为 60 元，单位材料的年储存成本为 2 元。试计算丙材料的经济订货批量。

【解】（1）没有价格折扣时，

$$\text{经济订货批量} = \sqrt{\frac{2 \times 6000 \times 60}{2}} = 600(\text{千克})$$

$$\text{存货总成本} = 6000 \times 20 + \frac{6000}{600} \times 60 + \frac{600}{2} \times 2 = 121200(\text{元})$$

（2）订货批量在 750 千克至 1000 千克时，

$$\text{存货总成本} = 6000 \times 20 \times (1 - 2\%) + \frac{6000}{750} \times 60 + \frac{750}{2} \times 2 = 118830(\text{元})$$

（3）订货批量在1000千克以上时，

$$存货总成本=6000\times20\times(1-3\%)+\frac{6000}{1000}\times60+\frac{1000}{2}\times2=117760(元)$$

由以上计算可知，当订货批量为1000千克时，存货总成本最低，因此1000千克为该企业丙材料的经济订货批量。

3. 允许缺货时的经济订货批量模型

允许缺货情况下，企业确定经济订货批量要考虑的成本有变动订货成本、变动储存成本和缺货成本，此时的经济订货批量为这三种成本之和最低时的批量。其计算公式为：

$$Q^*=\sqrt{\frac{2AK}{K_c}\times\frac{K_c+S}{S}} \tag{6-20}$$

式中 S——单位缺货成本。

【例6-10】 宁海公司丁材料年需要量为3000千克，每次进货成本为100元，单位材料年储存成本为3元，允许出现缺货，其单位缺货成本为5元。计算丁材料允许缺货时的经济订货批量。

【解】

$$Q^*=\sqrt{\frac{2\times3000\times100}{3}\times\frac{3+5}{3}}=565.69(千克)$$

（三）保险储备

正常情况下，企业需要在存货库存量用完之前及时补充存货，以避免由于缺货导致生产经营中断。再订货点是指在提前订货的情况下，企业再次发出订单时，尚有存货的库存量。为防止存货供应中断，企业应建立一定的保险储备，有保险储备的再订货点等于预计交货期内的存货需求与保险储备之和。其计算公式为：

$$再订货点=预计交货期内的存货需求+保险储备 \tag{6-21}$$

不确定需求和保险储备下的存货水平如图6-8所示。

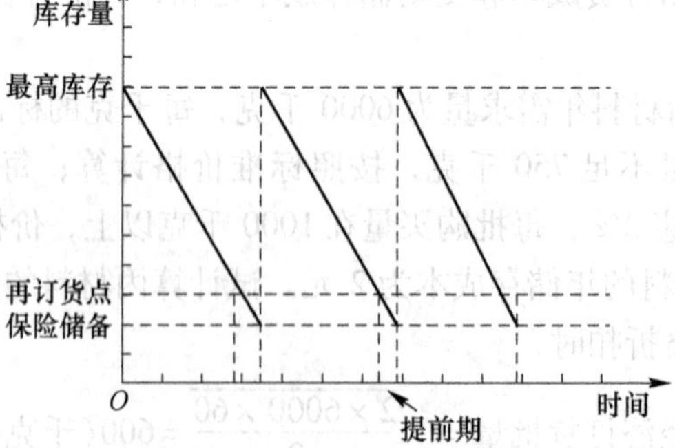

图6-8 不确定需求和保险储备下的存货水平

企业存货保险储备的多少往往取决于存货中断的概率和存货供应中断的损失。较高的保储备可能降低缺货损失，但也会增加存货的持有成本。因此，最佳的保险储备应该是使缺货损失和保险储备的持有成本之和最低。

【例6-11】 A公司丁材料自订货日至到货日的时间为10天，每日丁材料需要量为20千克，保险储备量为100千克。分别计算丁材料无保险储备和有保险储备的再订货点。

【解】 无保险储备的再订货点 $=10\times20=200$（千克）

有保险储备的再订货点 $=10\times20+100=300$（千克）

即当公司的丁材料库存量剩余300千克时，应再次订货，等到订货到达时（再次发出订货单10天后），原有存货刚好用完或用到保险储备量。此时，有关存货的每次订货批量、订货次数、订货间隔时间等并无变化，与瞬时补充时相同。

知识链接

库存管理模式现代化

为加强存货管理，降低存货风险，一些著名跨国企业创造了不同的存货管理模式，诸如通用电气开创了ABC库存管理、丰田公司发明了即时制管理、戴尔公司创建了零库存管理等。戴尔公司认为："库存不是资产而是负债！在戴尔公司，库存的只是信息。"从某种意义上说，存货就是浪费，它耗费空间、资金和时间。随着计算机技术的发展与普及，订单处理、采购管理、日程管理、配销工程等作业的整合性和同步性得到提高。存货管理走向综合化，并进展到将销售、生产、库存作为综合系统的库存管理。注重库存"物流"与"资金流"系统的控制和管理，已成为企业"第三大利润源泉"。

能力训练

一、单项选择题

（1）下面现金管理目标描述正确的是（　　）。

A. 现金变现能力最强，因此不必持有太多的现金

B. 持有足够的现金，可以降低或避免财务风险和经营风险，因此现金越多越好

C. 现金是一种非盈利资产，因此不该持有现金

D. 现金的流动性和收益性呈反向变化关系，因此现金管理要在两者之间做好权衡

（2）下列项目中属于持有现金机会成本的是（　　）。

A. 现金管理人员工资　　B. 现金安全措施费用

C. 现金被盗损失　　D. 现金的再投资收益

（3）企业置存现金，主要是为了满足（　　）。

A. 交易性、预防性、收益性需求　　B. 交易性、预防性、投机性需求

C. 交易性、投机性、收益性需求　　D. 交易性、流动性、收益性需求

（4）持有过量现金可能导致的不利后果有（　　）。

A. 财务风险加大　　B. 收益水平下降

C. 偿债能力下降　　　　　　　　　　D. 资产流动性下降

（5）已知某企业A类存货的全年需要量为7200件，假设生产周期为1年（360天），存货的交货期为5天，建立的保险储备量为50件，则该种存货的再订货点为（　　）。

A. 20件　　B. 50件　　C. 100件　　D. 150件

二、多项选择题

（1）影响现金周转期的因素有（　　）。

A. 存货周转期　　　　　　　　　　B. 应收账款周转期

C. 市场环境　　　　　　　　　　　D. 应付账款周转期

（2）在成本分析模式下确定现金最佳持有量的相关成本有（　　）。

A. 现金管理成本　　　　　　　　　B. 持有现金机会成本

C. 现金转换成本　　　　　　　　　D. 现金短缺成本

（3）下面对信用标准的描述正确的是（　　）。

A. 信用标准是客户获得企业商业信用的最高条件

B. 信用标准通常用预期坏账损失率表示

C. 信用标准越严格，企业的坏账损失越低

D. 信用标准越宽松，企业的销售收入越高

（4）对应收账款信用期限的表述，正确的是（　　）。

A. 信用期限越短，企业坏账风险越小

B. 延长信用期限，不利于销售收入的扩大

C. 信用期限越长，表明客户享受的信用条件越优越

D. 信用期限越长，应收账款的机会成本越低

（5）在应收账款信用政策中确定现金折扣政策的主要目的在于（　　）。

A. 吸引顾客为享受优惠而提前付款　　B. 减轻企业税负

C. 缩短企业平均收款期　　　　　　　D. 扩大销售量

（6）在存在数量折扣的情况下，与存货订货批量相关的成本有（　　）。

A. 购置成本　　　　　　　　　　　B. 变动订货成本

C. 缺货成本　　　　　　　　　　　D. 变动储存成本

（7）下列不属于变动储存成本的是（　　）。

A. 仓库折旧费　　　　　　　　　　B. 存货保险费

C. 存货的变质破损损失　　　　　　D. 存货占用资金的利息

三、判断题

（1）预防性需要是指置存现金以防发生意外的支付，它与企业现金流量的确定性及企业的借款能力有关。（　　）

（2）在不影响自己信誉的前提下，充分运用供货方所提供的信用优惠，尽可能地推迟应付款的支付期，是企业日常现金管理策略之一。（　　）

（3）企业营运资金余额越大，说明企业风险越大，收益率越大。（　　）

（4）现金浮账量是指由于企业提高收款效率和延长付款时间所产生的企业账户上的

现金余额和银行账户上的企业存款余额之间的差额。 ( )

（5）信用标准一般以预期坏账损失率作为判断标准，企业规定的预期坏账损失率越高，表明其信用政策越严。 ( )

（6）编制账龄分析表，可以了解客户的欠款金额、欠款时间等，以便采取措施及时清欠，提高应收账款管理效益。 ( )

（7）存货占用资金的应计利息属于变动储存成本，在存货决策时应加以考虑。

( )

（8）存货的经济订货批量是指订货成本达到最低时的订货批量。 ( )

四、计算题

（1）某企业今年现金需要量为60000元，假定年内收支状况稳定。每次买卖有价证券发生的固定费用为120元，证券市场平均利率为10%。试用存货模式确定最佳现金持有量、最低现金管理相关总成本、年内有价证券最佳变现次数。

（2）某公司2019年为销售甲产品拟定了两个信用条件方案，有关资料如下：A方案给予客户45天信用期限，即“*n*/45”，预计销售收入为5000万元，其收账费用为20万元，坏账损失率为2%；B方案的信用条件为“2/10，1/20，*n*/60”，预计销售收入为5500万元，将有30%的客户于10天内付款，20%的客户于20天内付款，其余50%的客户于60天内付款，前两部分不会发生坏账，后一部分货款的坏账损失率为该部分货款的4%，收账费用为50万元。该企业甲产品销售额的相关范围为5000万～6000万元，变动成本率为60%，资本成本率为8%。为简化计算，不考虑增值税因素。要求：为该企业作出信用条件的决策，并说明理由。

（3）已知某公司每年需要甲材料36000千克，每次订货成本为1250元，每千克甲材料年储存成本为10元。要求：

1）计算甲材料的经济订货批量；

2）计算经济订货批量下的相关总成本；

3）计算最优订货次数；

4）若一年生产周期为360天，甲材料从发出订单到货物验收完毕一般需要的交货期为3天，企业建立的保险储备量为200千克，则该材料的再订货点为多少？

第七章　收益管理

学习目标

（1）了解营业收入管理的内容与程序；

（2）理解本量利分析的基本含义和基本模型；

（3）理解不同股利政策的内涵，比较不同股利政策的适用范围；

（4）了解股票股利和股票回购、股票分割对企业的影响。

能力目标

（1）能够运用趋势分析法和因果分析法进行销售预测分析；

（2）能够按合法的程序分配企业利润；

（3）能够比较不同的股利政策，选择适合企业的股利政策。

引导案例

一位依靠养老金生活的老太太与一位现金比较充裕的年轻人购买了同一上市公司的股票。该公司2019年度每股收益为0.8元。公司董事会考虑到近期有一个比较好的投资机会，现金比较紧张，决定不发放现金股利。2020年4月12日发布的股利分配公告，其股利分配预案是每10股送4股。

对于这个股利分配方案，年轻人比较满意，认为分配股票股利比发放现金股利好，将利润留在企业用于未来的发展，扩大了企业的经营规模，增强了企业的实力；另外，分配股票股利后，股价自动除权，降低了股票的价格，也就降低了购买这种股票的门槛，可以改变股票的供求关系。在牛市背景下，填权的可能性很大，有助于提高股民的价差收入。而老太太则不以为然，对这个分配方案不满意，她认为自己靠养老金和现金股利生活，不发放现金股利，将影响今年的生活质量。

思考：作为公司股东的老太太与年轻人，为什么在股利分配形式上会产生分歧？公司在制定股利分配方案以及选择股利分配形式时，应该考虑哪些因素？

第一节　营业收入管理

一、营业收入管理概述

（一）营业收入的含义与内容

一般来说，收入有广义与狭义的概念。广义的收入是指所有经营和非经营活动的所得，通常包括营业收入和营业外收入；狭义的收入仅指与生产经营活动有关的营业收入。我国《企业会计准则》采用了狭义的概念，规定：收入是企业在日常活动中形成的、会导致所有者权益增加的、与所有者投入资本无关的经济利益的总流入。营业收入包括主营业务收入（销售商品收入、提供劳务收入、让渡资产使用权收入）、其他业务收入和投资收益三部分。本节主要从狭义收入角度进行分析，重点讲述主营业务收入（销售收入）相关内容。

（二）营业收入的影响因素

在生产经营活动中，许多因素影响着销售收入的实现，通常在销售收入管理中主要应考虑以下几项影响因素。

1. 价格与销售量

价格与销售量是影响销售收入的最主要因素。销售收入实际上就是销售产品或劳务的数量与价格的乘积，因此这两个因素直接影响着销售收入的实现。其中，价格因素更加敏感，如果价格定得过高，就会减少销售量，从而会影响企业的销售收入；反之，如果价格定得过低，虽然可以增加销售量，但销售毛利会下降，也会影响到企业的收益。

2. 销售退回

销售退回是指在产品已经销售，销售收入已经实现以后，由于购货方对收到货物的品种或质量不满意，或者因为其他原因而向企业退货，企业向购货方退回货款。销售退回是销售收入的抵减项目，应当冲减当期的销售收入。

3. 销售折扣

销售折扣是企业根据客户的订货数量和付款时间而给予的折扣或给予客户的价格优惠。销售折扣虽然也冲减销售收入，但是与销售退回相比销售折扣是企业的一种主动行为，它往往是出于提高市场占有份额，增加销售收入的目的。销售折扣按折扣方式可分为现金折扣和商业折扣。现金折扣是企业给予在规定日期以前付款的客户的价格优惠，这种折扣是企业为了尽快收回款项而采取的一种手段。例如，“1/10，*n*/30” 表示：如果客户在 10 天内付款就可以享受 1% 的优惠，10 天后付款则不能享受优惠，但付款期最迟不能超过 30 天。通过这种方式，可能较快收回货款，提高资金的周转速度。商业折扣则是在公布的价格基础上给予客户一定比例的价格折扣，这种折扣通常是企业出于稳定客户关系，扩大销售量的目的，如给予经常订货的客户一定比例的价格优惠等。

4. 销售折让

销售折让是企业向客户交付商品后，因商品的品种、规格或质量等不符合合同的规定，经企业与客户协商，客户同意接受商品，而企业在价格上给予一定比例的减让。销售折让也应冲减当期的销售收入。

知识链接

商品销售收入 = 不含税单价 × 销售数量 − 销售退回 − 销售折让 − 商业折扣

《企业会计准则》要求企业采用总价法对现金折扣进行处理，即在确定销售商品收入时，不考虑各种预计可能发生的现金折扣，而在实际发生现金折扣时，将其计入当期损益（财务费用）。

二、营业收入的预测

（一）销售收入预测的程序

影响销售收入的因素是复杂多变的。这些因素一般可分为外部因素和内部因素。外部因素主要有市场环境、经济发展前景、政治环境、国际环境等；内部因素主要有产品质量、产品价格、企业服务质量、生产能力、推销策略、企业过去销售业绩等。企业为了准确地预测销售情况，应该充分调查各种因素，正确地组织预测工作。一般说来，销售收入预测应按以下程序进行：

（1）确定预测对象，制定预测规划。

（2）搜集、整理有关数据、资料，并进行分析比较。

（3）根据预测对象，选择适当的预测方法，提出数学模型，对销售情况做出定性分析和定量测算。

（4）分析预测误差。

（5）评价预测效果。

（二）销售收入预测的方法

销售收入预测的方法有许多，常用的方法主要有判断分析法、调查分析法、趋势分析法、因果分析法和本量利预测法等。

1. 判断分析法

判断分析法是一种常用的定性分析方法，主要是通过一些具有丰富经验的企业经营管理人员、有销售经验的工作人员或者有关专家对市场未来变化进行分析，以判断企业在一定时期内某种产品的销售趋势。采用这种方法进行销售收入预测，所需时间比较短，成本费用比较低。但是，它是凭预测者的主观来判断的，准确性难免受到影响。判断分析法具体的做法有意见汇集法、专家判断法等方法。

2. 调查分析法

调查分析法是通过对某种商品在市场上的供需情况和消费者的消费取向的调查，来预测本企业产品的销售趋势。这种方法的主要信息来源在于调查，调查的范围应尽可能广泛而具有代表性。一般来说，调查的内容包括对产品的调查、对客户的调查、对经济发展趋势的调查、对同行业的调查等。

【例 7-1】 假定某家具厂按历年统计资料计算，每年销售家具一般为 210 万元，其中新婚夫妇购买家具为 140 万元，一般家庭添置或更新家具为 70 万元。经市场调查分析，明年新婚人数预计可达 1500 对，按每对新婚者平均购买 5000 元家具计算，本家具厂市场占有率为 20%。计算该家具厂明年家具预测销售收入。

【解】 $70 + 0.5 \times 20\% \times 1500 = 220$（万元）

调查分析法是销售收入预测中常用的方法，但这种方法费用成本较高。而且因为被调查者主观判断的偏差可能会影响预测的准确性，实际工作中可以将调查分析法与判断分析法相结合，以提高预测的准确性。

3. 趋势分析法

趋势分析法是企业根据销售的历史资料，运用一定的计算方法预测出企业未来的销售变化趋势。这种方法适用于产品销售比较稳定，销售变化有规律的企业。趋势分析法是一种由历史数据推测出来的引申法，有的又称为历史引申法。趋势分析法主要有以下几种具体的方法：简单平均法、移动平均法、加权移动平均法、指数平滑法和季节预测法。

（1）简单平均法。简单平均法又称为算术平均法，是求出过去几个经营时期销售数量的算术平均值，以此作为未来销售数量的预测数。其计算公式为：

$$S = \frac{\sum_{i=1}^{n} X_i}{n} = \frac{X_1 + X_2 + \cdots + X_n}{n} \quad (7\text{-}1)$$

式中 S——过去 n 年销售量的平均值；

X_i——第 i 期的销售量，n 表示期数。

【例 7-2】 某企业 2020 年上半年的销售情况见表 7-1。

表 7-1 2020 年 1 ~ 6 月销售额 (单位：元)

月份	销售额	月份	销售额
1	10000	5	10500
2	9000	6	10500
3	11000	合计	63000
4	12000		

【解】 根据上半年销售情况求出其平均数，就是企业在以后几个月份中销售额的预测数，即：

$$预计销售额 = \frac{63000}{6} = 10500\ (元)$$

（2）移动平均法。移动平均法类似于简单平均法。简单平均法使过去几期的差异平均化，由于没有考虑到销售变化趋势，这样可能会出现较大误差，因此，它只适用于销售基本稳定的产品，如一些日常生活必需品等。移动平均法虽然也使过去几期差异平均化，但这种方法应尽可能选择最近几期数据，如预测 7 月份销售额选用 1 ~ 6 月份数据，预测 8 月份销售额选用 2 ~ 7 月份数据，以此类推，滚动地预测以后几个月的销售额，这样会在一定程度上减少误差，这种方法一般适用于销售略有波动的产品。其计算公式为：

$$S_t = \frac{\sum_{i=t-n}^{t-1} X_i}{n} \tag{7-2}$$

式中 S_t——第 t 期的预测值；

X_i——第 i 期销售数；

n——期数。

【例 7-3】 某企业 1 ~ 6 月份销售额仍用上例数据，则预测 7 月份的销售额就是 10500 元。假如该企业 7 月份实际销售额为 11800 元。计算 8 月份销售预测数。

【解】 8 月份销售预测数为：

$$S_8 = \frac{9000 + 11000 + 12000 + 10500 + 10500 + 11800}{6} = 10800\ (元)$$

（3）加权移动平均法。加权移动平均法是在移动平均法的基础上，根据销售变化趋势给各期规定不同的权数，然后求出加权后的各期平均数，以此作为销售预测数。这种方法适用于销售数量有明显变化的产品，一般说来，近期的数据比较重要，确定的权数要大些，远期数据对预测影响程度小些，确定的权数也小些。这样，确定了各期权数后，滚动式地预测出以后各期销售数。其计算公式为：

$$S_t = \frac{\sum_{i=t-n}^{t-1} W_i \cdot X_i}{\sum_{i=t-n}^{t-1} W_i} \tag{7-3}$$

式中 S_t——第 t 期的预测值；

W_i——第 i 期权数；

X_i——第 i 期销售数；

n——期数。

令 $\sum_{i=t-n}^{t-1} W_i = 1$，则公式（7-3）可简化为 $S_t = \sum_{i=t-n}^{t-1} W_i \cdot X_i$。

【例 7-4】 仍用例 7-2 中数据，假设选用最近 4 个月数据来预测未来月份的销售额，规定权数为 0.1、0.2、0.3、0.4。计算 7 月份和 8 月份预测销售额。

【解】 7 月份预测销售额 S_7 为：

$$S_7 = 11000 \times 0.1 + 12000 \times 0.2 + 10500 \times 0.3 + 10500 \times 0.4 = 10850(\text{元})$$

8 月份预测销售额 S_8 为：

$$S_8 = 12000 \times 0.1 + 10500 \times 0.2 + 10500 \times 0.3 + 11800 \times 0.4 = 11170(\text{元})$$

（4）指数平滑法。指数平滑法是在加权移动平均法基础上发展而来的，这种方法能消除采用加权移动平均法所带来的某些预测计算的偏差。这种方法在预测时引入一个指数平滑系数 a，然后求出预测数，可以提高预测准确性。其计算公式为：

$$S_t = aD_{t-1} + (1-a)S_{t-1} \tag{7-4}$$

式中 S_t——第 t 期的预测销售量；

D_{t-1}——第 $t-1$ 期的实际销售量；

a——平滑系数，满足 $0 < a < 1$。

【例 7-5】 假设仍以例 7-2 数据，6 月份的实际销售额为 10500 元。假定原来预测 6 月份的销售额为 11000 元，指数平滑系数为 0.7。计算 7 月份和 8 月份的预测销售额。

【解】 7 月份实际销售额 S_7 为：

$$S_7 = 0.7 \times 10500 + (1-0.7) \times 11000 = 10650(\text{元})$$

8 月份的预测销售额 S_8 为：

$$S_8 = 0.7 \times 11800 + (1-0.7) \times 10650 = 11455(\text{元})$$

在采用指数平滑法时，指数平滑系数 a 值越大，则近期实际销售情况所占的权数越大，对预测的影响也越大；a 值越小，近期实际销售情况对预测影响也越小。因此，在实际工作中，可以根据企业历史上销售情况，确定适当的指数平滑系数。

（5）季节预测法。季节预测法适用于销售带有明显季节性的产品，这些产品随季节变化销售有较大波动。例如，某些季节性服装、新年贺卡、中秋月饼等属于这类产品。因此，对这种产品的销售预测不能简单地采用前面几种方法，而必须考虑到季节的变化进行预测，在预测过程中可以参照上一年度相同时期的销售情况，结合本年度的各种变化来预测出本年度该季节的销售情况。

小贴士

季节预测法不是一种独立的预测方法，它经常同其他各种预测方法相结合。采用这种方法，以前年度相同时期的销售情况虽然对预测很有参考价值，但预测时更应该重视现实的各种变化，例如季节性服装可能会因社会风尚的某种变化而使本年度的销售与上年度同时期的销售有较大差距。

4. 因果分析法

因果分析法就是从影响产品销售的各种相关因素上，找到它们与销售之间的函数关系，并利用这种函数关系进行销售预测。这种方法往往要建立预测的数学模型，故又称回归分析法，常用的有简单回归分析法与多元回归分析法。

简单回归分析法也称为回归直线法，它根据 $y = a + bx$ 方程式来预测销售量。公式中 y 代表预测销售量，a 代表固定成本，是一特定常数，x 代表相关因素值，b 是自变量 x 的系数，代表自变量 x 对销售量影响的程度。这个公式是一个经验公式，它适用于销售量主要受某一重要因素影响的产品。

例如，家具的销售主要与新婚人数相关，即可以采用这种方法预测家具销售额。可以根据历史统计数据，利用最小二乘法来确定一条反映 x、y 之间误差最小的直线，a、b 可以通过下面公式计算：

$$a = \frac{\sum y - b\sum x}{n} \tag{7-5}$$

$$b = \frac{n\sum xy - \sum x\sum y}{n\sum x^2 - (\sum x)^2} \tag{7-6}$$

多元回归分析法主要适用于销售量的变化与几个因素相关的产品的预测。如果销售量 y 与 x_1，x_2，x_3，…，x_n 多个因素相关，则可用下面的多元回归方程来预测销售量 y：

$$y = a + b_1x_1 + b_2x_2 + \cdots + b_nx_n \tag{7-7}$$

在公式（7-7）诸多因素中，有些因素是主要的，对销售影响较大，有些因素是次要的，对销售影响较小。必须对历史数据进行认真的统计，对各种相关因素进行全面调查。因此，在预测时，要根据各种因素对销售收入影响的程度来确定相关系数。在采用多元回归法预测时，计算过程很复杂，在实际工作中，可以利用电脑进行计算和预测。

5. 本量利分析法

本量利分析法是通过分析销售量（或销售收入）、销售成本和保本点或目标利润之间的变化关系，建立数学模型，进行各种预测的方法。其基本原理为：

（1）销售成本必须按其成本习性分为变动成本和固定成本。

（2）根据销售量、销售单价、单位变动成本、固定成本总额和目标利润或保本点之间的内在联系，假定已知其中几个因素，从而推算出另一个因素。

运用本量利分析法测算保本点或达到目标利润销售量的数学模型为：

$$\text{保本点销售量} = \frac{\text{固定成本总额}}{\text{销售单价} - \text{单位变动成本}} \tag{7-8}$$

$$\text{目标利润销售量} = \frac{\text{固定成本总额} + \text{目标利润}}{\text{销售单价} - \text{单位变动成本}} \tag{7-9}$$

【例 7-6】 某企业 2020 年度预计 D 产品销售单价为 1000 元，销售单位变动成本为 600 元，固定成本总额为 240000 元，目标利润 288000 元。用本量利分析法分别测算企业保本点销售量，实现目标利润销售量。

【解】

$$\text{保本点销售量} = \frac{240000}{1000 - 600} = 600\text{（件）}$$

$$\text{目标利润销售量} = \frac{240000 + 288000}{1000 - 600} = 1320\text{（件）}$$

第二节 利润管理

一、利润管理概述

（一）利润的含义和内容

利润是指企业在一定会计期间的经营成果，包括收入减去费用后的净额和直接计入当期利润的利得与损失等。企业的利润总额由营业利润和营业外收支净额组成。其计算公式为：

利润总额 = 营业利润 + 营业外收支净额 (7-10)

营业利润 = 主营业务收入 + 其他业务收入 - (主营业务成本 + 其他业务成本) - 税金及附加 - 销售费用 - 管理费用 - 财务费用 - 资产减值损失 + 公允价值变动净收益(减损失) + 投资净收益(减损失) (7-11)

营业外收支净额 = 营业外收入 - 营业外支出 (7-12)

以上计算的是企业的利润总额，如果计算企业的净利润，还应减去所得税费用，其计算公式为：

净利润 = 利润总额 - 所得税 (7-13)

（二）财务管理中利润的分类

在企业的财务管理活动中，利润根据其构成不同，可以表述为以下不同的层次：息税前利润、税前利润和税后利润。

1. 息税前利润

息税前利润是指企业支付利息和缴纳所得税之前的利润，其计算公式可以分别从其形成和分配两个方面反映。

从形成方面看，

息税前利润 = 营业收入 - 营业成本 - 税金及附加 - 销售费用 - 管理费用 - 财务费用 - 资产减值损失 ± 公允价值变动损益 ± 投资净收益 + 营业外收支净额 (7-14)

或

息税前利润 = 利润总额 + 利息费用 (7-15)

从分配方面看，

息税前利润 = 净利润 + 所得税 + 利息费用 (7-16)

由此可见，息税前利润是对应企业总资本的利润，其中净利润和所得税分别归属于投资人和国家，利息费用则归属于债权人。息税前利润反映了企业的经营效果和盈利水平，体现了不同企业间的不同资本结构、不同税率以及其他有关因素的影响，可以比较准确地对企业的经营管理水平进行评价。

2. 税前利润

税前利润是指企业的息税前利润扣除利息费用后的余额，是计算企业所得税的重要依据，也称为利润总额。其计算公式也可以分别从其形成和分配两个方面反映。

从形成方面看，

$$税前利润=息税前利润-利息费用 \tag{7-17}$$

从分配方面看，

$$税前利润=净利润+所得税 \tag{7-18}$$

由此可见，税前利润是企业投资者的投资和国家提供行政管理服务相对应的利润，其中净利润归属于投资人，所得税归属于国家。

3. 税后利润

税后利润也称为净利润，它是与投资者权益资本相对应、归属于投资者的利润。其计算公式为：

$$税后利润=税前利润-所得税 \tag{7-19}$$

小贴士

财务管理活动中的利润分配从分配的范围来看，包括息税前利润分配、税前利润分配、税后利润分配，与此相对应的分配程序是：息税前利润是在利息与税前利润之间的分配，按契约规定，向债权人支付利息；税前利润是在所得税与净利润之间的分配，按税法要求，向政府缴纳所得税；税后利润是在企业留存与股利之间的分配，根据有关法律法规的要求提取法定盈余公积，进而根据企业发展对资本的需求、现金支付能力与流量状况，以及投资者对收益的偏好等因素，确定对内留存和对外分配的比例。

知识链接

净收益与现金流量的差异

净收益又称为净利润，是以权责发生制为基础分期确认，依据费用同收入的配比和因果关系而形成的，而现金流量反映的是企业现金的实际进出。净收益与现金流量的差异不仅体现在数量上，而且在对企业财务状况评价时所具有的作用也不相同。

在企业的整个存续期间，其净收益和现金流量在金额上是完全相同的，但在某一个会计期间，在金额上完全相同则是一种巧合。这两者之间之所以会有差别，是因此采用不同的会计概念和时间推移。具体表现在以下几个方面：

(1) 净资本性支出。资本性支出在付款时是一种现金流出，但以后以折旧形式在其估计的使用年限内作为利润的冲销。因此，在任何一个会计时期，如果资本支出超过折旧，超过数额就是现金流量低于净收益的数额；反之，情况则相反。

(2) 存货的周转。存货的增加，在购入付款时是一种现金流出，只有以后在售出而取得净收益时才能冲销。因此，在一个会计时期，如果库存增加，现金流量就低于净收益，其所低的金额就是这一增加额；当然，如果库存或在制品减少则正好相反。

(3) 应收、应付账款的存在。应收账款反映的赊销收入和应付账款相对应的赊购支出在开出发票阶段就以利润计算，只有在以后用现金结算时才是现金流量的增减。因此，如果在一个会计时期应收账款增加，现金流量就会低于净收益；而如果应付账款增加，现金流量就会高于净收益。反之，情况则相反。

(4) 其他额外资金的流动。有额外资金进入企业，或企业偿还借款，这些都是现金流量，但只对资产负债表有某些影响，而对净收益并无影响。

正是以上四个方面的相互制约，才形成了净收益和现金流量之间的差异。

二、销售利润预测

销售利润预测是企业经营预测的一个重要方面，它是在销售预测的基础上，通过对产品的销售数量、价格水平、成本状况进行分析和测算，预测出企业未来一定时期的销售利润水平。利润预测的方法很多，这里主要介绍最常用的本量利分析法。

(一) 本量利分析的含义

本量利分析法又称为成本—业务量—利润分析法（Cost-Volume-Profit Analysis），也称为损益平衡分析法。其主要是根据成本、业务量和利润三者之间的变化关系，分析某一因素的变化对其他因素的影响。本量利分析法既可用于利润预测，也可用于成本和业务量的预测。本量利分析是以成本性态研究为基础的。

小贴士

成本性态是指成本总额对业务量的依存关系。成本按其成本性态可以划分为变动成本、固定成本和混合成本。变动成本是指随业务量增长而成正比例增长的成本；固定成本是指在一定的业务量范围内，不受业务量影响的成本；混合成本介于变动成本和固定成本之间，是指随业务量的增长而增长，但不成正比例增长的成本，可以将其分解成变动成本和固定成本两部分。在将成本分解成变动成本和固定成本之后，就可以建立本量利的数学模型，进行预测分析。

(二) 本量利分析的基本模型

如果把成本、业务量和利润三者之间的依存关系用方程式来描述，就可以得到本量利分析的基本模型，即：

$$
\begin{aligned}
\text{利润} &= \text{销售收入} - \text{总成本} \\
&= \text{销售收入} - \text{变动成本} - \text{固定成本} \\
&= \text{单价} \times \text{销售量} - \text{单位变动成本} \times \text{销售量} - \text{固定成本} \\
&= (\text{单价} - \text{单位变动成本}) \times \text{销售量} - \text{固定成本} \qquad (7\text{-}20)
\end{aligned}
$$

这个基本模型又称为基本损益方程式，它明确地表达了本量利之间的数量关系。但是，应当注意公式（7-20）中的利润一般是指息税前利润。

在相关的5个变量中，给定其中的4个，便可求出另一个变量的值。

（三）边际贡献方程式

在本量利分析中，边际贡献是一个非常重要的概念。所谓边际贡献是指销售收入与相应变动成本之间的差额，也称贡献边际、贡献毛益或创利额。可用下列公式表示：

$$边际贡献 = 销售收入 - 变动成本 \tag{7-21}$$

单位产品的销售价格减去产品的单位变动成本就是单位边际贡献。其计算公式为：

$$单位边际贡献 = 销售单价 - 单位变动成本 \tag{7-22}$$

边际贡献率是边际贡献在销售收入中所占的百分率。它反映每1元的销售收入所提供的边际贡献。其计算公式为：

$$\begin{aligned}边际贡献率 &= \frac{边际贡献}{销售收入} \times 100\% \\ &= \frac{单位边际贡献}{单价} \times 100\%\end{aligned} \tag{7-23}$$

与边际贡献率相对应的概念是变动成本率。变动成本率是指变动成本在销售收入中所占的百分率。其计算公式为：

$$\begin{aligned}边际成本率 &= \frac{变动成本}{销售收入} \times 100\% \\ &= \frac{单位变动成本 \times 销售量}{单价 \times 销售量} \times 100\% \\ &= \frac{单位变动成本}{单价} \times 100\%\end{aligned} \tag{7-24}$$

由于销售收入是由边际贡献和变动成本两部分组成的，所以边际贡献率与变动成本率之和应当等于1。

根据边际贡献的概念，本量利的基本损益方程式可以变换成边际贡献方程式。其计算公式为：

$$\begin{aligned}利润 &= 销售收入 - 变动成本 - 固定成本 \\ &= 边际贡献 - 固定成本\end{aligned} \tag{7-25}$$

也可以用下列公式表示：

$$利润 = 销售量 \times 单位边际贡献 - 固定成本 \tag{7-26}$$

上述边际贡献方程式也可以用边际贡献率来表示：

$$边际贡献 = 销售收入 \times 边际贡献率 \tag{7-27}$$

$$利润 = 销售收入 \times 边际贡献率 - 固定成本 \tag{7-28}$$

【例7-7】 某企业生产W产品，根据成本分解，W产品的单位变动成本为10元，需要分配的固定成本总额为40000元，市场上W产品每件的销售价格为15元。要求预测该产品的保本销售量和保本销售额。

【解】 保本销售量和保本销售额是保本点的两种表示方法。保本点的利润应为0，则根据本量利的基本公式，计算保本销售量和保本销售额为：

$$保本销售量=\frac{固定成本总额}{销售单价-单位变动成本}=\frac{40000}{15-10}=8000（件）$$

$$保本销售额=保本销售量\times销售单价=8000\times15=120000（元）$$

也可以用边际贡献公式来预测W产品的保本点销售量和保本点销售额。其计算方法如下：

（1）计算W产品的单位边际贡献和边际贡献率：

$$单位边际贡献=销售单价-单位变动成本=15-10=5(元)$$

$$边际贡献率=\frac{单位边际贡献}{销售单价}=\frac{5}{15}\approx33.3\%$$

（2）计算W产品的保本点销售量和保本点销售额：

$$保本销售量=\frac{固定成本总额}{单位边际贡献}=\frac{40000}{15-10}=8000(件)$$

$$保本销售额=\frac{固定成本总额}{单位边际贡献}=\frac{40000}{33.3\%}=120000(元)$$

从预测的结果可知，当W产品的销售量达到8000件时，应可以保本；销售量大于8000件时，就可以盈利；销售量小于8000件时，则会发生亏损。

本量利分析法不仅可以预测保本点，而且可以进行目标利润的预测。企业可以通过本量利法，预测出在一定销售水平下的目标利润，也可以预测出为了达到一定的目标利润所需要实现的目标销售额或目标销售量。

目标销售量和销售额的计算公式分别为：

$$目标销售量=\frac{固定成本总额+目标利润}{销售单价-单位变动成本}=\frac{固定成本总额+目标利润}{单位边际贡献} \tag{7-29}$$

$$目标销售额=\frac{固定成本总额+目标利润}{单位边际贡献率} \tag{7-30}$$

【例7-8】 某企业根据市场调查分析，预测出计划期间甲产品销售量为20000件，该产品销售单价为8元，单位变动成本为5元，固定成本总额为10000元。要求预测出计划期间甲产品预计可实现的目标利润。

【解】 甲产品的预计目标利润为：

$$\begin{aligned}预测目标利润&=销售单价\times预计销售量-(单位变动成本\times预计销售量+固定成本总额)\\&=8\times20000-(5\times20000+10000)\\&=50000(元)\end{aligned}$$

【例7-9】 某企业经过调查分析确定计划期间的目标利润为200000元。该企业的产品销售单价为10元，单位变动成本为6元，固定成本总额为100000元。要求预测达到目标利润的目标销售量和目标销售额。

【解】 根据目标销售量的公式可以计算出目标销售量为：

$$目标销售量=\frac{固定成本总额+目标利润}{销售单价-单位变动成本}$$
$$=\frac{100000+200000}{10-6}$$
$$=75000(件)$$
$$目标销售额=目标销售量\times单价=750000(元)$$

第三节　利润分配管理

企业年度决算后实现的利润总额，要在国家、企业的所有者和企业之间进行分配。利润分配关系到国家、企业、职工及所有者等利益相关人群体的利益关系。涉及企业长远利益与近期利益、局部利益的协调。利润分配的结果，形成了国家的所得税收入，投资者的投资报酬和企业的留用利润等不同项目，其中企业的留用利润是指盈余公积和未分配利润。由于税法具有强制性和严肃性，缴纳税款是企业必须履行的义务，从这个意义上看，财务管理中的利润分配主要是指企业净利润的分配，利润分配的实质就是确定给投资者分红与企业留用利润的比例。

一、利润分配概述

（一）利润分配的原则

1. 依法分配原则

企业的利润分配必须依法进行。针对企业的利润分配行为，国家制定和颁布了若干法律法规，如公司法、税法以及财务管理的有关规章制度。这些法律法规规定了企业利润分配的基本原则、一般次序和重大比例，企业应认真执行，不得违反。

2. 资本保全原则

企业的利润分配必须以资本的保全为前提。企业的利润分配是对投资者投入资本的增值部分所进行的分配，不是投资者资本金的返还。以企业的资本金进行的分配，属于清算行为，而不是利润的分配。按照这一原则，一般情况下，企业如果存在尚未弥补的亏损，应首先弥补亏损，再进行其他分配。当然，股份公司为了维护公司信誉，避免股价波动，经股东大会特别决议，也可以用以前年度积累的法定盈余公积分配股利，但有一定的比例限制。

3. 兼顾各方利益原则

企业的利润分配必须兼顾各方面的利益。企业的利润分配直接关系到投资者、债权人、员工等多方利益。企业在进行利润分配时，应当树立全局观念，统筹兼顾，维护各方利益。

4. 分配与积累并重原则

企业的利润分配必须坚持分配与积累并重的原则。企业实现的净利润，一部分向投资者分配，另一部分形成企业的积累。企业积累起来的留存收益虽暂时未作分配，但仍归企业所有者拥有。这部分积累不仅为企业扩大再生产筹措了资金，也增强了企业抵抗风险的能力，提高了企业经营的安全系数和稳定性。

5. 投资与收益对等原则

企业分配利润应当体现投资与收益对等的原则，即“谁投资谁受益”、受益大小与投资比例相适应，这是正确处理投资者利益关系的关键。

（二）利润分配的程序

按照《公司法》的有关规定，企业应当按照如下程序进行利润分配：

（1）弥补以前年度亏损，但不得超过税法规定的弥补期限。税法规定，企业某一纳税年度发生的亏损可以用下一年度的所得弥补，下一年度的所得不足以弥补的，可以逐年延续弥补，但最长不得超过5年。

（2）缴纳企业所得税。企业所得税是对我国境内的企业和其他取得收入的组织的生产经营所得和其他所得征收的所得税。它按年计征，分期预缴。企业必须严格执行《企业所得税法》的规定，正确计算和缴纳企业所得税。

（3）弥补在税前利润弥补之后仍存在的亏损。如果企业的亏损数额较大，用税前利润在5年的期限内弥补不完，就应由企业的税后利润弥补。

（4）提取法定盈余公积金。根据《中华人民共和国公司法》(以下简称《公司法》)的规定，企业应按当年税后利润（弥补亏损后）的10%提取法定盈余公积金，当法定盈余公积金累计达到注册资本的50%以后，可以不再提取。法定盈余公积金主要用于弥补亏损、转增资本和在企业亏损年度经股东会特别决议后按规定分配股利。用法定盈余公积金转增资本或分配股利后不得低于转增前注册资本的25%。

（5）提取任意盈余公积金。任意盈余公积金按照公司章程或股东会议决议提取和使用，其目的是控制向投资者分配利润的数额以及调整各年利润，通过这种方法对向投资者分配的利润加以限制和调节。

（6）向投资者分配利润。根据《公司法》的规定，企业弥补亏损和提取公积金后所余税后利润，可以向股东（投资者）分配股利（利润）。其中，有限责任公司股东按照实缴的出资比例分取红利，全体股东约定不按照出资比例分取红利的除外；股份有限公司按照股东持有的股份比例分配，但股份有限公司章程规定不按持股比例分配的除外。

（三）股份制企业利润分配

1. 股利支付方式

股利支付方式包括：

（1）现金股利。现金股利是股份公司以现金的形式发放给股东的股利，这是最常见的股利分派形式。采用这种方式公司需要有充足的现金。

（2）财产股利。财产股利是指以现金以外的资产支付股利，主要是以公司拥有的有价证券作为股利支付给股东。

（3）负债股利。负债股利是指公司以负债支付的股利。通常公司支付给股东应付票据。

（4）股票股利。股票股利是指企业将应分配给股东的股利以股票的形式发放。

上述四种方式中，我国有关法律规定股份公司只能用现金股利和股票股利两种方式，其他方式在我国公司很少使用，但并非法律所禁止。

2. 股利的发放程序

股份公司分配股利必须遵循法定的程序，一般是先由董事会提出分配。股东大会决议通过分配预案之后，要向股东宣布发放股利的方案，并确定股权登记日、除息日和股利发放日。以下这几个日期对分配股利非常重要：

(1) 宣布日。宣布日就是股东大会决议通过并由董事会宣布发放股利的日期。在宣布分配方案的同时，要公布股权登记日、除息日和股利发放日。通常股份公司都应当定期宣布发放股利。我国股份公司一般是一年发放一次或两次股利，即在年末和年中分配。在西方国家，股利通常是按季度支付。

(2) 股权登记日。股权登记日是有权领取本次股利的股东资格登记截止日期。股权登记日是明确是否有资格领取股利的日期界限。由于股票可以在证券市场上自由交易，股东经常变动，因此为了明确具体的股利发放对象，公司必须规定股权登记日。只有登记日前在公司股东名册上的股东，才有权分享股利，在次日及以后取得公司股票的股东则没有权利取得这次分派的股利。

(3) 除息日。除息日是股权登记日的下一个交易日。在除息日，股票的所有权和领取股息的权利分离，股利权利不再从属于股票，所以在这一天购入公司股票的投资者不能享有已宣布发放的股利。另外，由于失去了“附息”的权利，除息日的股价会下跌，下跌的幅度约等于分派的股息。

(4) 股利发放日。股利发放日，也称付息日，是将股利正式发放给股东的日期。在这一天，公司通过资金清算系统或其他方式，按公布的分红方案向股权登记日在册的股东实际支付股利。

二、股利政策

股利政策是指在法律允许的范围内，企业是否发放股利、发放多少股利以及何时发放股利等方面的方针和对策。股利政策是现代公司理财活动的核心内容之一。股利政策不仅影响股东财富，而且影响资本市场上企业的形象和股票价格，更影响企业的长短期利益，因此，合理的股利政策对企业及股东来讲是非常重要的。

(一) 剩余股利分配政策

1. 剩余股利分配政策的含义

剩余股利分配政策是指公司生产经营获得的净利润首先应满足公司的资金需求，如果还有剩余，则分配股利；如果没有剩余，则不分配股利。在实际应用时，很多公司都有最佳的目标资本结构，公司的股利政策不应当破坏该目标资本结构。

2. 确定股利分配额的步骤

根据这一政策，公司按如下步骤确定股利分配额：

(1) 根据公司投资计划确定公司最佳资本预算。

(2) 根据公司目标资本结构及最佳资本预算预计公司资金需求中需要的权益资本数额。

(3) 尽可能用留存收益满足资金需求中需要增加的股东权益数额。

(4) 留存收益在满足公司股东权益增加需求后，如果有剩余再发放股利。

3. 剩余股利分配政策的优缺点

剩余股利分配政策的优点包括：

(1) 留存收益优先保证再投资的需要，从而有助于降低再投资的资金成本。

(2) 保持最佳资本结构，实现企业价值长期最大化。

剩余股利分配政策的缺点包括：

(1) 股利发放额每年随投资机会和盈利水平的波动而波动，即使在盈利水平不变的情况下，股利也将与投资机会的多寡呈反方向变动关系，投资机会越多，股利发放额越少；反之，投资机会越少，股利发放额越多。在投资机会维持不变的情况下，股利发放额将因公司每年盈利的波动而同方向波动。

(2) 剩余股利分配政策不利于投资者安排收入与支出，也不利于公司树立良好的形象，一般适用于公司初创阶段。

【例7-10】 假设某公司2019年的税后净利润为2000万元，2020年的投资计划需要资金2200万元，公司的目标资本结构为权益资本占60%，债务资本占40%。求2019年可以发放的现金股利。

【解】 2019年可以发放的现金股利通过如下步骤计算得到：

(1) 按照目标资本结构的要求，公司投资计划需要的权益资本额为：

$$2200 \times 60\% = 1320(\text{万元})$$

(2) 公司当年全部可用于分配的净利润为2000万元，除了满足上述投资计划所需的权益资本外，还有剩余可用于分配股利。2019年可以发放的股利为：

$$2000 - 1320 = 680(\text{万元})$$

(二) 固定或稳定增长的股利政策

1. 固定或稳定增长的股利政策的含义

固定或稳定增长的股利政策是指公司将每年派发的股利固定在某一特定水平或是在此基础上维持某一固定比率逐年稳定增长。公司只有确信未来的盈利增长不会发生逆转时，才会宣布实施固定或稳定增长的股利政策。

在固定或稳定增长的股利政策下，首先应确定的是股利分配额，而且该分配额一般不随资金需求的波动而波动。

2. 固定或稳定增长的股利政策的优缺点

固定或稳定增长的股利政策的优点包括：

(1) 能将公司未来的获利能力、财务状况以及管理层对公司经营的信心等信息传递出去。传递给股票市场和投资者一个公司经营状况良好、管理层对未来充满信心的信号，有利于公司在资本市场上树立良好的形象、增强投资者的信心，进而有利于稳定公司股价。

(2) 有利于吸引那些打算做长期投资的股东，这部分股东希望投资所得能够成为稳定的收入来源，以便安排各种经常性的消费和其他支出。

固定或稳定增长的股利政策的缺点包括：

（1）在这种政策下的股利分配额只升不降，股利支付与公司盈利相脱离，即不论公司盈利多少，均应按固定的乃至固定增长的比率派发股利。

（2）公司在发展过程中，难免会出现经营状况不好或进入短暂的困难时期，如果这时仍执行固定或稳定增长的股利政策，那么派发的股利金额大于公司实现的盈利，必将侵蚀公司的留存收益，影响公司现有的资本，给公司的财务运作带来很大压力，最终影响公司正常的生产经营活动。

【例 7-11】 甲公司执行的是固定股利政策，2018 年税后净利润为 2000 万元，现金股利分配额为 500 万元，则 2019 年公司分配的股利为多少？

乙公司执行的是稳定增长股利政策，现金股利分配额为 500 万元，公司的固定股利增长率为 10%，则 2019 年乙公司分配的股利为多少？

【解】 甲公司 2019 年分配的现金股利为 500 万元。

公司 2019 年分配的现金股利为

$$500\times(1+10\%)=550(\text{万元})$$

（三）固定股利支付率政策

1. 固定股利支付率政策的含义

固定股利支付率政策是指公司将每年净收益的某一固定百分比作为股利分派给股东。这一百分比通常称为股利支付率，股利支付率一经确定，一般不得随意变更。固定股利支付率越高，公司留存收益越少。

2. 固定股利支付率政策的股利分配步骤

在这一股利政策下，只要公司的税后利润一经计算确定，派发的股利也就相应确定了。

3. 固定股利支付率政策的优缺点

固定股利支付率政策的优点包括：

（1）股利与公司盈余紧密结合，体现了投资与收益对等的股利分配原则。

（2）由于公司的获利能力在年度间是经常变动的，因此每年的股利也应当随着公司收益的变动而变动，并保持分配与留存收益有一定的比例关系。采用固定股利支付率政策，公司每年按固定的比例从税后利润中支付现金股利，从企业支付能力的角度看，这是一种稳定的股利政策。

固定股利支付率政策的缺点包括：

（1）传递的信息容易成为公司的不利因素。因为波动的股利向市场传递的信息就是公司未来收益前景不明确、不可靠等，很容易给投资者带来公司经营状况不好、投资风险较大的不良印象。

（2）容易使公司面临较大的财务压力。如果公司现金流量状况不太好，却还要按固定比率支付股利，就很容易给公司造成较大的财务压力。

（3）缺乏财务弹性。

（4）合适的固定股利支付率的确定难度大。

【例 7-12】 某公司长期以来采用固定股利支付率政策进行股利分配，确定的股利支付率为 40%。2018 年税后利润为 1000 万元，如果仍然继续执行固定股利支付率政策，求公司本年度将要支付的股利。

【解】 公司 2018 年度将要支付的股利为

$$1000 \times 40\% = 400(\text{万元})$$

（四）低正常股利加额外股利政策

1. 低正常股利加额外股利政策的含义及股利分配步骤

低正常股利加额外股利政策是指企业事先设定好一个较低的正常股利额，每年除了按正常的股利额向股东发放现金股利外，还在企业盈利情况较好、资金较为充裕的年度向股东发放高于每年度正常股利的额外股利。

在低正常股利加额外股利政策下，首先应确定的是较低的正常股利分配额，而且该分配额一般不随资金需求的波动而波动；然后再根据公司盈利情况和资金情况，确定是否向股东发放高于正常股利的额外股利以及额外股利的分配额。

2. 低正常股利加额外股利政策的优缺点

低正常股利加额外股利政策的优点包括：

（1）该政策赋予公司一定的灵活性，使公司在股利发放上留有余地和具有较大的财务弹性。同时，公司每年可以根据具体情况，确定不同的股利发放数额，以完善公司的资本结构，进而实现公司的财务目标。

（2）有助于稳定股价，增加投资者信心。

低正常股利加额外股利政策的缺点包括：

（1）各年公司的盈利波动使得额外股利不断变化，时有时无，造成分派的股利不同，容易给投资者带来公司收益不稳定的感觉。

（2）公司在较长时期持续发放的额外股利，可能会被股东误认为是“正常股利”，公司一旦取消了这部分额外股利，可能使股东认为公司财务状况恶化，进而可能引起公司股价下跌的不良后果。而对那些盈利随着经济周期波动较大的公司或行业，这种股利政策也许是一种不错的选择。

阅读案例

北京同仁堂股份有限公司主营业务为中药生产、科研、销售。2010 年，公司收入 3824446141.96 元，比上年增长 16.30%；主营业务利润 552765052.80 元，比上年增长 20.49%；归属于母公司所有者的净利润 343233607.45 元，比上年增长 19.19%；现金及现金等价物 167398797.92 元，比上年减少 60.86%。其主要原因是本期销售商品收到的现金减少使经营活动产生的现金流量净额比去年同期下降 22.34%，本期固定资产投资增加使投资活动产生的现金流量净额比去年同期下降，本期支付股利增加使筹资活动产生的现金流量净额比去年同期下降（见表 7-2）。

表 7-2　同仁堂 2008～2010 年的重要账务指标

会 计 期 间	2008-12-31	2009-12-31	2010-12-31
营业收入/万元	2977885017.15	3288428404.29	3824446141.96
净利润/万元	35063.73	38829.24	47109.31
总资产/万元	4571717356.81	4954404709.46	548931.82
股东权益/万元	367798.71	391295.41	422128.12
每股收益/元	0.501	0.553	0.659
每股收益（扣除非经常性损益后）/元	0.4862	0.539	0.643
每股净资产/元	5.499	5.856	6.254
每股经营活动产生的现金流量净额/元	0.81	1.21	0.94
净资产收益/%	9.07	9.41	10.54
加权净资产收益率/%	9.41	9.70	10.87
扣除非经常性损益后的加权净资产收益率/%	9.20	9.54	10.64

公司 2010 年按照合并报表实现归属于上市公司股东的净利润 343233607.45 元，按母公司实现净利润的 10% 提取法定盈余公积 25165831.41 元，加年初未分配利润 1458268356.41 元，减去 2009 年度利润分配已向全体股东派发的现金红利 119790043.94 元，2010 年度可供股东分配利润为 1656546088.51 元。公司拟以 2010 年年末总股本 520826278 股为基数，向全体股东每 10 股送红股 5 股（每股面值 1 元），同时派发现金红利 3.5 元/10 股（含税）。同仁堂 2008～2010 年的股利分配方案见表 7-3。

表 7-3　同仁堂 2008～2010 年的股利分配方案

报告期	每股收益/元	10 股分红（含税）/元	10 股送股数/股	10 股转增/股	红利支付率/%
2010	0.497	3.5	5	10	70.42
2009	0.553	2.3	0	0	41.59
2008	0.501	2	0	0	39.92

资料来源：北京同仁堂股份有限公司 2008～2010 年年报。

小思考

（1）同仁堂 2010 年的高送转方案对股东和公司有何影响？

（2）企业如何根据自身特点制定股利分配方案？

三、股票股利、股票分割与股票回购

（一）股票股利

股票股利是公司将应分配给股东的股利以股票的形式发放。在我国，股票股利通常称为红股，发放股票股利又称为送股或送红股。股票股利是股利分配的主要形式之一。股票股利不会导致公司现金的流出或负债的增加，同时也不会因此增加公司的财产，但会引起所有者权益各项目的结构发生变化，即将公司的留存收益转化为股本。

知识链接

在上市公司分红时，我国股票投资者普遍都偏好红股。对于股东来说，采取红股的形式分配利润将优于不分配利润。这种方式不会改变股东的持股比例，也不增减股票的含金量，但红股却有可能提高股票投资者的经济效益。其根据如下：

（1）上市公司发放股票股利时，股东不必承担纳税义务。

（2）在股票供不应求阶段，送红股增加了股东的股票数量，在市场炒作下有利于股价的上涨，从而有助于提高股东的价差收入。

（3）送红股以后，股票的数量增加了，同时由于除权降低了股票的价格，购买这种股票的门槛也降低了，进而改变了股票的供求关系。

对股东来说，股票股利的优点主要有：

（1）派发股票股利后，理论上每股市价会成比例下降，但实务中这并非必然结果。这是因为市场和投资者普遍认为，发放股票股利往往预示着公司会有较大的发展和成长，这样的信息传递会稳定股价或使股份下降比例减小甚至不降反升，股东便可获得股票价值相对上升的好处。

（2）由于股利收入和资本利得税率的差异，如果股东把股票出售，还会带来资本利得纳税上的好处。

对公司来说，股票股利的优点主要有：

（1）发放股票股利不需要向股东支付资金，在再投资机会较多的情况下，公司可以为再投资提供成本较低的资金，有利于公司的发展。

（2）发放股票股利可以有效地降低每股市价，增加股票的流动性，有效地提高投资者的兴趣，进而使股权更分散，有效防止公司被恶意控制。

（3）发放股票股利可以传递公司未来经营前景良好的信息，从而增强投资者对公司的信心，在一定程度上稳定股票价格。

小贴士

但是，公司采用股票股利支付形式，有可能被认为是公司现金周转不灵的征兆。特别是当公司财务报表反映的投资收益率低于投资者的预期或投资项目运转不良时，尤其如此，这会影响公司的财务形象和再筹资能力，降低投资者对公司的信心，导致公司股价下跌。

【例 7-13】 某上市公司在 2019 年发放股票股利前，其资产负债表上的股东权益账户情况如下。

股东权益：

普通股（面值1元，流通在外2000万股）	2000万元
资本公积	4000万元
盈余公积	2000万元
未分配利润	3000万元
股东权益合计	11000万元

假设该公司宣布发放30%的股票股利，现有股东每持10股，即可获赠3股普通股。请分析计算股票股利对公司及股东的影响。

1. 股票股利对公司的影响

该公司发放的股票股利为600万股，随着股票股利的发放，未分配利润中有600万元的资金要转移到普通股的股本账户中，因而普通股股本由原来的2000万元增加到2600万元，而未分配利润的余额由3000万元减少至2400万元，但该公司的股东权益总额并未发生改变，仍是11000万元，股票股利发放之后，资产负债表上股东权益部分如下。

股东权益：

普通股（面值1元，流通在外2600万股）	2600万元
资本公积	4000万元
盈余公积	2000万元
未分配利润	2400万元
股东权益合计	11000万元

2. 股票股利对股东的影响

假设一位股东在派发股利前持有公司普通股3000股，那么，他拥有的股权比例为：

$$3000 \div 20000000 = 0.015\%$$

派发股利后，他拥有的股票数量和股份比例为：

$$3000 + 900 = 3900(\text{股})$$

$$3900 \div 26000000 = 0.015\%$$

通过上例可以说明，由于公司的净资产不变，而股票股利派发前后每一位股东的持股比例也不发生变化，那么他们所持股份所代表的净资产也不会发生变化。

（二）股票分割

1. 股票分割的概念

股票分割又称为拆股，是指股份公司用某一特定数额的新股按一定比例交换一定数额的流通在外的股份的行为。比如，将原来的1股股票交换成5股股票。

股票分割不属于某种股利支付方式，但其产生的效果与发放股票股利近似，因而在此介绍一下。

从会计角度看，股票分割对公司资本结构、资产账面价值、股东权益各账户（普通股、资本公积、留存收益等）等都不产生影响，只是使公司发行在外的股票总数增加，每股股票代表的账面价值降低。因此，股票分割与发放股票股利的作用非常相似，都是在不增加股东权益的情况下增加股票的数量。所不同的是，股票分割导致的股票增加量可以远大于发放股票股利的，而且在会计处理上也有所不同。从实务上看，由于股票分割与股票股利非常相似，所以一般要根据证券管理部门的具体规定对两者加以区分。有的国家证券管理部门规定，发放25%以上的股票股利即属于股票分割。

2. 股票分割的意义

股票分割的意义包括：

（1）降低公司股票价格。由于股票分割是在不增加股东权益的情况下增加流通中的股票数量，分割后每股股票代表的股东权益的价值将降低，每股股票的市场价格也将相应降低。当股票的市场价格过高时，股票交易会因每手交易所需的资金量太大而受到影响，特别是许多小户、散户，因资金实力有限而难以入市交易，使这类股票的流通性降低，股东人数减少。因此，许多公司在其股价过高时采用股票分割的方法降低股票的交易价格，提高公司股票的流通性，增加股东人数。

（2）传递长期发展良好的信号。一般而言，股票分割往往是成长中的公司所为。因此，企业进行股票分割往往被视为一种利好消息而影响股票价格，这样公司股东就能从股份中获得相对收益。

（3）增加股东的现金股利。股票分割在有些情况下也会增加股东的现金股利。尽管股票分割后各股东持有的股数增加，但持股比例不变，持有股票的总价值不变。不过，只要股票分割后每股现金股利的下降幅度小于股票分割幅度，股东仍能多获现金股利。

（4）有助于公司并购的实施。在并购另一家公司前，先将本公司的股票分割，可以提高对被并购公司股东的吸引力。

（5）为新股发行做准备。在新股发行前利用股票分割降低股价，有利于提高股票的可转让性和促进市场交易，由此可增加投资者对股票的兴趣，使新发行的股票畅销。

小贴士

尽管股票分割与发放股票股利都能达到降低股价的目的，但一般来讲，公司只有在股价剧烈上涨且预期难以下降时，才采用股票分割的办法降低股价，而在股价上涨幅度不大时，往往通过发放股票股利的方式将股价维持在理想的范围之内。

【例7-14】 某上市公司在2019年年末，资产负债表上的股东权益账户情况如下。

股东权益：

普通股（面值10元，流通在外1000万股）	10000万元
资本公积	20000万元
盈余公积	4000万元
未分配利润	5000万元
股东权益合计	39000万元

假设该公司按照1∶5的比例进行股票分割。股票分割后，股东权益有何变化，每股的净资产是多少？

股票分割后股东权益情况如下。

股东权益：

普通股（面值 2 元，流通在外 5000 万股）	10000 万元
资本公积	20000 万元
盈余公积	4000 万元
未分配利润	5000 万元
股东权益合计	39000 万元

每股净资产为

$$39000 \div (1000 \times 5) = 7.8(\text{元/股})$$

（三）股票回购

1. 股票回购的定义、方式及动机

股票回购是指股份公司出资将其发行流通在外的股票以一定价格购回予以注销或作为库存股的一种资本运作方式。公司不得随意收购本公司的股票，只有满足相关法律规定的情形才允许股票回购。

股票回购的方式主要包括公开市场回购、要约回购和协议回购三种。其中，公开市场回购是指公司在公开交易市场上以当前市价回购股票；要约回购是指公司在特定期间向股东发出的以高于当前市价的某一种价格回购既定数量股票的要约；协议回购则是指公司以协议价格直接向一个或几个主要股东回购股票。

股票回购的动机可概括为以下几点：

（1）与现金股利相比，股票回购对投资者可产生节税效应。对股东而言，股票回购后股东得到的资本利得需缴纳资本利得税，发放现金股利后股东需缴纳股息税。在前者低于后者的情况下，股东可得到纳税上的好处。

（2）向市场传递股价被低估的信息。如果公司管理层认为公司目前的股价被低估，通过股票回购，向市场传递积极信息。股票回购的市场反应通常是股价提高，有利于稳定公司股票价格。

（3）增加每股盈利水平。当公司可支配的现金流明显超过投资项目所需的现金流时，可以用自由现金流进行股票回购，有助于增加每股盈利水平。

（4）发挥财务杠杆作用。如果公司认为资本结构中权益资本的比例较高，可以通过股票回购改变公司的资本结构，从而降低加权平均资本成本。

（5）降低公司被收购风险。通过股票回购，可以减少外部流通股的数量，提高股票价格，在一定程度上降低公司被收购的风险。

2. 股票回购的负面影响

股票回购可能对上市公司经营造成的负面影响包括：

（1）股票回购需要大量资金支付回购的成本，易造成资金紧缺，资产流动性变差，影响公司发展后劲。上市公司进行股票回购首先要有资金实力，如果公司负债率较高，再举债进行回购，将使公司资产流动性劣化，巨大的偿债压力将进一步影响公司正常的生产经营和发展。

（2）股票回购无异于股东退股和公司资本的减少，也可能使公司的发起人股东更注

重创业利润的实现，从而不仅在一定程度上削弱对债权人利益的保护，而且忽视公司长远的发展，会损害公司的根本利益。

（3）股票回购容易导致内幕操纵股价。股份公司拥有本公司最准确、最及时的信息，如果允许上市公司回购本公司股票，容易导致其利用内幕消息进行炒作，使大批普通投资者蒙受损失，甚至有可能出现借回购之名、行炒作本公司股票之实的违规行为。

知识链接

《中华人民共和国公司法》规定，公司只有在以下几种情况下才能回购本公司的股份：

（1）减少公司注册资本；

（2）与持有本公司股份的其他公司合并；

（3）将股份用于员工持股计划或者股权激励；

（4）股东因对股东大会作出的公司合并、分立决议持异议，要求公司收购其股份；

（5）将股份用于转换上市公司发行的可转换为股票的公司债券；

（6）上市公司为维护公司价值及股东权益所必需。

能力训练

一、单项选择题

（1）产品销售收入扣除变动成本后的余额称为（　　）。

A. 毛利　　B. 贡献毛益　　C. 税前净利　　D. 净利润

（2）下列公式不正确的是（　　）。

A. 单位贡献毛益 – 单价 – 单位变动成本

B. 贡献毛益总额 = 销售收入总额 – 变动成本总额

C. 单位贡献毛益 × 销售量 = 贡献毛益总额

D. 毛利 – 固定成本 = 净收益

（3）某企业盈亏临界点销售额为16000元，正常开工销售收入为20000元，则如果该公司要求获利，保本点作业率至少应达到（　　）。

A. 20%　　B. 80%　　C. 125%　　D. 以上均不对

（4）下列导致盈亏临界点上升的因素是（　　）。

A. 售价下降　　B. 单位变动成本下降

C. 单位贡献毛益增加　　D. 固定成本下降

（5）企业收益分配主要是确定企业的净利润在（　　）两方面进行分配。

A. 债权人和所有者　　B. 投资者和用于再投资

C. 债权人和用于再投资　　D. 投资者和国家

（6）在下列股利分配政策中，能保持股利与利润之间一定的比例关系，并体现风险投资与风险收益对等原则的是（　　）。

A. 剩余股利政策　　B. 固定股利或稳定增长股利政策

C. 固定股利支付率政策　　D. 低正常股利加额外股利政策

（7）能充分利用筹资成本最低的资金来源，保持理想的资金结构，使综合资本成本最低的收益分配政策是（　　）。

A. 剩余股利政策　　B. 固定股利或稳定增长股利政策

C. 固定股利支付率政策　　D. 低正常股利加额外股利政策

（8）在下列股利分配政策中，能保持股利与收益之间一定的比例关系，并体现多盈多分、少盈少分、无盈不分原则的是（　　）。

A. 剩余股利政策　　B. 固定股利或稳定增长股利政策

C. 固定股利支付率政策　　D. 低正常股利加额外股利政策

（9）下列各项对营业收入没有影响的是（　　）。

A. 销售退回　　B. 销售折扣　　C. 销售折让　　D. 结算方式

（10）下列预测方法属于因果分析法的是（　　）。

A. 简单回归分析法　　B. 季节预测法

C. 加权移动平均法　　D. 德尔菲法

二、多项选择题

（1）企业经营安全程度的评价指标包括（　　）。

A. 保本点　　B. 安全边际量　　C. 安全边际额　　D. 保本点作业率

（2）若企业处于保本状态，则有（　　）。

A. 保本点作业率为0　　B. 安全边际率为0

C. 保本点作业率为100%　　D. 安全边际率为100%

（3）下列因素中，（　　）呈上升趋势变化时，会导致保本点升高。

A. 销售量　　B. 单价　　C. 固定成本　　D. 单位变动成本

（4）加权平均贡献毛益率 =（　　）。

A. ∑（各种产品的贡献毛益率 × 该种产品的销售收入）

B. ∑（各种产品的贡献毛益率 × 该种产品的销售比重）

C. 各种产品贡献毛益之和 ÷ 各种产品销售收入之和

D. 各种产品销售收入之和 ÷ 各种产品贡献毛益之和

（5）支付现金股利（　　）。

A. 会使企业的现金减少　　B. 会使企业的未分配利润减少

C. 不会使企业的所有者权益减少　　D. 会使企业的所有者权益减少

三、判断题

（1）本量利预测法不能用于销售预测。（　　）

（2）销售收入是由边际贡献和变动成本构成的。（　　）

（3）股票分割对公司的资本结构和股东权益不会产生任何影响，但会引起每股面值

降低，并由此引起每股收益和每股市价下跌。 （ ）

（4）公司向股东分配股票股利，既不会减少现金，也不会减少股东权益总额。 （ ）

（5）股票分割不仅有利于促进股票流通和交易，而且有助于公司并购政策的实施。 （ ）

四、计算题

（1）甲、乙、丙、丁四个公司2019年的产销资料见表7-4，假定每个公司只产销一种产品，且均产销平衡。要求：

1）根据本量利分析的基本数学模型，计算并填写表7-4空白栏的数额；

2）分别计算丙公司和丁公司的单位变动成本、贡献毛益率、变动成本率，并验证贡献毛益率与变动成本率的互补关系。

表7-4 甲、乙、丙、丁四个公司产销资料

公司	销售数量	销售收入总额	变动成本总额	固定成本总额	单位贡献毛益	利润(或亏损)
甲公司	10000件	100000元	60000元	25000元	（ ）元	（ ）元
乙公司	5000台	200000元	160000元	（ ）元	（ ）元	（ ）元
丙公司	（ ）套	250000元	（ ）元	50000元	15元	25000元
丁公司	8000件	（ ）元	96000元	（ ）元	8元	24000元

（2）某公司2019年销售收入为120000元，销售成本为150000元，其中包括固定费用90000元。若2020年计划增加广告费4500元，产品单价仍为30元。要求：

1）预测2020年该公司的保本销售额；

2）若该公司计划实现目标利润30000元，则目标销售额应为多少？

（3）假设某企业的年固定成本为21000元，生产甲、乙、丙三种产品，有关资料见表7-5。要求：

1）计算甲、乙、丙三种产品的综合贡献毛益率；

2）计算甲、乙、丙三种产品的保本销售量和保本销售额。

表7-5 某企业生产甲、乙、丙三种产品的有关年度资料

产品	销量/件	单价/元	单位变动成本/元	单位贡献毛益/元	贡献毛益率/%
甲	2500	20	10	10	50
乙	3000	10	6	4	40
丙	1250	16	12	4	25

（4）某公司2017年实现净利润180万元，分配的股利为108万元。2018年实现的净利润为200万元，2018年年初未分配利润为600万元，年末公司讨论决定股利分配的数额。计算并回答下列问题：

1）预计2019年需要增加投资资本300万元，公司的目标资本结构为权益资本占55%、债务资本占45%，公司采用剩余股利政策，则公司2018年应发放多少股利？

2）公司采用固定股利或稳定增长股利政策，公司2018年应发放多少股利？

3）公司采用固定股利支付率政策，公司2018年应发放多少股利？

4）公司采用低正常股利加额外股利政策，规定每股股利最低为0.1元，按净利润超过最低股利部分的30%发放额外股利，该公司普通股股数为500万股，公司2018年应发放多少股利？

（5）某上市公司2018年年末资产负债表上的股东权益账户情况见表7-6。要求：

1）假设股票市价为15元，该公司宣布发放20%的股票股利，即现有股东每持有10股，即可获赠2股普通股。发放股票股利后，股东权益有何变化，每股净资产是多少？

2）假设该公司按照1：2的比例进行股票分割。股票分割后，股东权益有何变化，每股净资产是多少？

表7-6　某公司2018年年末股东权益账户情况　（单位：万元）

股东权益	金额
普通股（面值10元，流通在外1000万股）	10000
资本公积	10000
盈余公积	7000
未分配利润	9000
股东权益合计	36000

第八章　财务分析

学习目标

（1）理解财务分析的内容及作用；

（2）掌握常见的财务分析方法；

（3）理解偿债能力、盈利能力、营运能力和发展能力的财务指标以及比率的意义；

（4）理解杜邦分析体系及其机制。

能力目标

（1）能够运用各种财务分析方法发现并分析企业财务问题；

（2）能够计算常见财务比率，通过财务比率发现问题；

（3）能够运用杜邦分析体系分析企业财务问题。

引导案例

沃伦·巴菲特的成功

沃伦·巴菲特是一个具有传奇色彩的人物，1930 年 8 月 30 日出生于美国内布拉斯加州的奥马哈市。他从小就极具投资意识，1941 年，11 岁的巴菲特购买了平生第一只股票。1947 年，巴菲特进入宾夕法尼亚大学攻读财务和商业管理。两年后，巴菲特考入哥伦比亚大学金融系，拜师于著名投资理论学家本杰明·格雷厄姆，在格雷厄姆门下巴菲特如鱼得水。1956 年，他回到家乡创办“巴菲特有限公司”，他将 100 美元投入股市，40 年间创造了超过 2000 亿美元的财富。巴菲特在投资领域是无人能比的美国首富，是美国股市权威的领袖。如果将巴菲特旗下的伯克尔·哈撒韦公司 32 年来的逐年投资绩效与美国标准普尔 500 种股票价格指数绩效相比，可以发现巴菲特有 29 年击败指数，而只有 3 年落后指数。更难能可贵的是，其中 5 年当美国股市陷入空头走势回落之际，巴菲特却创下逐年“永不亏损”的记录。因此，巴菲特被美国著名的基金经理人彼得·林奇誉为“历史上最优秀的投资者”，全球各地的众多股票投资者都热衷于巴菲特的投资方法和理念。巴菲特投资成功的最重要经验是注重对公司的分析研究，阅读大量的年报、季报和各类期刊，了解公司的发展前景及策略，仔细评估公司的投资价值，把握好入市时机。

资料来源：池国华．财务报表分析［M］．北京：北京交通大学出版社，2008.

思考：巴菲特投资成功的经验，可以给我们关于财务分析上的什么启发？

第一节　财务分析概述

一、财务分析的意义

财务分析是以企业财务报告及其他相关资料为主要依据，对企业的财务状况和经营成果进行评价和剖析，反映企业在运营过程中的利弊得失和发展趋势，从而为改进企业财务管理工作和优化经济决策提供重要的财务信息。财务分析是企业财务管理的重要内容和基本手段之一，它是人们认识、了解财务活动最根本的手段之一。

账务分析的目的取决于人们使用会计信息的目的。会计信息的使用者主要包括债权人、股权投资者、企业管理者、审计师、政府部门等。虽然不同人关心的问题不相同，对财务分析的要求和目的也必然会有差异，但归纳起来，财务分析的基本目的是从各个方面对企业进行一个总体评价，而其他的作用实际是一种派生的目标。因此从评价的角度看，财务分析应该包括以下几个方面内容。

（一）评价企业财务状况

财务分析应根据财务报表等综合核算资料，对企业整体和各个方面的财务状况做综合和细致的分析，并对企业的财务状况做出评价。财务分析应让相关人员全面了解企业资产的流动性状态是否良好，资本结构和负债比例是否恰当，现金流量状况是否正常等，最后说明企业长短期的偿债能力是否良好，从而评价企业长短期的财务风险与经营风险，为企业投资者和管理当局等提供有用的决策信息。

（二）评价企业盈利能力

偿债能力和盈利能力是企业财务评价的两大基本指标。在企业偿债能力既定的情况下，企业应追求最强的盈利能力，这是企业的重要经营目标。是否长期具有良好和持续的盈利能力是一家企业综合素质的基本表现。企业要生存和发展，就必须能获得较高的利润，这样才能在激烈的竞争中立于不败之地。企业的投资者、债权人和经营者等都十分关心企业的盈利能力，同时只有盈利能力强的企业才能保持良好的偿债能力。财务分析应从整体部门和不同项目对企业盈利能力做深入分析和全面评价，不但要看绝对数，也要看相对数，不但要看目前的盈利水平，还要比较过去和预测未来的盈利水平。

（三）评价企业资产管理水平

企业资产作为企业生产经营活动的经济资源，其管理效率的高低直接影响企业的盈利能力和偿债能力，也表明了企业综合经营管理水平的高低。财务分析应对企业资产的占有、配置、利用水平、周转状况和获利能力等，做全面和细致的分析，不能只看总体的管理水平，还要看部门和个别的管理水平的高低；不能只看绝对数，还要看相对数；不能只看现在的盈利状况，还要看对企业长远发展的促进作用。

（四）评价企业成本费用水平

从长远来看，企业的盈利能力和偿债能力与企业的成本费用管理水平密切相关。凡是经营良好的企业，一般都有较高的成本费用控制能力。财务分析应对企业一定时期的成本费用的耗用情况做全面的分析和评价，不但要从整个企业和全部产品的角度进行综合分析，还要对企业的具体职能部门和不同产品做深入分析，对成本费用耗费的组成结构进行细致分析，这样才能真正说明成本费用增减变动的实际原因。

（五）评价企业未来发展能力

企业的投资者、债权人或企业管理当局等，都十分关心企业的未来发展能力，因为这不但关系到企业的命运，也直接与他们的切身利益有关。只有通过全面、深入和细致的财务分析，才能对企业未来的发展趋势做出正确的评价。企业进行财务分析时应根据企业偿债能力和盈利能力、资产管理水平和成本费用水平，及企业其他相关的财务和经营方面的各项资料，对企业中长期的经营前景做出合理的预测和正确的评价。这不但能为企业管理当局和投资者等的决策提供重要的依据，也能避免由于决策失误而给企业造成重大损失。

小贴士

财务分析的基本内容

企业所有者作为投资者，关心其资本的保值和增值状况，因此较为重视企业的盈利能力；企业债权人因不能参与企业剩余收益分配，首先关注的是投资的安全性，因此更重视企业的偿债能力；企业经营决策者必须对企业经营理财的各个方面，包括运营能力、偿债能力、盈利能力及发展能力都应有详尽了解和掌握。

总的来看，财务分析的基本内容包括偿债能力分析、运营能力分析、盈利能力分析和发展能力分析，四者是相辅相成的关系。

二、财务分析的局限性

（一）财务报表本身的局限性

财务报表是公司会计系统的产物。每家公司的会计系统都受到会计环境和公司会计战略的影响，这使得财务报表会扭曲公司的实际情况。

会计的环境因素包括会计规范和会计的管理、税务与会计的关系、外部审计、会计争端处理的法律系统、资本市场结构、公司治理结构等，这些因素是决定公司会计系统质量的外部因素。会计环境的缺陷会导致会计系统有缺陷，使之不能反映公司的实际状况。会计环境的变化会导致会计系统的变化，影响财务数据的可比性。例如，会计规范要求以历史成本报告资产，使财务数据不代表其现行成本或变现价值；会计规范要求假设币值不变，使财务数据不按通货膨胀率或物价水平调整；会计规范要求遵循谨慎原则，使会计预计损失而不预计收益，有可能少计收益和资产；会计规范要求按年度分期报告，只报告短期信息，不提供反映长期潜力的信息等。

会计战略是公司根据环境和经营目标做出的主观选择，各公司会有不同的会计战略。公司会计战略包括决定会计政策的选择、会计估计的选择、补充披露的选择以及报告具体格式的选择。不同的会计战略会导致不同公司财务报告的差异，并影响其可比性。例如，对同一会计事项的账务处理，会计准则允许使用几种不同的规则和程序，公司可以自行选择，包括存货计价方法、折旧方法、对外投资收益的确认方法等。虽然财务报表附注对会计政策的选择有一定的表述，但报表使用人未必能完成可比性的调整工作。

由于以上两方面的原因，财务报表存在以下三方面的局限性：

（1）财务报表没有披露公司的全部信息，管理层拥有更多的信息，得到披露的只是其中的一部分。

（2）已经披露的财务信息存在会计估计误差，不一定是对真实情况的准确计量。

（3）管理层的各项会计政策选择，使财务报表会扭曲公司的实际情况。

（二）财务报表的可靠性问题

只有根据符合规范的、可靠的财务报表，才能得出正确的分析结论。符合规范是指除了以上局限性以外，没有更进一步的虚假陈述。外部分析人员很难认定是否存在虚假陈述，财务报表的可靠性问题主要依靠注册会计师解决。但是，注册会计师不能保证财务报表没有任何错报和漏报，而且并非所有注册会计师都是尽职尽责的。因此，分析人员必须自己关注财务报表的可靠性，对可能存在的问题保持足够的警惕。

外部的分析人员虽然不能认定是否存在虚假陈述，但是可以发现一些“危险信号”。对于存有危险信号的报表，分析人员要进行更细致的考察或获取有关的其他信息，对报表的可靠性做出判断。

常见的危险信号有以下几个：

（1）财务报表的形式不规范。不规范的报表其可靠性也应受到怀疑，分析人员要注意财务报表是否有遗漏，若报表违背了充分披露原则，很可能是公司不想讲真话；要注意是否及时提供财务报表，不能及时提供报表暗示公司当局与注册会计师存在分歧。

（2）要注意分析数据的反常现象。如果无合理的反常原因，则要考虑数据的真实性和一贯性是否有问题。例如，原因不明的会计调整，可能是公司利用会计政策的灵活性“修饰”报表；与销售相比应收账款异常增加，可能存在提前确认收入问题；报表中收益与经营现金流量的缺口增加，报表中收益与应税收益之间的缺口增加，可能存在盈余管理等。

（3）要注意大额的关联方交易。这些交易的价格缺乏客观性，会计估计有较大主观性，可能存在转移利润的动机。

（4）要注意大额资本利得。在经营业绩不佳时，公司可能通过出售长期资产、债转股等交易实现资本利得。

（5）要注意异常的审计报告。无正当理由更换注册会计师，或审计报告中附有保留意见，则暗示公司的财务报告可能粉饰过度。

知识链接

四种基本类型审计意见的审计报告

注册会计师根据审计结果和被审计单位对有关问题的处理情况，会形成不同的审计意见，并出具四种基本类型审计意见的审计报告。

一、无保留意见的审计报告

无保留意见是指注册会计师对被审计单位的会计报表，依照我国注册会计师独立审计准则的要求进行审查后确认：被审计单位采用的会计处理方法遵循了会计准则及有关规定；会计报表反映的内容符合被审计单位的实际情况；会计报表内容完整、表述清楚，无重要遗漏；报表项目的分类和编制方法符合规定要求，因而对被审计单位的会计报表无保留地表示满意。无保留意见意味着注册会计师认为会计报表的反映是合法、公允和一贯的，能满足非特定多数利害关系人的共同需要。

二、保留意见的审计报告

保留意见是指注册会计师对会计报表的反映有所保留的审计意见。注册会计师经过审计后，认为被审计单位会计报表的反映就其整体而言是恰当的，但还存在下述情况之一时，应出具保留意见的审计报告：

（1）个别重要财务会计事项的处理或个别重要会计报表项目的编制不符合《企业会计准则》和国家其他有关财务会计法规的规定，而且被审计单位拒绝进行调整。

（2）因审计范围受到局部限制，无法按照独立审计准则的要求取得应有的审计证据。

（3）个别会计处理方法的选用不符合一贯性原则。

三、否定意见的审计报告

否定意见与无保留意见正相反，是指注册会计会认为会计报表不能合法、公允，一贯地反映被审计单位财务状况、经营成果和现金流动情况。注册会计师经过审计后，认为被审计单位的会计报表存在下述情况之一时，应当出具否定意见的审计报告：会计处理方法的选用严重违反《企业会计准则》和国家其他有关财务会计法规的规定，被审计单位拒绝进行调整；会计报表严重歪曲了被审计单位的财务状况、经营成果和现金流动情况，而且被审计单位拒绝进行调整。

四、无法（拒绝）表示意见的审计报告

无法表示意见是指注册会计师对被审计单位会计报表的合法性、公允性和一贯性无法发表意见。注册会计师在审计过程中，由于审计范围受到委托人、被审计单位或客观环境的严重限制，不能获取必要的审计证据，以致无法对会计报表整体反映发表审计意见时，应当出具无法表示意见的审计报告。

三、财务分析的方法

财务分析可以结合企业的经营环境，从不同的角度、根据不同的目的进行分析。虽然财务报表分析的形式多种多样，但其中都贯穿着比较分析的原理。基本的财务分析方法主要有比较分析法、比率分析法、因素分析法、趋势分析法等。

（一）比较分析法

比较分析法是将同一企业不同时期的财务状况或不同企业之间的财务状况进行比较，从而揭示企业财务状况存在差异的分析方法。比较分析法是财务分析中最常用的一种方法，通过比较分析，可以发现所分析数据或指标的问题所在，揭示企业经营活动中的优势和劣势。比较分析法可分为纵向比较分析法和横向比较分析法两种：

（1）纵向比较分析法是将同一企业连续若干期的财务状况进行比较，确定其增减变动的方向、数量和幅度，以此来揭示企业财务状况的发展变化趋势的分析方法。

（2）横向比较分析法是将本企业的财务状况与其他企业的同期财务状况进行比较，确定其存在的差异及其程度，以此来揭示企业财务状况中所存在问题的分析方法。

比较分析法只适用于同质指标的数量对比，因此应用此法时应注意指标之间的可比性。指标间的可比性是指所对比的同类指标之间在指标内容、计算方法、计价标准、时间长度等方面完全一致。如果在不同企业之间进行对比的指标，还必须注意行业归类，财务规模的一致性。

（二）比率分析法

比率分析法是财务分析中使用最普遍的分析方法。比率分析法是指利用指标的某种关联关系，通过计算比率来考察、计量和评价财务活动状况的分析方法。通过比率的分析，基本上能揭示企业的财务状况，比率指标的类型主要有构成比率、效率比率和相关比率三大类。

1. 构成比率

构成比率又称结构比率，是某个经济指标的各个组成部分与总体的比率，反映部分与总体的关系。其计算公式为：

$$构成比率 = 某个组成部分数额 \div 总体数额 \tag{8-1}$$

利用构成比率，可以考察总体中某个部分的形成和安排是否合理，以便协调各项财务活动。

2. 效率比率

效率比率是某项经济活动中所费与所得的比率，反映投入与产出的关系。利用效率比率指标可以进行得失比较，考察经营成果，评价经济效益。例如，将利润项目与销售成本、销售收入、资本等项目加以对比，可计算出成本利润率、销售利润率以及资本利润率指标，可以从不同角度比较企业获利能力的高低及增减变化情况。

3. 相关比率

相关比率是根据经济活动客观存在的相互依存、相互联系的关系，以某个项目和与其有关但又不同的项目加以对比所得的比率，反映有关经济活动的相互关系。利用相关比率指标，可以考察有联系的相关业务安排得是否合理，以保障企业营运活动能够顺畅进行。如将流动资产与流动负债加以对比，计算出流动比率，就可以判断企业的短期偿债能力。

比率分析法的计算简便，计算结果也比较容易判断，而且可以使某些指标在不同规模的企业之间进行比较。

采用比率分析法时应注意以下几点：

（1）对比项目的相关性。计算比率的分子和分母必须具有相关性。在构成比率指标中部分指标必须是总体指标这个大系统的一个小系统；在效率比率指标中，投入与产出必须有因果关系；在相关比率指标中，两个对比指标也要有内在联系，才能评价有关经济活动之间是否协调，安排是否合理。

（2）对比口径的一致性。计算比率的分子和分母必须在计算时间、范围等方面保持口径一致。

（3）因素分析法。因素分析法是依据分析指标与其影响因素的关系，从数量上确定各因素对分析指标影响方向和影响程度的一种方法。因素分析法既可以全面分析各因素对某一经济指标的影响，又可以单独分析某个因素对经济指标的影响，在财务分析中应用颇为广泛。因素分析法具体有以下两种方法：

1）连环替代法。连环替代法是将分析指标分解为各个可以计量的因素，并根据各个因素之间的依存关系，顺次用各因素的比较值（通常即实际值）替代基准值（通常为标准值或计划值），将替换后的指标值减去替换前的指标值，其差即为该因素对指标值的影响。采用连环替代法的程序简述如下。

设某项经济指标 E 是由 A、B、C 3 个因素组成的。在分析时，若是用实际指标与计划指标进行对比，则计划指标与实际指标的计算公式分别为：

计划指标 $E_0 = A_0 \times B_0 \times C_0$ (8-2)

实际指标 $E_2 = A_1 \times B_1 \times C_1$ (8-3)

其中，分析对象为 $E_2 - E_0$ 的差额。

采用连环替代法测定各因素变动对指标 E 的影响程度时，各项计划指标、实际指标及替代指标的计算公式分别为：

计划指标 $E_0 = A_0 \times B_0 \times C_0$ (8-4)

第一次替代 A $E_2 = A_1 \times B_0 \times C_0$ (8-5)

第二次替代 B $E_3 = A_1 \times B_1 \times C_0$ (8-6)

第三次替代（实际指标）C $E_1 = A_1 \times B_1 \times C_1$ (8-7)

各因素变动对指标 E 的影响数额按下式计算：

$$\text{由于 } A \text{ 因素变动的影响} = E_2 - E_0$$

$$\text{由于 } B \text{ 因素变动的影响} = E_3 - E_2$$

$$\text{由于 } C \text{ 因素变动的影响} = E_1 - E_3$$

将上述 3 个因素的影响结果相加，即为各因素变动对指标 E 的影响程度，它与分析对象应相等。

【例 8-1】 M 公司 2018 年和 2019 年某材料消耗的有关资料见表 8-1，设该公司只有一种产品耗用该材料。要求：用连环替代法定量分析说明 M 公司该项材料成本总额变动的原因。

表 8-1 M 公司某材料消耗资料

项　目	产品产量/件	材料单耗/吨·件$^{-1}$	材料单价/元·吨$^{-1}$
2018 年	200	20	8
2019 年	250	18	10

【解】

$$2018\text{ 年材料成本} = 200 \times 20 \times 8 = 32000(\text{元})$$

$$2018\text{ 年材料成本} = 250 \times 18 \times 10 = 45000(\text{元})$$

$$\text{材料成本差异} = 45000 - 32000 = 13000(\text{元})$$

$$\text{产量影响} = (250 \times 20 \times 8) - (200 \times 20 \times 8) = 8000(\text{元})$$

$$\text{单耗影响} = (250 \times 18 \times 8) - (250 \times 20 \times 8) = -4000(\text{元})$$

$$\text{单价影响} = (250 \times 18 \times 10) - (250 \times 18 \times 8) = 9000(\text{元})$$

合计：13000 元。

由上述计算结果可见，M 公司 2019 年该项材料成本总额提高 13000 元，是由耗用该材料的产品产量提高和材料单价提高共同引起的。

2）差额分析法。差额分析法是连环替代法的简化形式，是直接利用各因素比较值（或实际值）与基准值之间的差额，计算各因素对指标的影响。即某因素差异对指标值的影响，是用该因素比较值（或实际值）与基准值的差，乘以该因素之前各因素的比较值（或实际值），再乘以该因素之后各因素的基准值。

【例 8-2】 仍然用例 8-1 的资料。要求：用差额分析法定量分析说明 M 公司该项材料成本总额变动的原因。

【解】

$$\text{2018 年材料成本} = 200 \times 20 \times 8 = 32000\text{(元)}$$

$$\text{2019 年材料成本} = 250 \times 18 \times 10 = 45000\text{(元)}$$

$$\text{材料成本差异} = 45000 - 32000 = 13000\text{(元)}$$

$$\text{产量影响} = (250 - 200) \times 20 \times 8 = 8000\text{(元)}$$

$$\text{单耗影响} = 250 \times (18 - 20) \times 8 = -4000\text{(元)}$$

$$\text{单价影响} = 250 \times 18 \times (10 - 8) = 9000\text{(元)}$$

合计：13000 元。

由上述计算结果同样可以看出，M 公司 2019 年该项材料成本总额提高 13000 元，是由产品产量提高和材料单价提高共同引起的。

采用因素分析法时，必须注意以下问题：

（1）因素分解的关联性。构成经济指标的因素，必须客观上存在着因果关系，并能够反映形成该指标差异的内在构成原因，否则并无应用价值。

（2）因素替代的顺序性。确定替代因素时，必须根据各因素的依存关系，遵循一定的顺序并依次替代，不可随意颠倒，否则就会得出错误的分析结果。

（3）顺序替代的连环性。因素分析法在计算每一因素变动的影响时，都是在前一次替换计算的基础上进行，并采用连环比较的方法，确定因素变化的影响结果。

（4）计算结果的假定性。因素分析法计算的各因素的影响数，会因替代顺序不同而产生差异，其计算结果难免带有假定性，即不可能使每个因素的分析结果都绝对的准确。所以，分析时应力求使这种假定符合逻辑，具有实际经济意义。

（三）趋势分析法

趋势分析法是根据企业连续数期财务报告中相同指标进行对比，确定其增减变动的方向、数额和幅度，以说明企业财务状况及经营成果变动趋势的一种方法。它可以由以下两种方法来进行分析：

（1）定基动态比率。定基动态比率是用某一时期的数值作为固定的基期指标数值，将其他的各期数值与其对比来分析。

（2）环比动态比率。环比动态比率是以每一分析期的前期数值为基期数值而计算出来的动态比率。

小思考

（1）简述财务分析的主要内容。

（2）财务分析有何局限性？

（3）应用因素分析法应注意哪些问题？

第二节 财务指标分析

财务指标分析主要包括四个方面，其分别为偿债能力分析、营运能力分析、盈利能力分析和发展能力分析。本节主要介绍前三个方面。

一、偿债能力分析

偿债能力是指企业对到期债务清偿的能力和现金的保证程度。企业偿债能力是反映企业财务状况和经营能力的重要标志。企业偿债能力分析包括短期偿债能力分析和长期偿债能力分析。

（一）短期偿债能力分析

短期偿债能力是指企业流动资产对流动负债及时足额偿还的保证程度，是衡量企业当前财务能力，特别是流动资产变现能力的重要标志。

短期偿债能力分析是企业财务报表分析的一项重要内容，其分析目的是维护企业的信用，保护债权人的利益，以利于企业的健康发展。企业流动资产的流动性强，相应的短期偿债能力也强。

企业短期偿债能力分析主要采用比率分析法，衡量指标主要有流动比率、速动比率和现金流量比率。

1. 流动比率

流动比率是流动资产与流动负债的比率，表示企业每1元流动负债有多少流动资产作为偿还的保证，反映了企业的流动资产偿还流动负债的能力。其计算公式为：

$$流动比率 = 流动资产 \div 流动负债 \tag{8-8}$$

流动比率高，一般认为偿债保证程度较强，但并不一定有足够的现金或银行存款偿债，因为流动资产除了货币资金以外，还有存货、应收账款等项目，有可能出现流动比率高，但真正用来偿债的现金和存款却严重短缺的现象，所以分析流动比率时，还需进一步分析流动资产的构成项目。

从理论上讲，流动比率维持在2∶1是比较合理的，因为流动资产中变现能力最差的存货等约占流动资产总额的一半，扣除该部分剩下的变现能力较强的流动资产至少要等于流动负债，流动负债的清偿才有保证，企业的短期偿债能力才较强。但是，由于行业性质不同，流动比率的实际标准也不同，如商业和流通领域的企业，一般而言，流动比率较高，而机器制造业及电力业企业的流动比率则较低。所以，在分析流动比率时，应将其与同行业平均流动比率，本企业历史的流动比率进行比较，才能得出合理的结论。

【例8-3】 A公司2019年12月31日的资产负债表资料：年初流动资产为6127100元，流动负债为2977100元；年末流动资产为5574751元，流动负债为1644390元。求A公司2019年年初与年末的流动比率。

【解】 A公司2019年年初与年末的流动比率分别计算如下：

$$年初流动比率 = 6127100 \div 2977100 = 2.06$$

$$年末流动比率 = 5574751 \div 1644390 = 3.39$$

A 公司 2019 年年初、年末的流动比率均超过一般公认标准，这反映了 A 公司具有较强的短期偿债能力。

阅读案例

流动比率并非越高越好

格雷厄姆在《聪明的投资者》(第 4 版) 中提出的防御型投资者选股标准是：对于工业企业而言，流动资产应该至少是流动负债的两倍，即流动比率不低于 2。

但这是一个长期以来形成的经验性标准，并不能从理论上证明，也无法在实践中形成统一标准。尤其需要说明的是，流动比率不低于 2，适用于一般性的企业，但并不完全适用于巴菲特最喜欢选择的具有强大持续性竞争优势的超级明星公司。

巴菲特持股的很多具有持续性竞争优势的超级明星公司，流动比率都低于 2，甚至低于 1。比如 IBM 为 1.26、可口可乐为 1.1、沃尔玛为 0.88、卡夫为 0.85、宝洁为 0.83。

一般的企业流动比率低于 2，意味着可能面临偿还短期债务的困难。但这些超级明星公司具有强大的销售渠道，销售回款速度很快，能够产生充足的现金流量，保证按期偿还流动负债。而且公司盈利能力非常强，能够快速产生较多的利润，足以保证还债能力。同时公司信用评级很高，短期融资能力巨大，公司可以利用短期商业票据或信用贷款等手段迅速融资还债。越是赚钱的公司，流动资产周转速度越快，流动资产占用资金量越小，流动比率反而越低，低于 2 甚至低于 1。当然，这只限于少数非常优秀的公司。

2. 速动比率

速动比率又称酸性测试比率，是企业速动资产与流动负债的比率。其计算公式为：

$$速动比率 = 速动资产 \div 流动负债 \tag{8-9}$$

其中，

$$速动资产 = 流动资产 - 存货 \tag{8-10}$$

或

$$速动资产 = 流动资产 - 存货 - 预付账款 - 待摊费用 \tag{8-11}$$

计算速动比率时，在流动资产中扣除存货是因为存货在流动资产中变现速度较慢，有些存货可能滞销，无法变现。而预付账款和待摊费用根本不具有变现能力，只能减少企业未来的现金流出量，所以理论上也应加以剔除，但在实务中，由于它们在流动资产中所占的比重较小，计算速动资产时也可以不扣除。

根据以往经验，速动比率维持在 1∶1 较为正常，它表明企业的每 1 元流动负债就有 1 元易于变现的流动资产来抵偿，短期偿债能力较强。

速动比率过低，企业的短期偿债风险较大，速动比率过高，企业在速动资产上占用资金过多，会增加企业投资的机会成本。

以上评判标准并不是绝对的，在实际工作中，应考虑企业的行业性质。例如，商品零售行业，由于采用大量现金销售，几乎没有应收账款，速动比率大大低于1，也是合理的。相反，有些企业虽然速动比率大于1，但速动资产中大部分是应收账款，并不代表企业的偿债能力强，因为应收账款能否收回具有很大的不确定性。所以，在评价速动比率时，还应分析应收账款的质量。

【例8-4】 A公司2019年年初的流动资产为6127100元，存货为3870000元，流动负债为2977100元；年末的流动资产为5574751元，存货为3862050元，流动负债为1644390元。求A公司2019年年初与年末的速动比率。

【解】 A公司2019年年初与年末的速动比率分别计算如下：

$$年初速动比率=(6127100-3870000)\div 2977100=0.76$$

$$年末速动比率=(5574751-3862050)\div 1644390=1.04$$

A公司2019年年末的速动比率比年初有较大提高，且高于一般公认标准，因此，A公司具有较强的短期偿债能力。

3. 现金流量比率

现金流量比率是企业一定时期的经营现金净流量与流动负债的比率，它可以从现金流量角度反映企业当期偿付短期负债的能力。其计算公式为：

$$现金流量比率=经营现金净流量\div 流动负债 \tag{8-12}$$

式中，经营现金净流量指在一定时期内，由企业经营活动产生的现金及现金等价物的流入量与流出量的差额。

该指标是从现金流入和流出的动态角度对企业实际偿债能力进行考察的。用该指标评价企业偿债能力更为谨慎。该指标值较高，表明企业经营活动产生的现金净流量较多，能够保障企业按时偿还到期债务；但也不是越高越好，太高则表示企业对流动资金的利用不充分，收益能力不强。

【例8-5】 假设A公司2018年度经营现金净流量为603500元，2018年年末的流动负债为2977100元；2019年度经营现金净流量为649500元，2019年年末的流动负债为1644390元。求A公司2018年，2019年的现金流动负债比率。

【解】 A公司2018年、2019年的现金流动负债比率分别计算如下：

$$2018年度现金流动负债比率=603500\div 2977100=0.20$$

$$2019年度现金流动负债比率=649500\div 1644390=0.39$$

A公司2019年度的现金流动负债比率比2018年度有所提高，表明A公司的短期偿债能力增强。

（二）长期偿债能力分析

长期偿债能力是指企业偿还长期负债的能力。它的强弱是反映企业财务状况稳定与否及安全程度高低的重要标志。其分析指标主要有四个。

1. 资产负债率

资产负债率又称为负债比率，是企业的负债总额与资产总额的比率。它表示企业资产总额中，债权人提供资金所占的比重，以及企业资产对债权人权益的保障程度。其计算公式为：

$$资产负债率 =（负债总额 \div 资产总额）\times 100\% \quad (8\text{-}13)$$

资产负债率对企业的债权人和所有者具有不同的意义。对债权人而言，他们最关心的是提供给企业的贷款本金和利息能否按期被收回。如果负债比率高，说明企业总资产中仅有小部分是由股东提供的，而大部分是由债权人提供的，这样，债权人就承担很大风险。所以，债权人希望负债比率越低越好，因为负债比率越低，其债权的保障程度就越高。

对所有者而言，他们最关心的是投入资本的收益率。由于企业的债权人投入的资金与企业所有者投入的资金发挥着同样的作用，所以，只要企业的总资产收益率高于借款的利息率，举债越多，即负债比率越高，所有者的投资收益就越多。

一般情况下，企业负债经营的规模应被控制在一个合理的水平上，负债比重应在一定的标准内。如果负债比率过高，企业的财务风险将越来越大，对债权人和所有者都会产生不利的影响。

【例 8-6】 A 公司 2019 年年初的负债总额为 3877100 元，资产总额为 11352100 元；年末的负债总额为 3384390 元，资产总额为 11248251 元。求 A 公司 2019 年年初与年末的资产负债率。

【解】 A 公司 2019 年年初与年末的资产负债率分别计算如下：

$$年初资产负债率 =（3877100 \div 11352100）\times 100\% = 34\%$$

$$年末资产负债率 =（3384390 \div 11248251）\times 100\% = 30\%$$

A 公司 2019 年年初、年末的资产负债率均不高，说明 A 公司长期偿债能力较强，这样有助于增强债权人对公司出借资金的信心。

2. 产权比率

产权比率是指负债总额与所有者权益总额的比率，是衡量企业财务结构稳健与否的重要标志，也称资本负债率。其计算公式为：

$$产权比率 =（负债总额 \div 所有者权益总额）\times 100\% \quad (8\text{-}14)$$

该比率反映了所有者权益对债权人权益的保障程度，即企业在清算时对债权人权益的保障程度。该指标值越低，表明企业长期偿债能力越强，对债权人权益保障程度越高，承担的风险越小，但企业不能充分发挥负债的财务杠杆效应。所以，企业在评价产权比率适度与否时，应从提高盈利能力与偿债能力两个方面综合进行，即在保障债务偿还安全的前提下，应尽可能降低产权比率。

【例 8-7】 A 公司 2019 年年初的负债总额为 3877100 元，所有者权益总额为 7475000 元；年末负债总额为 3384390 元，所有者权益总额为 7863862 元。求 A 公司 2019 年年初与年末的产权率。

【解】 A 公司 2019 年年初与年末的产权比率分别计算如下：

$$年初产权比率 =（3877100 \div 7475000）\times 100\% = 52\%$$

$$年末产权比率 =（3384390 \div 7863862）\times 100\% = 43\%$$

A公司2019年年初、年末的产权比率呈现下降趋势，表明A公司的长期偿债能力较强，对债权人的保障程度较高。

3. 负债与有形净资产比率

负债与有形净资产比率是负债总额与有形净资产的比例关系，表示企业有形净资产对债权人权益的保障程度。其计算公式为：

$$负债与有形净资产比率=(负债总额\div有形净资产)\times100\% \tag{8-15}$$

其中，

$$有形净资产=所有者权益-无形资产-长期待摊费用 \tag{8-16}$$

企业的无形资产、长期待摊费用等一般难以作为偿债的保证，从净资产中将其剔除，可以更合理地衡量企业清算时对债权人权益的保障程度。该比率越低，表明企业长期偿债能力越强。

4. 利息保障倍数

利息保障倍数又称已获利息倍数，是企业息税前利润与利息费用的比率，是衡量企业偿付负债利息能力的指标。其计算公式为：

$$利息保障倍数=息税前利润\div利息费用 \tag{8-17}$$

式中，利息费用是指本期发生的全部应付利息，包括流动负债的利息费用，长期负债中进入损益的利息费用以及进入固定资产原价中的资本化利息。

利息保障倍数越高，说明企业支付利息费用的能力越强，该比率越低，说明企业难以保证用经营所得及时、足额支付负债利息。因此，它是判断企业是否举债经营，衡量企业偿债能力强弱的主要指标。

若要合理确定企业的利息保障倍数，须将该指标与其他企业，特别是同行业平均水平进行比较。根据稳健原则，应以指标最低年份的数据作为参照。但是，一般情况下，利息保障倍数不能低于1，因为低于1，表明企业连借款利息的偿还都无法保证，更不用说偿还本金了。所以，利息保障倍数的高低，不仅反映企业偿还利息的能力，而且也反映企业偿还本金的能力。

二、营运能力分析

营运能力的强弱是影响企业偿债能力和盈利能力的主要因素之一。营运能力强，资金周转速度就快，企业就会有足够的现金偿付流动负债，则短期偿债能力就强。营运能力强，企业就会取得更多的收入和利润，用足够的资金偿还本金和利息，则长期偿债能力就强。

反映企业营运能力强弱的指标主要有以下几个。

（一）应收账款周转率

应收账款周转率也称应收账款周转次数，是一定时期内商品或产品主营业务收入净额与平均应收款项余额的比值，是反映应收账款周转速度的一个指标。其计算公式为：

$$应收账款周转率(次数)=主营业务收入净额\div平均应收账款余额 \tag{8-18}$$

其中，

$$主营业务收入净额 = 主营业务收入 - 销售折让与折扣$$

$$平均应收账款余额 = (期初应收账款 + 期末应收账款) \div 2 \quad (8\text{-}19)$$

此外，

$$应收账款周转天数 = 360 \div 应收账款周转率 = (平均应收账款 \times 360) \div 主营业务收入净额 \quad (8\text{-}20)$$

应收账款周转率反映了企业应收账款变现速度的快慢及管理效率的高低，周转率高表明：

（1）收账迅速，账龄较短。

（2）资产流动性强，短期偿债能力强。

（3）可以减少收账费用和坏账损失，从而相对增加企业流动资产的投资收益。

同时借助应收账款周转期与企业信用期限的比较，还可以评价购买单位的信用程度，以及企业原定的信用条件是否适当。

在评价企业应收款项周转率是否合理时，应与同行业的平均水平相比而定。

【例8-8】 A公司2019年度主营业务收入净额为1875000元，应收账款年初数为448650元，应收账款年末数为897300元。求A公司2019年应收账款周转率。

【解】 A公司2019年应收账款周转率计算如下：

$$应收账款周转率 = \frac{1875000}{(448650 + 897300) \div 2} = 2.79(次)$$

$$应收账款周转天数 = 360 \div 2.79 = 129.03(天)$$

A公司2019年应收账款周转率为2.79次、应收账款周转天数为129.03天，表明公司应收账款周转速度较慢，需要进一步提高应收账款周转效率。

（二）存货周转率

存货周转率也称存货周转次数，是企业在一定时期内主营业务成本与存货平均余额的比率，它是反映企业存货周转速度和销货能力的指标，也是衡量企业在生产经营中存货营运效率的综合性指标。其计算公式为：

$$存货周转率(次数) = 主营业务成本 \div 存货平均余额 \quad (8\text{-}21)$$

其中，

$$存货平均余额 = (存货年初数 + 存货年末数) \div 2 \quad (8\text{-}22)$$

此外，

$$存货周转天数 = 360 \div 存货周转率 = (平均存货 \times 360) \div 主营业务成本 \quad (8\text{-}23)$$

存货周转速度的快慢，不仅反映企业采购、储存、生产、销售各环节管理工作状况的好坏，而且对企业的偿债能力及盈利能力会产生决定性的影响。一般来说，存货周转率越高越好，存货周转率越高，表明其变现速度越快，周转额越大，资金占用水平越低。存货占用水平低，存货积压的风险就越小，企业的变现能力以及资金使用效率就越好。因此，企业通过对存货周转率的分析，有利于找出存货周转存在的问题，尽可能降低资金占用水平。首先，存货既不能储存过少，否则可能造成生产中断或销售紧张，又不能储存过多，否则可能形成呆滞、积压。一定要保持结构合理、质量可靠。其次，存货是流动资产的重要组成部分，其质量和流动性对企业流动比率具有较大的影响，进而会影响企业短期偿债能力。故一定要加强对存货的管理，以提高其变现能力和盈利能力。在存货周转率分析中，应注意剔除因存货计价方法不同产生的影响。

阅读案例

运营天才库克：苹果存货周期仅五天

北京时间2012年6月1日消息，据科技博客网站Apple Insider报道，市场调研机构Gartner发布的最新报告显示，苹果的存货周转率为73次，也就是说每隔5天全部存货周转一次。对于一家消费电子产品的企业来说，这绝对是一个令人惊讶的数字。

苹果的存货周转期仅有5天，如果按照一年365天计算的话，存货周转率为73，是全行业的龙头老大。麦当劳是唯一一家存货周转率（142.4）高于苹果的公司，也就是说，存货周转期仅有2.6天。

在电子产品行业，戴尔和三星分别以10天和21天的存货周转期位列苹果之后。亚马逊的总排名仅次于苹果，三年营收增长率为37.7%，但存货周转期为37天。

苹果在这份榜单中的排名并不令人感到吃惊，因为苹果现任CEO蒂姆·库克（TiM Cook）被认为是一个“运营天才”，自1998年接管公司的供应链以来，他通过削减成本等措施简化运营流程。例如，库克将公司仓库从原来的19个减少至9个，用以限制存货过多的现象，此举让苹果存货周转期从原来的一个月骤降至6天。

（三）总资产周转率

总资产周转率是企业主营业务收入净额与平均资产总额的比率，它可以用来反映企业对全部资产的利用效率。其计算公式为：

总资产周转率＝主营业务收入净额÷平均资产总额　　（8-24）

其中，

平均资产总额＝（期初资产总额＋期末资产总额）÷2　　（8-25）

平均资产总额应按分析期的不同被分别加以确定，并应当与分子的主营业务收入净额在时间上保持一致。

总资产周转率反映了企业对全部资产的使用效率。该周转率高，说明全部资产的经营效率高，取得的收入多；该周转率低，说明全部资产的经营效率低，取得的收入少，最终会影响企业的盈利能力。企业应采取各项措施提高企业的资产利用程度，如提高销售收入或处理多余的资产。

（四）固定资产周转率

固定资产周转率是指企业主营业务收入净额与固定资产平均净值的比率。它是反映企业固定资产周转情况，从而衡量企业对固定资产利用效率的指标。其计算公式为：

$$\text{固定资产周转率} = \text{主营业务收入净额} \div \text{固定资产平均净值} \tag{8-26}$$

其中，

$$\text{固定资产平均净值} = (\text{期初固定资产净值} + \text{期末固定资产净值}) \div 2 \tag{8-27}$$

固定资产周转率高，不仅表明企业充分利用了固定资产，而且表明企业固定资产投资得当，固定资产结构合理，能够充分发挥其效用；反之，固定资产周转率低，表明企业对固定资产的使用效率不高，提供的生产成果不多，企业的营运能力欠佳。

小贴士

在实际分析该指标时，应剔除以下两方面的影响。一方面，固定资产的净值随着折旧计提而逐渐减少，又因固定资产更新，净值会突然增加。另一方面，由于折旧方法不同，固定资产净值缺乏可比性。

三、盈利能力分析

盈利能力就是企业资金增值的能力，它通常体现为企业收益数额的多少与水平的高低。

（一）营业利润率

营业利润率是企业一定时期营业利润与营业收入的比率，其计算公式为：

$$\text{营业利润率} = \text{营业利润} \div \text{营业收入} \times 100\% \tag{8-28}$$

营业利润率越高，表明企业市场竞争力越强，发展潜力越大，从而盈利能力越强。需要说明的是，从利润表来看，企业的利润包括营业利润、利润总额和净利润三种形式。而营业收入包括主营业务收入和其他业务收入，收入来源于商品销售、提供劳务和资产使用权让渡等。因此，在实务中也经常使用销售净利率、销售毛利率等指标来分析企业的盈利能力。其计算公式分别为：

$$\text{销售净利率} = \text{净利润} \div \text{营业收入} \times 100\% \tag{8-29}$$

$$\text{销售毛利率} = (\text{营业收入} - \text{营业成本}) \div \text{营业收入} \times 100\% \tag{8-30}$$

【例 8-9】 A 公司 2019 年度营业收入为 1875000 元，营业利润为 750000 元。求公司 2019 年营业利润率。

【解】 A 公司 2019 年营业利润率计算如下：

$$\text{营业利润率} = \frac{750000}{1875000} \times 100\% = 40\%$$

A 公司 2019 年营业利润率为 40%，表明公司经营活动的盈利状况较为理想。

（二）成本费用利润率

成本费用利润率是指企业一定时期利润总额与成本费用总额的比率。其计算公式为：

$$\text{成本费用利润率} = \text{利润总额} + \text{成本费用总额} \times 100\% \tag{8-31}$$

其中，

$$成本费用总额=营业成本+营业税金及附加+销售费用+管理费用+财务费用 \quad (8\text{-}32)$$

该指标值越高，表明企业为取得利润而付出的代价越小，成本费用被控制得越好，盈利能力越强。

【例 8-10】 A 公司 2019 年度利润总额为 1000000 元，成本费用总额为 1250000 元。求 A 公司 2019 年的成本费用利润率。

【解】 A 公司 2019 年成本费用利润率计算如下：

$$成本费用利润率=\frac{1000000}{1250000}\times 100\%=80\%$$

A 公司 2019 年成本费用利润率为 80%，表明公司的成本费用控制情况良好。

（三）资产净利率

资产净利率是企业净利润与平均资产总额的比率。它是反映企业对资产综合利用效果的指标。其计算公式为：

$$资产净利率=净利润\div 平均资产总额 \quad (8\text{-}33)$$

平均资产总额为期初资产总额与期末资产总额的平均数。资产净利率越高，表明企业对资产利用的效率越好，整个企业盈利能力越强，经营管理水平越高。

【例 8-11】 A 公司 2019 年度净利润为 388861.50 元，年初资产总额为 11352100 元，年末资产总额为 11248251 元。求 A 公司 2019 年的资产净利率。

【解】 A 公司 2019 年资产净利率计算如下：

$$资产净利率=\frac{388861.50}{(11352100+11248251)\div 2}=3.44\%$$

A 公司 2019 年资产净利率为 3.44%，表明公司资产被利用情况一般，公司需要进一步提高资产利用效率。

（四）净资产收益率

净资产收益率亦称净值报酬率或权益报酬率，它是指企业在一定时期内的净利润与平均净资产的比率。它可以反映投资者投入企业的自有资本获取净收益的能力，即反映投资与报酬的关系，因而是评价企业资本经营效率的核心指标。其计算公式为：

$$净资产收益率=净利润\div 平均净资产\times 100\% \quad (8\text{-}34)$$

净利润是指企业的税后利润，是未作任何分配的数额，受各种政策等其他人为因素影响较少，能够比较客观、综合地反映企业的经济效益，准确体现投资者投入资本的盈利能力。

平均净资产是企业年初所有者权益与年末所有者权益的平均数。

净资产收益率是评价企业自有资本及积累获取报酬水平的最具综合性与代表性的指标，反映企业资本营运的综合效益。该指标通用性强，适用范围广，不受行业限制。在我国上市公司业绩综合排序中，该指标居于首位。通过对该指标的综合对比分析，可以看出企业盈利能力在同行业中所处的地位，以及与同类企业的差异。一般认为，企业净资产收益率越高，企业自有资本获取收益的能力越强，营运效益越好，对企业投资者、债权人的保障程度越高。

（五）盈余现金保障倍数

盈余现金保障倍数是企业一定时期经营现金净流量与净利润的比值，反映了企业对当期利润中现金收益的保障程度，真实反映了企业盈余的质量，是评价企业盈利能力的辅助指标。其计算公式为：

$$盈余现金保障倍数 = 经营现金净流量 \div 净利润 \times 100\% \quad (8\text{-}35)$$

盈余现金保障倍数是从现金流入和流出的动态角度，对企业收益的质量进行评价，在收付实现制的基础上，充分反映企业当期净利润中有多少是有现金保障的。一般来说，企业当期净利润大于 0 时，盈余现金保障倍数应当大于 1。该指标值越大，表明企业因经营活动产生的净利润对现金的贡献越大。

【例 8-12】 A 公司 2019 年净利润为 388861. 50 元，经营现金净流量为 450056. 45 元。求 A 公司 2019 年盈余现金保障倍数。

【解】 A 公司 2019 年盈余现金保障倍数计算如下：

$$盈余现金保障倍数 = \frac{450056.45}{388861.510} = 1.16$$

A 公司 2019 年盈余现金保障倍数为 1. 16，表明公司对当期利润中现金收益的保障程度较高。

（六）每股收益

从长远来看，一家企业成功与否，可以用四个重要的财务指标进行衡量，其分别为投资收益、现金流量、债务与权益关系和每股收益。这四个财务指标中，投资者往往更关心每股收益。这是因为：

（1）该指标被会计准则特别重视。

（2）会计报表使用者在选择投资方案时，往往视其为一个非常重要的比率，投资者将其视为未来现金流量的综合指示器，并且将其作为在各公司之间进行比较的依据。

（3）实证研究表明，该指标与公司股票市场价表现之间有一定的相关性。

（4）每股收益也是其他比率分析（如市盈率、股利支付率）的基础。

每股收益仅仅是对普通股而言的，计算每股收益的基本公式为：

$$每股收益 = (净利润 - 优先股股利) \div 年末普通股总数 \quad (8\text{-}36)$$

式中，净利润一般指损益表中扣除了所得税后的利润。由于在向普通股股东分配股利前优先股股东享有优先分配股利的权利，所以，在分子中，应该分配给优先股的股利必须予以扣除。

为了与公式分子中当年获得的净利润保持一致，公式分母必须按当年流通在外的普通股加权平均计算。计算加权平均股数时，应该考虑当年流通在外的股数的变化，这些变化一般是由于下面原因引起的：

（1）发行新的普通股。

（2）分配股票股利。

(3) 股票分割或合股。

每股收益反映每一普通股的获利水平。该指标值越高，表示每一普通股可得的利润越多，股东投资效益越好；反之，该指标值越低，表明每一普通股可得的利润越少，股东投资收益越少。

（七）市盈率

市盈率也称价格盈余比率或价格与收益比率，是指普通股每股市价与每股收益的比率。这里的市价是指普通股每股在证券市场的买卖价格。其计算公式为：

$$\text{市盈率}=\text{每股市价}\div\text{每股收益} \tag{8-37}$$

市盈率是反映股份公司盈利能力的一个重要财务比率，投资者对这个比率十分重视，是投资者作出投资决策的重要参考因素之一。一般来说，市盈率高，说明投资者对该公司的发展前景看好，愿意出较高的价格购买该公司的股票，所以一些成长性较好的高科技公司股票的市盈率通常要高一些。但是，如果某一种股票的市盈率过高，则也意味着这种股票具有较高的投资风险。

【例 8-13】 A 公司每股收益为 2.08 元，公司股票的市场收盘价为 24 元。求 A 公司市盈率。

【解】 A 公司市盈率计算如下：

$$\text{市盈率}=\frac{24}{2.08}=11.54$$

A 公司市盈率为 11.54，表明投资者对公司股票的看好程度为一般。

（八）股利支付率

股利支付率是以每股现金股利除以每股收益得出的比值，反映每股收益中实际支付现金股利的水平。其计算公式为：

$$\text{股利支付率}=\text{每股现金股利}\div\text{每股收益} \tag{8-38}$$

股利支付率的高低取决于公司的业务性质、经营成果、财务状况、发展前景和公司管理层在股利发放处理上的方针等。一般来说，较高的股利支付率会为投资者所欢迎。

（九）每股净资产

每股净资产也称每股账面价值，是股东权益总额与普通股股数的比率。其计算公式为：

$$\text{每股净资产}=\text{股东权益总额}\div\text{普通股股数} \tag{8-39}$$

若公司同时还发行了优先股，则要在上式分子中减去归属优先股的股票清算价值和优先股股利等优先股股东权益，余下的部分才属于普通股股东权益。

将该指标与股票市价进行比较，可以用来判断以当前的投资代价换取该股票既定的会计账面价值是否值得。另外，在公司兼并时，该指标与公允市价往往都是兼并方需要研究的指标。显然，在计算这个指标时，如果公司采用的会计方法不当或不符合会计准则等有关规定，会影响每股净资产的金额。

【例 8-14】 A 公司 2019 年年末股东权益总额为 7863862 元，普通股股数为 100 万股。

求 A 公司的每股净资产。

【解】 A 公司每股净资产计算如下：

$$每股净资产=\frac{7863862}{1000000}=7.86(元)$$

A 公司 2019 年每股净资产为 7.86 元，表明公司当前净资产的价值较高。

（十）市净率

市净率反映每股市价与每股净资产的倍数关系，一些投资者往往以其来衡量投资风险。其计算公式为：

$$市净率=每股市价\div每股净资产 \tag{8-40}$$

每股净资产是股票的账面价值，它是用成本计量的；每股市价是这些资产的现在价值，它是证券市场上交易的结果。投资者认为，市价高于账面价值的企业的资产质量好，有发展潜力；反之，则资产质量差，没有发展前景。优质股票的市价都超出每股净资产许多，一般来说，市净率达到 3 就可以树立较好的公司形象。市价低于每股净资产的股票，就像售价低于成本的商品一样，属于“处理品”，其是否值得购买，取决于今后公司是否有转机。

【例 8-15】 A 公司 2019 年年末每股收盘价为 24 元，每股净资产为 7.86 元。求 A 公司市净率。

【解】 A 公司市净率计算如下：

$$市净率=\frac{24}{7.86}=3.05$$

第三节 财务综合分析

一、财务综合分析的特点

财务综合分析就是将对营运能力、偿债能力和盈利能力等诸方面的分析纳入一个有机的整体中，全面对企业经营状况、财务状况进行剖析，从而对企业经济效益的优劣做出准确评价与判断。财务综合分析的特点体现在对财务指标体系的要求上，一个健全、有效的财务综合指标体系必须具备以下三个基本要素：

（1）指标要素齐全适当。这是指设置的评价指标必须能够涵盖企业营运能力、偿债能力及盈利能力等诸方面总体考核的要求。

（2）主辅指标功能匹配。首先，在确立营运能力、偿债能力和盈利能力诸方面评价的主要指标与辅助指标的同时，进一步明晰总体结构中各项指标的主辅地位；其次，不同范畴的主要考核指标反映的企业经营状况、财务状况的不同侧面与不同层次的信息要有机统一，应当能够全面而翔实地揭示企业经营理财的实绩。

（3）满足多方信息需要。这要求评价指标体系必须能够提供多层次、多角度的信息资料，既能满足企业内部管理当局实施决策对充分、具体的财务信息的需要，同时又能满足外部投资者和政府以决策和实施宏观调控的要求。

二、财务综合分析的方法

（一）杜邦财务分析体系的应用

杜邦财务分析体系（简称杜邦体系）是利用各财务指标间的内在联系，对企业综合经营理财及经济效益进行系统分析评价的方法。其因最初由美国杜邦公司创立并成功运用而得名。该体系以净资产收益率为核心，将其分解为若干财务指标，通过分析各指标的变动对净资产收益率的影响来揭示企业的盈利能力及变动原因。

杜邦体系各主要指标间的关系如下：

$$净资产收益率=总资产净利率\times权益乘数$$
$$=营业净利率\times总资产周转率\times权益乘数 \tag{8-41}$$

其中，

$$营业净利率=净利润\div营业收入 \tag{8-42}$$
$$总资产周转率=营业收入\div平均资产总额 \tag{8-43}$$
$$权益乘数=资产总额\div所有者权益总额=1\div(1-资产负债率) \tag{8-44}$$

在具体运用杜邦体系进行分析时，可以采用因素分析法，首先确定营业净利率、总资产周转率和权益乘数的基准值，然后顺次代入这三个指标的实际值，分别计算分析这三个指标的变动对净资产收益率的影响方向及程度，还可以使用因素分析法进一步分解各个指标并分析变动的深层次原因，找出解决方法。

【例 8-16】 B 公司是一家化工原料生产企业，目前正处于免税期。该公司 2019 年营业额为 62500 万元，比上年增长 28%，2018 年、2019 年该公司的有关财务比率以及行业平均数见表 8-2。要求：

（1）运用杜邦财务分析体系，比较 2018 年公司与行业平均净资产收益率，定性分析其产生差异的原因；

（2）运用杜邦财务分析体系，比较本公司 2018 年与 2019 年的净资产收益率，定性分析其变化的原因。

表 8-2 B 公司相关财务指标一览表

账务比率	2018 年行业平均	2018 年本公司实际	2018 年本公司实际
应收账款回收期/天	35	36	36
存货周转率/次	2.5	2.59	2.11
营业毛利率/%	38	40	40
营业利润率（息税前）/%	10	9.6	10.63
营业净利率/%	6.27	7.2	6.81
总资产周转率	1.14	1.11	1.07
固定资产周转率	1.4	2.02	1.82
资产负债率/%	58	50	61.3
利息保障倍数	2.68	4	2.78

【解】（1）该公司 2018 年实际完成值与同行业平均水平比较如下：

本公司净资产收益率 = 营业净利率 × 总资产周转率 × 权益乘数 = 72% × 1.11 × [1 ÷ (1 − 50%)] = 15.98%

行业平均净资产收益率 = 营业净利率 × 总资产周转率 × 权益乘数 = 6.27% × 1.14 × [1 ÷ (1 − 58%)] = 17.01%

分析：B公司净资产收益率比行业平均净资产收益率低 17.01% − 15.98% = 1.03%。通过分析影响净资产收益率的三个关键因素，可以找出形成这种差异的原因。具体对比分析如下：B公司营业净利率高于同业水平0.93%，其原因是营业成本率低2%，或营业毛利率高2%；公司总资产周转率略低于同业水平0.03，主要原因是应收账款回收较慢；公司权益乘数低于同业水平，原因是负债减少。

（2）该公司2019年实际值与2018年实际值的比较如下：

2018年净资产收益率 = 15.98%

2019年净资产收益率 = 6.81% × 1.07 × [1 ÷ (1 − 61.3%)] = 18.8%

分析：B公司2019年净资产收益率比2018年净资产收益率高 18.8% − 15.98% = 2.82%。

通过分析影响净资产收益率的三个关键因素，可以找出形成这种差异的原因。具体对比分析如下：B公司2019年营业净利率低于2018年0.39%，主要原因是资产负债率上升11.3%，导致利息费用增加；公司总资产周转率下降，主要原因是固定资产周转率和存货周转率下降；公司权益乘数提高，原因是负债比率上升。

（二）沃尔比重评分法的应用

财务状况综合评价的先驱者之一是美国的亚历山大·沃尔教授。他在20世纪初出版的《信用晴雨表研究》和《财务报表比率分析》中提出了信用能力指数概念，把流动比率、产权比率、固定资产比率、存货周转率、应收账款周转率、固定资产周转率、自有资金周转率七个财务比率用线性关系结合起来，并分别给定各自的分数比重，然后通过与标准比率进行比较，确定各指标的得分及总体指标的累计分数，从而对企业的信用水平做出评价。

原始意义上的沃尔分析法存在两个缺陷：一是选定的七项指标缺乏证明力；二是当某项指标严重异常时，会对总评分产生不合逻辑的重大影响。

现代社会与沃尔所在时代的社会相比，已经发生了很大变化。沃尔最初提出的七项指标已难以完全适用于当前对企业评价的需要。1995年，我国财政部颁布了一套企业经济效益评价指标体系，主要包括：

（1）销售利润率 = 利润总额 ÷ 产品销售收入净额；

（2）总资产报酬率 = 息税前利润总额 ÷ 平均资产总额；

（3）资本收益率 = 净利润 ÷ 实收资本；

（4）资本保值增值率 = 期末所有者权益总额 ÷ 期初所有者权益总额；

（5）资产负债率 = 负债总额 ÷ 资产总额；

（6）流动比率（或速动比率）= 流动资产（或速动资产）÷ 流动负债；

（7）应收账款周转率 = 赊销净额 ÷ 平均应收账款余额；

（8）存货周转率 = 产品销售成本 ÷ 平均存货；

(9) 社会贡献率 = 企业社会贡献总额 ÷ 平均资产总额；

(10) 社会积累率 = 上交国家财政总额 ÷ 企业社会贡献总额。

上述指标可以被分成四类：(1) ~ (4) 项为盈利能力指标，(5) ~ (6) 项为偿债能力指标，(7) ~ (8) 项为营运能力指标，(9) ~ (10) 项为社会贡献指标。

该套指标体系的综合评分一般方法如下：

(1) 以行业平均先进水平为标准值。

(2) 标准值的重要性权数总计为 100 分，其中销售利润率 15 分、总资产报酬率 15 分、资本收益率 15 分、资本保值增值率 10 分、资产负债率 5 分、流动比率（或速动比率）5 分、应收账款周转率 5 分、存货周转率 5 分、社会贡献率 10 分、社会积累率 15 分。

(3) 根据企业财务报表，分项计算 10 个指标的实际值，然后加权平均计算 10 个指标的综合实际分数。其计算公式如下：

$$综合实际分数 = \sum(权数 \times 关系比率) \tag{8-45}$$

其中，关系比率总的来说是实际值与标准值的比率。具体计算时要区分以下三种情况：

1) 凡实际值大于标准值为理想的，其计算公式为：

$$关系比率 = 1 + \frac{实际值 - 标准值}{标准值} = \frac{实际值}{标准值} \tag{8-46}$$

2) 凡实际值小于标准值为理想的，其计算公式为：

$$关系比率 = 1 + \frac{实际值 - 标准值}{标准值} \tag{8-47}$$

3) 凡实际值脱离标准值均为不理想的，其计算公式为：

$$关系比率 = 1 + \frac{|实际值 - 标准值|}{标准值} \tag{8-48}$$

【例 8-17】 应用沃尔比重法的举例见表 8-3。

表 8-3　沃尔比重评分表

财务评价指标	标准值	实际值	关系比率	权数	得分
销售利润率	15%	21%	1.4	15	21
总资产报酬率	10%	20.9%	2.09	15	31.35
资本收益率	12%	21%	1.75	15	26.25
资本保值增值率	108%	113%	1.046	10	10.46
资产负债率	50%	28.3%	0.566	5	2.83
流动比率	2	2.013	1.007	5	5.035
应收账款周转率	4	4.8	1.2	5	6
存货周转率	2	3.08	1.54	5	7.7
社会贡献率	20%	26%	1.30	10	13
社会积累率	40%	75.1%	1.878	15	28.17
合　计				100	151.79

综合评分达100分，说明经济效益总体水平达到标准要求。该指标值越高，经济效益水平越高，本例中企业总分为151.79，已超过标准值51.43%，说明企业经济效益好。

小思考

（1）什么是杜邦财务分析体系，杜邦财务分析体系中各主要指标间的关系如何？

（2）选择一家上市公司，根据该公司上年度财务报告及相关资料，试对公司的财务状况分析并进行评价。

能力训练

一、单项选择题

（1）（　　）主要应用于寻找问题的成因，寻找财务管理中出现问题的根源。

A. 因素分析法　　B. 比较分析法　　C. 趋势分析法　　D. 结构分析法

（2）在财务报表分析中，投资人是指（　　）。

A. 社会公众　　B. 金融机构　　C. 优先股东　　D. 普通股东

（3）流动比率小于1时，赊购原材料若干，将会（　　）。

A. 增大流动比率　　B. 降低流动比率

C. 降低营运资金　　D. 增大营运资金

（4）以下（　　）指标是评价上市公司盈利能力的基本核心指标。

A. 每股收益　　B. 净资产收益率　　C. 每股市价　　D. 每股净资产

（5）如果企业速动比率很小，下列结论成立的是（　　）。

A. 企业流动资产占用过多　　B. 企业短期偿债能力很强

C. 企业短期偿债风险很大　　D. 企业资产流动性很强

（6）杜邦财务分析体系（简称杜邦体系）是利用各项财务指标间的内在联系，对企业综合经营理财及经济效益进行系统分析评价的方法。该体系以（　　）为核心。

A. 销售收入　　B. 资产负债率

C. 净利润　　D. 净资产收益率

（7）年初资产总额为100万元，年末资产总额为140万元，利润总额为24万元，所得税为8万元，利息支出为4万元，则总资产报酬率为（　　）。

A. 20%　　B. 13.33%　　C. 23.33%　　D. 30%

（8）反映企业发展能力的指标是（　　）。

A. 总资产周转率　　B. 总资产报酬率

C. 资本积累率　　D. 净资产收益率

（9）某公司年初负债总额为800万元（流动负债220万元，长期负债580万元），年末负债总额为1060万元（流动负债300万元，长期负债760万元）；年初资产总额1680万元，年末资产总额2000万元。其权益乘数为（　　）。

A. 2.022　　B. 2.128　　C. 1.909　　D. 2.1

二、多项选择题

（1）通过财务分析，可以了解企业的（　　）。

A. 盈利能力　B. 偿债能力　C. 发展能力　D. 营运能力

（2）速动资产是流动资产中扣除（　　）后的数额。

A. 交易性金融资产　B. 存货　C. 待摊费用　D. 应收账款

（3）在分析总资产周转率指标时，为真正了解企业资产周转快慢的原因，应结合（　　）分析。

A. 固定资产周转率　B. 存货周转率　C. 应收账款周转率　D. 资产负债率

（4）权益乘数可以表述为以下计算公式（　　）。

A. 权益乘数 = 所有者权益/资产　B. 权益乘数 = 1/(1 - 资产负债率)

C. 权益乘数 = 资产/所有者权益　D. 权益乘数 = 1 + 产权比率

（5）下列各项中，可能直接影响企业净资产收益率指标的措施有（　　）。

A. 提高销售净利率　B. 提高资产负债率

C. 提高总资产周转率　D. 提高流动比率

三、判断题

（1）总资产报酬率是所有财务指标中综合性最强的最具有代表性的一个指标，它也是杜邦财务分析体系的核心。（　　）

（2）计算已获利息倍数指标，其中的“利息费用”既包括当期计入财务费用中的利息费用，也包括计入固定资产成本的资本化利息。（　　）

（3）每股收益越高，意味着股东可以从公司分得越高的股利。（　　）

（4）企业资产增长率越高，反映的资产规模增长势头越好。（　　）

（5）财务分析是实现理财目标的重要手段。（　　）

四、计算题

某公司 2019 年会计报表的有关资料见表 8-4。

表 8-4　某公司 2019 年会计报表有关资料　（单位：万元）

资产负债表项目	年初数	年末数
资产	13000	15000
负债	8000	8800
所有者权益	5000	6200
利润表项目	上年数	本年数
主营业务收入净额	（略）	35000
净利润	（略）	700

已知该公司 2018 年按照平均数计算的资产负债率是 75%，总资产周转率是 2 次，主

营业务净利率是1.8%。要求：计算杜邦财务分析体系中的下列指标（时点指标按平均数计算）：

（1）净资产收益率；

（2）主营业务净利率；

（3）总资产周转率；

（4）权益乘数。

附　　录

附录 A　复利终值系数表（FVIF 表）

期数	1%	2%	3%	4%	5%	6%	7%	8%	9%	10%	11%	12%	13%	14%	15%	16%	17%	18%	19%	20%	25%	30%
1	1.010	1.020	1.030	1.040	1.050	1.060	1.070	1.080	1.090	1.100	1.110	1.120	1.130	1.140	1.150	1.160	1.170	1.180	1.190	1.200	1.250	1.300
2	1.020	1.040	1.061	1.082	1.103	1.124	1.445	1.166	1.188	1.210	1.232	1.254	1.277	1.300	1.323	1.346	1.369	1.392	1.416	1.440	1.563	1.690
3	1.030	1.061	1.093	1.125	1.158	1.191	1.225	1.260	1.295	1.331	1.368	1.405	1.443	1.482	1.521	1.561	1.602	1.643	1.685	1.728	1.953	2.197
4	1.041	1.082	1.126	1.170	1.216	1.262	1.311	1.360	1.412	1.464	1.518	1.574	1.630	1.689	1.749	1.811	1.874	1.939	2.005	2.074	2.441	2.856
5	1.051	1.104	1.159	1.217	1.276	1.338	1.403	1.469	1.539	1.611	1.685	1.762	1.842	1.925	2.011	2.100	2.192	2.288	2.386	2.488	3.052	3.713
6	1.062	1.126	1.194	1.265	1.340	1.419	1.501	1.587	1.677	1.772	1.870	1.974	2.082	2.195	2.313	2.436	2.565	2.700	2.840	2.986	3.815	4.827
7	1.072	1.149	1.230	1.316	1.407	1.504	1.606	1.714	1.828	1.949	2.076	2.211	2.353	2.502	2.660	2.826	3.001	3.185	3.379	3.583	4.768	6.275
8	1.083	1.172	1.267	1.369	1.477	1.594	1.718	1.851	1.993	2.144	2.305	2.476	2.658	2.853	3.059	3.278	3.511	3.759	4.021	4.300	5.960	8.157
9	1.094	1.195	1.305	1.423	1.551	1.689	1.838	1.999	2.172	2.358	2.558	2.773	3.004	3.252	3.518	3.803	4.108	4.435	4.785	5.160	7.451	10.604
10	1.105	1.219	1.344	1.480	1.629	1.791	1.967	2.159	2.367	2.594	2.839	3.106	3.395	3.707	4.046	4.411	4.807	5.234	5.695	6.192	9.313	13.786
11	1.116	1.243	1.384	1.539	1.710	1.898	2.105	2.332	2.580	2.853	3.152	3.479	3.836	4.226	4.652	5.117	5.624	6.176	6.777	7.430	11.642	17.922
12	1.127	1.268	1.426	1.601	1.796	2.012	2.252	2.518	2.813	3.138	3.498	3.896	4.335	4.818	5.350	5.936	6.580	7.288	8.064	8.916	14.552	23.298
13	1.138	1.294	1.469	1.665	1.886	2.133	2.410	2.720	3.066	3.452	3.883	4.363	4.898	5.492	6.153	6.886	7.699	8.599	9.596	10.699	18.190	30.288
14	1.149	1.319	1.513	1.732	1.980	2.261	2.579	2.937	3.342	3.797	4.310	4.887	5.535	6.261	7.076	7.988	9.007	10.147	11.420	12.839	22.737	39.374
15	1.161	1.346	1.558	1.801	2.079	2.397	2.759	3.172	3.642	4.177	4.785	5.474	6.254	7.138	8.137	9.266	10.539	11.974	13.590	15.407	28.422	51.186
16	1.173	1.373	1.605	1.873	2.183	2.540	2.952	3.426	3.970	4.595	5.311	6.130	7.067	8.137	9.358	10.748	12.330	14.129	16.172	18.488	35.527	66.542
17	1.184	1.400	1.653	1.948	2.292	2.693	3.159	3.700	4.328	5.054	5.895	6.866	7.986	9.276	10.761	12.468	14.426	16.672	19.244	22.186	44.409	86.504
18	1.196	1.428	1.702	2.026	2.407	2.854	3.380	3.996	4.717	5.560	6.544	7.690	9.024	10.575	12.375	14.463	16.879	19.673	22.901	26.623	55.511	112.46
19	1.208	1.457	1.754	2.107	2.527	3.026	3.617	4.316	5.142	6.116	7.263	8.613	10.197	12.056	14.232	16.777	19.748	23.214	27.252	31.948	69.389	146.19
20	1.220	1.486	1.806	2.191	2.653	3.207	3.870	4.661	5.604	6.727	8.062	9.646	11.523	13.743	16.367	19.461	23.106	27.393	32.429	38.338	86.736	190.05
25	1.282	1.641	2.094	2.666	3.386	4.292	5.427	6.848	8.623	10.835	13.585	17.000	21.231	26.462	32.919	40.874	50.658	62.669	77.388	95.396	264.70	705.641
30	1.348	1.811	2.427	3.243	4.322	5.743	7.612	10.063	13.268	17.449	22.892	29.960	39.116	50.950	66.212	85.850	111.06	143.37	184.68	237.38	807.79	2620.0
40	1.489	2.208	3.262	4.801	7.04	10.286	14.974	21.725	31.409	45.259	65.001	93.051	132.78	188.88	267.86	378.72	533.87	750.38	1051.7	1469.8	7523.2	36119
50	1.645	2.692	4.384	7.107	11.467	18.420	29.457	46.902	74.358	117.39	184.56	289.00	450.74	700.23	1083.7	1670.7	2566.2	3927.4	5988.9	9100.4	70065	497929

附录 B 复利现值系数表（PVIF 表）

期数	1%	2%	3%	4%	5%	6%	7%	8%	9%	10%	11%	12%	13%	14%	15%	16%	17%	18%	19%	20%	25%	30%	35%	40%	50%
1	0.990	0.980	0.971	0.962	0.952	0.943	0.935	0.926	0.917	0.909	0.901	0.893	0.885	0.877	0.870	0.862	0.855	0.847	0.840	0.833	0.800	0.769	0.741	0.714	0.667
2	0.980	0.961	0.943	0.925	0.907	0.890	0.873	0.857	0.842	0.826	0.812	0.797	0.783	0.769	0.756	0.743	0.731	0.718	0.706	0.694	0.640	0.592	0.549	0.510	0.444
3	0.971	0.942	0.915	0.889	0.864	0.840	0.816	0.794	0.772	0.751	0.731	0.712	0.693	0.675	0.658	0.641	0.624	0.609	0.593	0.579	0.512	0.455	0.406	0.364	0.296
4	0.961	0.924	0.888	0.855	0.823	0.792	0.763	0.935	0.708	0.683	0.659	0.636	0.613	0.592	0.572	0.552	0.534	0.516	0.499	0.482	0.410	0.350	0.301	0.260	0.198
5	0.951	0.906	0.863	0.822	0.784	0.747	0.713	0.681	0.650	0.621	0.593	0.567	0.543	0.519	0.497	0.476	0.456	0.437	0.419	0.402	0.328	0.269	0.223	0.186	0.132
6	0.942	0.888	0.837	0.790	0.746	0.705	0.666	0.630	0.596	0.564	0.535	0.507	0.480	0.456	0.432	0.410	0.390	0.370	0.352	0.335	0.262	0.207	0.165	0.133	0.088
7	0.933	0.871	0.813	0.760	0.711	0.665	0.623	0.583	0.547	0.513	0.482	0.452	0.425	0.400	0.376	0.354	0.333	0.314	0.296	0.279	0.210	0.159	0.122	0.095	0.059
8	0.923	0.853	0.789	0.731	0.677	0.627	0.582	0.540	0.502	0.467	0.434	0.404	0.376	0.351	0.327	0.305	0.285	0.266	0.249	0.233	0.168	0.123	0.091	0.068	0.039
9	0.914	0.837	0.766	0.703	0.645	0.592	0.544	0.500	0.460	0.424	0.391	0.361	0.333	0.308	0.284	0.263	0.243	0.225	0.209	0.194	0.134	0.094	0.067	0.048	0.026
10	0.905	0.820	0.744	0.676	0.614	0.558	0.508	0.463	0.422	0.386	0.352	0.322	0.295	0.270	0.247	0.227	0.208	0.191	0.176	0.162	0.107	0.073	0.050	0.035	0.017
11	0.896	0.804	0.722	0.650	0.585	0.527	0.475	0.429	0.388	0.350	0.317	0.287	0.261	0.237	0.215	0.195	0.178	0.162	0.148	0.135	0.086	0.056	0.037	0.025	0.012
12	0.887	0.788	0.701	0.625	0.557	0.497	0.444	0.397	0.356	0.319	0.286	0.257	0.231	0.208	0.187	0.168	0.152	0.137	0.124	0.112	0.069	0.043	0.027	0.018	0.008
13	0.879	0.773	0.681	0.601	0.530	0.469	0.415	0.368	0.326	0.290	0.258	0.229	0.204	0.182	0.163	0.145	0.130	0.116	0.104	0.093	0.055	0.033	0.020	0.013	0.005
14	0.870	0.758	0.661	0.577	0.505	0.442	0.388	0.340	0.299	0.263	0.232	0.205	0.181	0.160	0.141	0.125	0.111	0.099	0.088	0.078	0.044	0.025	0.015	0.009	0.003
15	0.861	0.743	0.642	0.555	0.481	0.417	0.362	0.315	0.275	0.239	0.209	0.183	0.160	0.140	0.123	0.108	0.095	0.084	0.074	0.065	0.035	0.020	0.011	0.006	0.002
16	0.853	0.728	0.623	0.534	0.458	0.394	0.339	0.292	0.252	0.218	0.188	0.163	0.141	0.123	0.107	0.093	0.081	0.071	0.062	0.054	0.028	0.015	0.008	0.005	0.002
17	0.844	0.714	0.605	0.513	0.436	0.371	0.317	0.270	0.231	0.198	0.170	0.146	0.125	0.108	0.093	0.080	0.069	0.060	0.052	0.045	0.023	0.012	0.006	0.003	0.001
18	0.836	0.700	0.587	0.494	0.416	0.350	0.296	0.250	0.212	0.180	0.153	0.130	0.111	0.095	0.081	0.069	0.059	0.051	0.044	0.038	0.018	0.009	0.005	0.002	0.001
19	0.828	0.686	0.570	0.475	0.396	0.331	0.277	0.232	0.194	0.164	0.138	0.116	0.098	0.083	0.070	0.060	0.051	0.043	0.037	0.031	0.014	0.007	0.003	0.002	0
20	0.820	0.673	0.554	0.456	0.377	0.312	0.258	0.215	0.178	0.149	0.124	0.104	0.087	0.073	0.061	0.051	0.043	0.037	0.031	0.026	0.012	0.005	0.002	0.001	0
25	0.780	0.610	0.478	0.375	0.295	0.233	0.184	0.146	0.116	0.092	0.074	0.059	0.047	0.038	0.030	0.024	0.020	0.016	0.013	0.010	0.004	0.001	0.001	0	0
30	0.742	0.552	0.412	0.308	0.231	0.174	0.131	0.099	0.075	0.057	0.044	0.033	0.026	0.020	0.015	0.012	0.009	0.007	0.005	0.004	0.001	0	0	0	0
40	0.672	0.453	0.307	0.208	0.142	0.097	0.067	0.046	0.032	0.022	0.015	0.011	0.008	0.005	0.004	0.003	0.002	0.001	0.001	0.001	0	0	0	0	0
50	0.608	0.972	0.228	0.141	0.087	0.054	0.034	0.021	0.013	0.009	0.005	0.003	0.002	0.001	0.001	0.001	0	0	0	0	0	0	0	0	0

附录 C 年金终值系数表（PVIFA 表）

期数	1%	2%	3%	4%	5%	6%	7%	8%	9%	10%	11%	12%	13%	14%	15%	16%	17%	18%	19%	20%	25%	30%
1	1.000	1.000	1.000	1.000	1.000	1.000	1.000	1.000	1.000	1.000	1.000	1.000	1.000	1.000	1.000	1.000	1.000	1.000	1.000	1.000	1.000	1.000
2	2.010	2.020	2.030	2.040	2.050	2.060	2.070	2.080	2.090	2.100	2.110	2.120	2.130	2.140	2.150	2.160	2.170	2.180	2.190	2.200	2.250	2.300
3	3.030	3.060	3.091	3.122	3.153	3.184	3.215	3.246	3.278	3.310	3.342	3.374	3.407	3.440	3.473	3.506	3.539	3.572	3.606	3.640	3.813	3.990
4	4.060	4.122	4.184	4.246	4.310	4.375	4.440	4.506	4.573	4.641	4.710	4.779	4.850	4.921	4.993	5.066	5.141	5.215	5.291	5.368	5.766	6.187
5	5.101	5.204	5.309	5.416	5.526	5.637	5.751	5.867	5.985	6.105	6.228	6.353	6.480	6.610	6.742	6.877	7.014	7.154	7.297	7.442	8.207	9.043
6	6.152	6.308	6.468	6.633	6.802	6.975	7.153	7.336	7.523	7.716	7.913	8.115	8.323	8.536	8.754	8.977	9.207	9.442	9.683	9.930	11.259	12.756
7	7.214	7.434	7.662	7.898	8.142	8.394	8.654	8.923	9.200	9.487	9.783	10.089	10.405	10.730	11.067	11.414	11.772	12.142	12.523	12.916	15.073	17.583
8	8.286	8.583	8.892	9.214	9.549	9.897	10.260	10.637	11.028	11.436	11.859	12.300	12.757	13.233	13.727	14.240	14.773	15.327	15.902	16.499	19.842	23.858
9	9.369	9.755	10.159	10.583	11.027	11.491	11.978	12.488	13.021	13.579	14.164	14.776	15.416	16.085	16.786	17.519	18.285	19.086	19.923	20.799	25.802	32.015
10	10.462	10.950	11.464	12.006	12.578	13.181	13.816	14.487	15.193	15.937	16.722	17.549	18.420	19.337	20.304	21.321	22.393	23.521	24.709	25.959	33.253	42.619
11	11.567	12.169	12.808	13.486	14.207	14.972	15.784	16.645	17.560	18.531	19.561	20.655	21.814	23.045	24.349	25.733	27.200	28.755	30.404	32.150	42.566	56.405
12	12.683	13.412	14.192	15.026	15.917	16.870	17.888	18.977	20.141	21.384	22.713	24.133	25.650	27.271	29.002	30.850	32.824	34.931	37.180	39.581	54.208	74.327
13	13.809	14.680	15.618	16.627	17.713	18.882	20.141	21.495	22.953	24.523	26.212	28.029	29.985	32.089	34.352	36.786	39.404	42.219	45.244	48.497	68.760	97.625
14	14.947	15.974	17.086	18.292	19.599	21.015	22.550	24.215	26.019	27.975	30.095	32.393	34.883	37.581	40.505	43.672	47.103	50.818	54.841	54.196	86.949	127.910
15	16.097	17.293	18.599	20.024	21.579	23.276	25.129	27.152	29.361	31.772	34.405	37.280	40.417	43.842	47.580	51.660	56.110	60.965	66.261	72.035	109.69	167.29
16	17.258	18.639	20.157	21.825	23.657	25.673	27.888	30.324	33.003	35.950	39.190	42.753	46.672	50.980	55.717	60.925	66.649	72.939	79.850	87.442	138.11	218.47
17	18.430	20.012	21.762	23.698	25.840	28.213	30.840	33.750	36.974	40.545	44.501	48.884	53.739	59.118	65.075	71.673	78.979	87.068	96.022	105.93	173.64	285.01
18	19.615	21.412	23.414	25.645	28.132	30.906	33.999	37.450	41.301	45.599	50.396	55.750	61.725	68.394	75.836	84.141	93.406	103.74	115.27	128.12	218.04	371.52
19	20.811	22.841	25.117	27.671	30.539	33.760	37.379	41.446	46.018	51.159	56.939	63.440	70.749	78.969	88.212	98.603	110.28	123.41	138.17	154.74	273.56	483.97
20	22.019	24.297	26.870	29.778	33.066	36.786	40.995	45.762	51.160	57.275	64.203	72.052	80.947	91.025	102.44	115.38	130.03	146.63	165.42	186.69	342.94	630.17
25	28.243	32.030	36.459	41.646	47.727	54.865	63.249	73.106	84.701	98.347	114.41	133.33	155.62	181.87	212.79	249.21	292.110	342.60	402.04	471.98	1054.79	2348.80
30	34.785	40.568	47.575	56.085	66.439	79.058	94.461	113.28	136.31	164.49	199.02	241.33	293.20	356.79	434.75	530.31	647.44	790.95	966.71	1181.88	3227.17	8729.99
40	48.886	60.402	75.401	95.026	120.80	154.76	199.64	259.06	337.88	442.59	581.83	767.09	1013.7	1342.0	1779.1	2360.8	3134.5	4163.2	5529.8	7343.9	30089	120393
50	64.463	84.579	112.80	152.67	209.35	290.34	406.53	573.77	815.08	1163.9	1668.8	2400.0	3459.5	4994.5	7217.7	10436	15090	21813	31515	45497	280256	165976

附录 D　年终现值系数表（PVIFA 表）

期数	1%	2%	3%	4%	5%	6%	7%	8%	9%	10%	11%	12%	13%	14%	15%	16%	17%	18%	19%	20%	25%	30%	35%	40%	50%
1	0.990	0.980	0.971	0.962	0.952	0.943	0.935	0.926	0.917	0.909	0.901	0.893	0.885	0.877	0.870	0.862	0.855	0.847	0.840	0.833	0.800	0.769	0.741	0.714	0.667
2	1.970	1.942	1.913	1.886	1.859	1.833	1.808	1.783	1.759	1.736	1.713	1.690	1.668	1.647	1.626	1.605	1.585	1.566	1.547	1.528	1.440	1.361	1.289	1.224	1.111
3	2.941	2.884	2.829	2.775	2.723	2.673	2.624	2.577	2.531	2.487	2.444	2.402	2.361	2.322	2.283	2.246	2.210	2.174	2.140	2.106	1.952	1.816	1.696	1.589	1.407
4	3.902	3.808	3.717	3.630	3.546	3.465	3.387	3.312	3.240	3.170	3.102	3.037	2.974	2.914	2.855	2.798	2.743	2.690	2.639	2.589	2.362	2.166	1.997	1.849	1.605
5	4.853	4.713	4.580	4.452	4.329	4.212	4.100	3.993	3.890	3.791	3.696	3.605	3.517	3.433	3.352	3.274	3.199	3.127	3.058	2.991	2.689	2.436	2.220	2.035	1.737
6	5.795	5.601	5.417	5.242	5.076	4.917	4.767	4.623	4.486	4.355	4.231	4.111	3.998	3.889	3.784	3.685	3.589	3.498	3.410	3.326	2.951	2.643	2.385	2.168	1.824
7	6.728	6.472	6.230	6.002	5.786	5.582	5.389	5.206	5.033	4.868	4.712	4.564	4.423	4.288	4.160	4.039	3.922	3.812	3.706	3.605	3.161	2.802	2.508	2.263	1.883
8	7.652	7.325	7.020	6.733	6.463	6.210	5.971	5.747	5.535	5.335	5.146	4.968	4.799	4.639	4.487	4.344	4.207	4.078	3.954	3.837	3.329	2.925	2.598	2.331	1.922
9	8.566	8.162	7.786	7.435	7.108	6.802	6.515	6.247	5.995	5.759	5.537	5.328	5.132	4.946	4.772	4.607	4.451	4.303	4.163	4.031	3.463	3.019	2.665	2.379	1.948
10	9.471	8.983	8.530	8.111	7.722	7.360	7.024	6.710	6.418	6.145	5.889	5.650	5.426	5.216	5.019	4.833	4.659	4.494	4.339	4.192	3.571	3.092	2.715	2.414	1.965
11	10.368	9.787	9.253	8.760	8.306	7.887	7.499	7.139	6.805	6.495	6.207	5.938	5.687	5.453	5.234	5.029	4.836	4.656	4.486	4.327	3.656	3.147	2.752	2.438	1.977
12	11.255	10.575	9.954	9.385	8.863	8.384	7.943	7.536	7.161	6.814	6.492	6.194	5.918	5.660	5.421	5.197	4.988	4.793	4.611	4.439	3.725	3.190	2.779	2.456	1.985
13	12.134	11.348	10.635	9.986	9.394	8.853	8.358	7.904	7.487	7.103	6.750	6.424	6.122	5.842	5.583	5.342	5.118	4.910	4.715	4.533	3.780	3.223	2.799	2.469	1.990
14	13.004	12.106	11.296	10.563	9.899	9.295	8.745	8.244	7.786	7.367	6.982	6.628	6.302	6.002	5.724	5.468	5.229	5.008	4.802	4.611	3.824	3.249	2.814	2.478	1.993
15	13.865	12.849	11.938	11.118	10.380	9.712	9.108	8.559	8.061	7.606	7.191	6.811	6.462	6.142	5.847	5.575	5.324	5.092	4.876	4.675	3.859	3.268	2.825	2.484	1.995
16	14.718	13.578	12.561	11.652	10.838	10.106	9.447	8.851	8.313	7.824	7.379	6.974	6.604	6.265	5.954	5.668	5.405	5.162	4.938	4.730	3.887	3.283	2.834	2.489	1.997
17	15.562	14.292	13.166	12.166	11.274	10.477	9.763	9.122	8.544	8.022	7.549	7.120	6.729	6.373	6.047	5.749	5.475	5.222	4.990	4.775	3.910	3.295	2.840	2.492	1.998
18	16.398	14.992	13.754	12.659	11.690	10.828	10.059	9.372	8.756	8.201	7.702	7.250	6.840	6.467	6.128	5.818	5.534	5.273	5.033	4.812	3.928	3.304	2.844	2.494	1.999
19	17.226	15.678	14.324	13.134	12.085	11.158	10.336	9.604	8.950	8.365	7.839	7.366	6.938	6.550	6.198	5.877	5.584	5.316	5.070	4.843	3.942	3.311	2.848	2.496	1.999
20	18.046	16.351	14.877	13.590	12.462	11.470	10.594	9.818	9.129	8.514	7.963	7.469	7.025	6.623	6.259	5.929	5.628	5.353	5.101	4.870	3.954	3.316	2.850	2.497	1.999
25	22.023	19.523	17.413	15.622	14.094	12.783	11.654	10.675	9.823	9.077	8.422	7.843	7.330	6.873	6.464	6.097	5.766	5.467	5.195	4.948	3.985	3.329	2.856	2.499	2.000
30	25.808	22.396	19.600	17.292	15.372	13.765	12.409	11.258	10.274	9.427	8.694	8.055	7.496	7.003	6.566	6.177	5.829	5.517	5.235	4.979	3.995	3.332	2.857	2.500	2.000
40	32.835	27.355	23.115	19.793	17.159	15.046	13.332	11.925	10.757	9.779	8.951	8.244	7.634	7.105	6.642	6.233	5.871	5.548	5.258	4.997	3.999	3.333	2.857	2.500	2.000
50	39.196	31.424	25.730	21.482	18.256	15.762	13.801	12.233	10.962	9.915	9.042	8.304	7.675	7.133	6.661	6.246	5.880	5.554	5.262	4.999	4.000	3.333	2.857	2.500	2.000

参考文献

[1] 财政部会计资格评价中心．财务管理［M］．北京：经济科学出版社，2017.
[2] 盖地．企业税务筹划理论与实务［M］．5 版．大连：东北财经大学出版社，2017.
[3] 郭涛．财务管理［M］．北京：机械工业出版社，2016.
[4] 李洪春．Excel 在财务中的应用［M］．北京：中国人民大学出版社，2016.
[5] 任淮秀．投资经济学［M］．5 版．北京：中国人民大学出版社，2017.
[6] 中国注册会计师协会．财务成本管理［M］．北京：中国财政经济出版社，2017.
[7] 周志红，梁文涛．财务管理［M］．2 版．北京：清华大学出版社，2016.
[8] 田明．2012 年会计专业技术资格考试经典题解及练习题库：中级财务管理［M］．北京：北京大学出版社，2012.
[9] 查尔斯·亨格瑞，等．管理会计教程［M］．12 版．潘飞，等译．北京：人民邮电出版社，2006.
[10] 李一硕．做好人生的“资产负债表”［N］．中国会计报，2019-06-28.
[11] 何年初．财务共享模式助力政府会计改革有效落地［N］．中国会计报，2019-07-12.
[12] 孔德兰，许辉．财务管理——原理、实务、案例实训［M］．2 版．大连：东北财经大学出版社，2012.
[13] 孔德兰．财务管理实务教程［M］．2 版．北京：人民邮电出版社，2019.
[14] 成兵，赵红梅．财务管理理论与实务［M］．2 版．北京：北京大学出版社，2019.
[15] 薛春燕，马元兴．财务管理实务［M］．2 版．北京：中国人民大学出版社，2020.